海南省社科联项目“人口高速流动情况下海南省应对突发公共危机治理模式创新研究”
[项目编号：HNSK (YB) 20-29]

信息协同化下多元主体的

公共危机治理

李 丛 孙 晨／编著

西南财经大学出版社
中国・成都

图书在版编目(CIP)数据

信息协同化下多元主体的公共危机治理/李丛,孙晨编著.—成都:西南财经大学出版社,2023.5
ISBN 978-7-5504-5765-2

Ⅰ.①信…　Ⅱ.①李…②孙…　Ⅲ.①突发事件—公共管理—研究—中国
Ⅳ.①D63

中国国家版本馆 CIP 数据核字(2023)第 083411 号

信息协同化下多元主体的公共危机治理

XINXI XIETONGHUA XIA DUOYUAN ZHUTI DE GONGGONG WEIJI ZHILI

李丛　孙晨　编著

策划编辑:李琼
责任编辑:李琼
责任校对:李思嘉
封面设计:墨创文化
责任印制:朱曼丽

出版发行	西南财经大学出版社(四川省成都市光华村街 55 号)
网　　址	http://cbs.swufe.edu.cn
电子邮件	bookcj@swufe.edu.cn
邮政编码	610074
电　　话	028-87353785
照　　排	四川胜翔数码印务设计有限公司
印　　刷	郫县犀浦印刷厂
成品尺寸	170mm×240mm
印　　张	19.25
字　　数	367 千字
版　　次	2023 年 5 月第 1 版
印　　次	2023 年 5 月第 1 次印刷
书　　号	ISBN 978-7-5504-5765-2
定　　价	88.00 元

前　言

在经济全球化、市场国际化的信息化时代，国家和地区、社会、组织、个人所面临的危机事件呈现出高发、频发、突发的趋势。近几十年全球特大灾害频发：1970 年强热带风暴在孟加拉国致死 30 万人；1976 年唐山发生 7.8 级地震，超过 24 万人遇难；2004 年印度洋强烈地震及所引发的海啸导致南亚 10 多个国家受损、23 万人死亡；2008 年汶川 8.0 级地震是新中国成立以来破坏性最强、涉及面最广、救灾难度最大的一次地震，导致近 7 万人死亡，超过 4 625.6万民众受灾；2020 年新冠病毒在全球蔓延，至 2021 年感染人数已达 4.8 亿人，死亡人数 480 多万，约等于一个中等城市的人口数；亚马孙地区的森林大火持续燃烧了 16 天，“地球之肺”被浓烟笼罩，被毁森林面积达 58.2 万平方千米，几乎相当于两个华北平原，接近五个江苏省；全球变暖、冰川融化，人类生活环境恶化、全球温度升高……人类已经进入了风险社会。

本书第一部分是公共危机治理的理论基础，包括危机治理的流程、舆情引导下的多元主体沟通机制、信息协同化下多元主体治理模式等。第二部分是案例分析，梳理了近五年我国发生的各类突发公共危机事件，剖析事件发生的原因、应对措施、启示，体现了我国突发公共危机事件的发展与应对措施的转变和完善，并提出相应的建议。第三部分是海南实践，采用问卷调查法进行实证研究，了解海南省居民对公共危机治理的满意度和参与度，然后分析了海南省在未来几年的潜在危机，并提出相应的解决路径，以期对海南自贸港公共危机治理起到抛砖引玉的作用。

本书由海南师范大学李丛副教授、孙晨博士和海南经贸职业学院魏小丹老师合著。本书第一部分和第三部分的第 15 章由海南师范大学李丛副教授编写，

第二部分和第三部分的第 14、16 章由海南师范大学孙晨博士编写，第三部分的第 13 章由海南经贸职业学院魏小丹老师编写，暨南大学钟婧妍参与了全书校对，海南大学潘祎苇和黄雨楚为本书写作提供了支持。本书系海南省社科联项目“人口高速流动情况下海南省应对突发公共危机治理模式创新研究”［项目编号：HNSK（YB）20-29］的最终成果，受到海南省科联的资助，同时本书得到海南师范大学经济与管理学院的大力支持，在此表示感谢！由于时间和学识的限制，本书还有很多不足之处，请读者批评指正！

李丛　孙晨

2022 年 12 月

目　录

第二部分 案例分析

第一部分

理论基础

1　公共危机概述

《辞海》中关于危机的含义主要包括三种：①潜伏的危险或祸害，如三国时的吕安在《与嵇茂齐书》中的“常恐风波潜骇，危机密发”，茅盾在《子夜》中提到“不要太乐观，上海此时也是危机四伏”。②严重困难的时刻，如我们常说的经济危机、恐怖危机。③危险的机关，主要指用于猎物的工具。

我国对“危机”的界定主要可以分为三种：第一种以张成福等为代表，认为危机是“紧急事件”或“紧急状态”，它的出现严重影响社会正常运行，并超出政府的管控能力，对生命、经济、环境等造成重大威胁。第二种以高澜等为代表，认为危机是在自身受到威胁或挑战的情境下，需要迅速做出决策的不良情况的总和。第三种认为危机是一种非正常状态，如马建珍等主张危机是社会遭受严重自然灾害、战争、武装冲突、疫情等，原有的社会秩序遭到破坏，人民生命财产、国家安全受到侵害的非正常状态。总结以上观点，危机主要存在于受威胁状态下的紧张情形，这些情形会导致不同程度的利益损失。

1.1　公共危机的特征

参照学术界和理论界对公共危机的研究，本书认为公共危机是突然发生的严重威胁社会公共利益的、亟待应对的紧急状态。公共危机与国际危机相比，公共危机关注我国内部发生的危及人们生命健康、财产安全的危机，而不是国与国之间的危机。公共危机也有别于企业危机，如果把公共危机看作一国或某一区域的系统性风险，企业危机则是非系统风险、特有风险，它更注重个体内部的状态，如企业的兼并与收购、研发失败、产品质量问题等。但是公共危机与企业危机又是可以转化的，如当企业经营失败后大量裁员，则可能引起员工的愤恨和不满，进而采取上访、报复社会等极端行为，这时极易从企业危机转变成公共危机。随着科技的高速发展、全球一体化进程的加快，公共危机发生的频率越来越高，本书认为公共危机有以下特点：

1.1.1 公共危机的意外性和突发性

公共危机事件在发生之前一般不会有明显的征兆，因此也往往无法提前预测。通常危机的暴发的时间、地点、影响程度具有不可确定性。危机可能酝酿已久，如种族暴力、“9·11”事件等，也有可能突然发作，如汶川地震、新冠疫情；但是其表现形式都具有突发性和意外性，其影响呈现出快速蔓延的趋势。公共危机一旦发生将严重影响人们的正常工作和生活，严重地破坏经济发展和社会稳定，扰乱社会治安，具有破坏性强、杀伤力大的特点。

1.1.2 公共危机的复杂性

一是公共危机的发生原因具有复杂性和多样性，往往不是由某个单一的原因引发的。公共危机事件既可以由海啸、地震等自然因素诱发；也可以由错误的决策判断造成，如某些煤矿安全管理上的疏忽引发的安全事故；也有可能由自然与人为因素共同诱发，如某些突发流行病监控管理不当导致疾病大规模暴发。

二是处理过程复杂。公共危机事件往往没有规范的发生与发展过程。事件的发生是多种因素共同作用下的产物，而这些因素间还可能存在错综复杂的因果关系中。人们所能掌握的信息也往往随着事件发展变化而不断演变；再加上危机事件周围环境的不确定性，决策者很难准确把握危机事件的性质、过程及未来的发展方向，这就造成了公共危机事件的高度不确定性。同时，突发危机事件一旦发生，其发生的突然性及高度不确定性往往使决策者所能掌握的信息相对较少。决策者要在资源匮乏和信息不完全的情况下，短时间内制定出应对突发危机事件的决策，很容易出现认知偏差，做出非理性的决策。

三是事后恢复的复杂性。通常公共危机会对人们生活、社会生产、经济发展、生态环境等造成极大的影响和创伤。如汶川地震近 7 万人死亡，4 625.6 万人受灾，直接经济损失 8 451.4 亿元。人们精神创伤的抚慰，灾后重建、经济旅游的恢复都是巨大的系统工程。

1.1.3 公共危机的社群性和传导性

公共危机事件影响的主体具有社群性。事件发生之初涉及的主体可能仅只是一个很小范围的群体，但随着事件的迅速传播、扩散，逐渐吸引了社会公众的关注。若事件发生之初没有得到有效控制，就有可能造成影响进一步扩大，进而导致公众心理恐慌，引发社会的不稳定。另外，有些公突发机事件会涉及一部分人或者某些社会群体的利益，被极少数组织者宣传鼓动从而引发公共危机。

公共危机的传导性体现为地域的传导性、舆论的传导性、人际的传导性等。公共危机的地域传导性体现在某一地区一旦发生危机可能会在不同国家、地区之间形成群发。如新型冠状病毒感染疫情的大规模暴发正值2020年春节，人口的高速流动促进了区域间的传导；对病毒的恐惧又导致人们心理的畏惧，后来在政府舆情的引导下人们的心态才平和下来，这些都体现了公共危机的传导渗透效应。

1.1.4　公共危机的动态性

我们常称公共危机为事件，如“9·11”事件、天津港事件，许多学者也把公共危机定义为特定地点、特定时间发生的非正常事件，但是纵观公共危机的全过程，它更是一个动态发展的“过程”，包括前期的预测、预警和减缓，中期的应急响应和处置，后期的恢复与重建。在公共危机的治理过程中，相关的法律法规、治理结构、组织框架不断完善，这也是个动态发展的过程。

1.2　公共危机的分类

公共危机事件的分类与分级是针对危机事件发生的不同类型和严重程度进行级别上的确认，以有效地识别公共危机事件的性质和严重程度，是进行公共危机治理的先决条件。目前对公共危机事件的分类主要从产生原因、发生过程及形式、事件危害程度等几个方面进行。

1.2.1　按照突发危机事件产生的原因分类

按照突发危机事件产生的原因，可以将其分为自然灾害引发的危机事件及人为因素引发的危机事件。自然原因导致的灾害指地震、火山爆发、海啸等。人为因素引发的危机事件指危机是由人们的意愿变化、管理不当等因素引发的，如石油危机、城市火灾、政变、战争等。

1.2.2　按照突发危机事件发生的过程分类

按照突发危机事件发生的过程，可以将突发危机事件分为渐变型和突变型两种。渐变型突发危机事件是指事件从发生到结束要经过很多的中间状态，事件的发展是逐渐变化的，例如火灾、水灾、有毒品污染、劫机等；而突变型突发危机事件从事件发生到结束是瞬间完成的，例如地震、爆炸等。

1.2.3 按照突发危机事件的发生过程、性质和机理分类

《中华人民共和国突发事件应对法》和《国家突发公共事件总体应急预案》中按照公共事件的发生过程、性质和机理，把突发公共事件分为以下四类：

第一类：自然灾害。主要包括水旱灾害、气象灾害、地震灾害、地质灾害、海洋灾害、生物灾害和森林草原火灾等。这类灾害主要有以下特征：

（1）不可预见性。自然灾害大多属于自然现象，很难以人的主观意志为转移，我们很难从根本上去消除它，只能在一定程度上减轻灾害发生造成的损失，如亚马孙地区的森林火灾的起因是天气干燥、大风和高温。

（2）破坏性强。自然灾害的破坏性主要体现在人员伤亡、财产损失等方面，如汶川地震造成7万多人死亡、4 625.6万人受灾，直接经济损失8 451.4亿元。

（3）难以恢复性。自然灾害对人类造成的灾难破坏性极强，恢复难度大，如亚马孙火灾被毁森林面积已达58.2万平方千米，相当于16.6个海南省陆地面积。

第二类：事故灾难。事故主要包括工矿商贸等企业的各类安全事故、交通运输事故、公共设施和设备事故、环境污染和生态破坏事件等。这类事故最大的特点：一是人为因素比较强，通常是疏于预防、违规操作、管理不善造成的。如天津港爆炸事件发生的直接原因就是危险品的不当管理；二是事故发生后救援难度较大。天津港事件中政府尽管在第一时间出动了23个消防中队的93辆消防车、600余名官兵，紧接着又调集9个消防中队和35辆消防车增援，但最终还是导致700多亿元的经济损失和165名的人员死亡。

第三类：公共卫生事件。公共卫生事件主要包括传染病疫情、群体性不明原因疾病、食品安全和职业危害、动物疫情，以及其他严重影响公众健康和生命安全的事件。常见的公共卫生事件具有以下特征：第一，起因复杂。人们的生活方式、习惯，与大自然的抗衡等都可能引发公共卫生事件。第二，影响范围广。公共卫生事件一旦在某一地区发生，随着人员的高速流动就会在人群中迅速传播，可能蔓延至全国乃至全世界。第三，隐蔽性强。公共卫生事件不像前两类事件，一旦发生就如火山喷发。公共卫生事件起初隐蔽性较强、不易察

觉，但是往往带有极强的传染性，容易带来群体性危害，增加了控制的难度。如2003年的“非典”疫情，2020年的新型冠状病毒感染疫情。第四，一致性强。当公共卫生事件发生后，公众表现出非常强的一致性，众志成城、共同应对。

第四类：社会安全事件。社会安全事件主要包括恐怖袭击事件、经济安全事件和涉外突发事件等。社会安全事件是人为原因导致的，通常具有成因复杂、经过长时间酝酿、在短时间暴发、影响恶劣的特点，如“9・11”事件。

1.2.4 按照突发危机事件的危害程度分类

危害程度出发，我国《国家突发公共事件总体应急预案》将突发危机事件分为特别重大、重大、较大、一般四个级别。如表1-1所示。

表1-1 突发事件危害程度分类

级别	颜色	最高响应主体	标准
特别重大（一级）	红色	国务院	1. 人员：30人及以上死亡（含失踪）、30人及以上生命安全受到危害，100人以上中毒或重伤；需要紧急转移安置10万人以上的安全生产事故灾难 2. 财产：直接经济损失超过1亿元的特大安全生产事故 3. 能力：超出省级政府应急处置能力的事故灾难 4. 跨省级行政区域、跨领域（行业和部门）的安全生产事故灾难
重大（二级）	橙色	省政府	1. 人员：10~30人死亡（含失踪）、10~30人生命安全受到危害，50~100人中毒或重伤 2. 财产：直接经济损失5 000万~1亿元的特大安全生产事故灾难 3. 能力：超出市（地、州、盟）人民政府应急处置能力的安全生产事故灾难 4. 跨县级行政区域的事故
较大（三级）	黄色	地级市政府	1. 人员：3~10人死亡、10~30人生命安全受到危害，30~50人中毒或重伤。 2. 财产：直接经济损失较大的安全生产事故 3. 能力：超出县级政府应急处置能力安全生产事故灾难 4. 跨县级行政区域的事故

表1-1(续)

级别	颜色	最高响应主体	标准
一般（四级）	蓝色	县级市政府	1. 人员：造成或可能造成 1~2 人死亡或 30~50 人中毒、重伤 2. 直接经济损失较大或较大社会影响

薛澜和钟开斌结合突发危机事件的发生原因、过程、性质与机理，对突发危机事件进行了系统的总结与分类。他们将突发危机事件分为：自然灾害，如水旱灾害、地质灾害、地震灾害、海洋灾害和森林草原火灾等；事故灾难，如各类安全事故、交通运输事故、公共设施和设备事故、生态破坏事件等；公共卫生事件，如传染病疫情、食品安全和职业危害，以及其他严重影响公众健康和生命安全的事件；社会安全事件，如恐怖袭击事件、经济安全事件等，如表 1-2 所示。

表 1-2　突发事件发生原因分类

事件类型	引发因素	具体事例	典型案例
自然灾害	由自然原因导致的灾害	地震、龙卷风、海啸、飓风、洪水、暴风雪、火山爆发、森林火灾等	卡特里娜飓风、海地地震、汶川地震
事故灾难	主要由人为原因造成的紧急事件，包括人为对抗性因素造成的灾难和人为非对抗性因素导致的工业事故、科技灾难等灾难	爆炸、投毒、纵火、化学品泄漏、城市火灾、空难、矿难、核污染等。	哈尔滨水污染事件、山西王家岭矿难
公共卫生事件	主要由病菌或病毒引起的大面积的疾病流行等事件	疫情、霍乱、多人食物中毒等	SARS、H1N1、猪流感、超级细菌
社会治安事件	主要因人们主观意愿产生，会危及社会安全的突发事件	能源和材料短缺导致的紧急事件、暴乱、游行引起的社会动荡、恐怖活动、战争等	“9·11”恐怖袭击、甘肃陇南事件、贵州翁安事件

1.3 我国公共危机管理的现状

1.3.1 风险社会的到来

随着经济的发展和现代化社会的进步，今天所面临的危机事件呈现出高发、频发、突发的趋势。人类已经进入风险社会。

工业化、市场化和全球化的推动使世界各国面临着发展的新课题、新矛盾，各类风险危机也日益凸显。经济发展、技术进步使得人类对于自然界乃至整个社会领域控制和操纵的欲望和能力日益提升。尤其是现代科技的发展、现代制度的创新让人们创造出便捷的生活方式和快速发展的经济，如超大型的城市、高效的通信系统。经济发展一方面的确提高了人类的生活水平，但另一方面使得社会生活变得越来越复杂。这使得我们生活中的风险也在不知不觉中提高，我们已进入了风险社会。德国著名社会学家、风险社会理论创始人乌尔里希·贝克在《风险社会》中指出与传统风险相比，风险社会的重要特征是公共风险增加，而且更多是人为因素作用的结果（如果说传统风险更多的是自然属性），如核泄漏事件、“9·11”恐怖袭击、疯牛病等全球性或区域性事件。

人类文明的进步促进了社会的发展，但社会发展程度越高风险却越大。每次人类发展、社会进步都会涉及重大利益调整。因此，平衡社会进步、人类发展与风险的关系尤其重要。风险管理并不是孤立的问题，它是在提升社会治理、发展管理技术水平，优化管理手段中要解决的问题和面对的挑战。

风险社会是多重因素复杂交织作用的结果，包括科技、制度、社会结构、人口、信息化、全球化等。科技的发展极大促进了社会的进步，但是存在技术滥用等风险；物质的发达使利益关系更加复杂，设定科学合理的制度，保证利益关系的和谐稳定成为制度制定者要考虑的重要问题；社会结构方面，农村的空心化与大中城市的人口过度集中引发冲突；人口老龄化问题、过度开发造成的环境污染与资源匮乏等，都是现代社会风险加剧的诱因。

我们处于飞速发展的时代，享受发展带来利益的同时也经历着社会的急剧变迁，变迁背后是各方社会利益关系的调整。贝克在研究中国问题的时候提出了“压缩饼干”理论，他把中国以二三十年完成了西方社会二三百年的发展历程比作压缩饼干。不可否认，我国在经济飞速发展的同时积聚了大量的社会问题，这主要体现为重大的利益调整，并以各类风险的形式表现出来。因此我们现在所面临的各类危机事件其本质是急剧社会变迁风险的外显，也就是说这些风险因素在相关的事件下交互影响，最后以各种类型危机事件的形式表现出来，这是危机事件频发的深层次原因。

今天我们拥有发展机遇的同时也不可避免面临高水平的风险，如何处理好发展与风险、发展与安全、发展与稳定的关系成为我们亟待解决的重要问题。我国目前风险社会主要体现在社会关系的不稳定、社会发展的不平衡、社会分化的加剧、社会越轨的普遍性和社会矛盾的突出化等方面。我国的社会风险既有社会转型时期必然产生的制度性风险，也有全球化、市场化、城镇化进程中的技术风险，还有信息化、网络化影响下的传播风险。这些风险产生的根本原因是利益关系的复杂化、多元利益主体的博弈常态化及策略选择的不确定性，最终表现为危机事件呈现扩大化、普遍化和弥散化趋势。正如当今社会的主要矛盾“人民日益增长的美好生活需要和不平衡不充分的发展之间的矛盾”折射出在社会风险治理领域所要解决的重要问题。

总之，我国社会转型期经济发展不平衡、物质分配差距等问题导致社会矛盾积聚，公共危机事件的暴发只是外显，我们只有认真研究事物发展的本来面貌才能站在一定的高度解决问题。

1. 3. 2 我国公共危机管理的成就

我国公共危机管理工作一直以来围绕“一案三制”展开，“一案”是指《国家突发公共事件总体应急预案》，“三制”指应急管理机制、体制和法制。2003 年非典疫情发生以来，我国的突发应急管理取得了长足进步。

2013 年党的十八届三中全会提出了全面深化改革的总体目标：完善和发展中国特色社会主义制度，推进国家治理体系和治理能力现代化。为了提升国家现代化治理能力和治理水平，2018 年 3 月中共中央印发了《深化党和国家机构改革方案》，方案中明确指出深化党和国家机构改革，以国家治理体系和治理能力现代化为导向，以推进党和国家机构职能优化协同高效为着力点，改革机构设置，优化职能配置，深化转职能、转方式、转作风，提高效率效能。这次改革整合了 11 个部委的 13 项职能，组建了自然资源部、生态环境部、卫生健康委员会、应急管理部等部委，明确了相应的责任。至此，我国应急管理体系更上一个层次。

2019 年党的十九届四中全会之后的中央政治局集体学习中，习近平总书记提出应急管理是国家治理体系和治理能力的重要组成部分。至此，公共危机管理和应急治理在政策和理论上上升至新的高度。

正是因为对公共危机管理的重视，我国在抗击新型冠状病毒感染疫情的过程中，在应急响应的速度、信息公开、政策调适、国际合作等方面与2003年抗击非典疫情时期相比取得了巨大的进步。我国在公共危机的多元主体参与度、协调能力、分析能力、执行能力和监管能力在实践中获得了长足发展。

1.3.3 我国公共危机管理的主要问题

梳理近十年发生的各类公共危机事件从预防、减缓到事后恢复的整个过程，发现我国在危机管理中仍然存在以下问题：

（1）重处置轻预防，对危机萌芽阶段重视不足，不能及时发现可能存在的风险，即使发现也存在一定的侥幸和应付的心理，不能做到防患于未然、未雨绸缪。

（2）救援过程中各部门分割、各自为政，应急协调能力、资源整合能力有待进一步提高。

（3）社区、家庭、个人参与不足，往往错失最佳救援时机。

（4）我国突发事件的应对合作性欠缺，主要表现为应急管理部门与媒体的合作、应急决策部门与社会科学专家的合作、应急军民合作、相邻省（区、市）的应急区域合作、应急管理的国际合作等方面。

1.4 公共危机管理与治理的区别

随着风险社会的到来，政府不再是单一的危机应对主体，我国的公共危机管理正迈向公共危机治理。公共危机管理和治理在行政主体、权利来源、管理方式、决策方式、责任承担等方面都有着很大的差异，具体表现在：

1.4.1 行政主体不同

公共危机管理又称政府危机管理，因此在公共危机发生时应对主体只包括政府和相关的公共部门。公正危机治理则强调多元化主体的参与和社会力量的引入。

1.4.2 权力来源和组织关系不同

公共危机管理权力强调等级制，政府处于金字塔等级结构的顶端，处于完全控制的地位。公共危机管理虽然具有反应速度比较快、便于集中指挥等优势，但是其柔性差，难以满足应急管理的动态性和多样化的需求。公共危机治理强调权威和群体间的相互信任，强调多元主体间的相互合作关系，除了政府作为主导者承担救援的主要任务之外，营利组织、社区、媒体、个人都是治理的主体，在信息不确定、形势转换快的情况下可以在第一时间控制事态的进展。

1.4.3 责任承担不同

公共危机管理是政府承担主要责任，导致政府承担的责任和压力非常大，而社会力量不能被广泛动员并参与；公共危机治理更多强调责任分担，不同部门不同人员都承担了应急响应和应急救援的责任，可以调动各方面的积极性和主动性，更好地满足公众在危机处置过程中多样化和动态化的需求。

1.4.4 管理目标不同

公共危机管理强调效率优先，而公共危机治理兼顾效率、效果、效益和公平。应急管理除了要具有高度的响应效率外，还重视对应急资源的合理使用，强调救援结果，这就需要高水平的应急装备和应急管理水平；应急响应过程涉及利益的调整，如在抗洪救灾中排洪泄洪方案的选取、紧急条件下应急资源占用等都涉及各方面利益，这时需要有公平合理的价值取向。

总之，在公共危机治理模式下，要重视危机的事前预防和减缓；强调多元主体的广泛参与，发挥社区、家庭、个人的力量，实现人人参与，提高自救和互救的效果以减轻损失、保证生命财产安全；提高反应速度和处置效率；同时注重学习、培训和演练，危机事件正走向常态化，只有在对原有的处置案例分析研究的基础上总结经验、吸取教训，才能在下一次的处理中有更好的表现，取得更好的效果。

1.5 公共危机治理理论

理论是实践的基础，本节主要就生命周期理论、协同治理理论和整体性治理理论进行分析。

1.5.1 生命周期理论

公共危机事件都会经历从产生、发展、高潮直至衰退的一系列过程，而且在不同的阶段有不同的现象和特征出现。早期，突发危机事件还只处于萌芽和形成的过程，没有真正发生。而从本质上来看，引发突发危机事件的原因都是事物本身系统的平衡和和谐的状态被打破。在突发危机事件的潜伏和萌芽阶段，系统的内外部不稳定因素都还在可以接受和容忍的范围之内，因此公共危机事件的系统状态仍处于动态平衡阶段。但是随着不稳定因素的日益活跃和时间的积累，物质系统的平衡和和谐的状态受到了愈发严重的冲击，逐渐超出了自我调节的范围。失去平衡的物质系统就会成为突发危机事件发生的直接原因，而人类对该事件的认识更多是基于推断和预测，无法确切了解突发危机事件暴发的时间、方式和危害程度。在这个阶段，各种导致突发危机事件发生的因素逐渐积累演变，这些不稳定的因素没有明显的表现，突发危机事件更多的是以预警的形式以不同的“状态”显现，即表现出一些先兆。不同类型的突发危机事件都有相应的征兆出现，如果能够在突发危机事件发生前及时发现并关注这些“状态”，并能够针对这些“状态”采取相应的措施，就可以在很大程度上降低突发危机事件发生的概率，甚至可以避免一些事件的发生。

在发展和暴发阶段，公共危机事件更多表现为“现象”的形式。事态发生、发展和演化的速度都非常快，造成的损害也很快达到顶峰，需要各级政府组织以及非营利组织迅速组成救援团队，紧急制定并严格执行相应的救援措施。这个阶段还涉及各种人力、财力和物力等资源的调配以应对突发危机事件，力争降低危害程度，减小影响范围。在这个阶段，需要各方面互相协调、互相配合以应对突发危机事件。其一，尽量全面收集事件的各方面信息，以合理预测事态发展的情况及其未来发展走向，为科学合理的应急管理决策提供可靠依据；其二，由相应级别的政府领导及时组成公共危机事件应对指挥部，做出合理分工并落实到各个救援组织中，在救援中做好全面的沟通协调工作；其三，组织相关人员，依据公共危机事件的相关信息，选择合理的应急方案，及时实施和开展现场指导；其四，组建和调配执行力强的救援队伍，并为救援队伍和受灾地区配备专业化程度高的后勤保障队伍。

在衰退和恢复阶段，公共危机事件的物质系统在该阶段逐渐恢复动态平衡状态。事件所造成的损害和影响都出现了很大程度的减小和消退，受灾地区的社会秩序和群众的心理状态逐渐得到了恢复。此时也是消除突发危机事件造成的影响，恢复正常生产、生活和重建的合理时期。此外，公共危机事件发生后的衰退恢复期，不仅要消除公共危机事件造成的影响和损害，还要求政府部门和相应组织对危机事件发生的原因和应对过程中暴露的问题和不足进行深层次的分析。一方面要分析危机事件发生的真正原因，继续收集和追踪事态发展趋势的相关信息，密切关注一些与公共危机事件物质系统不平衡因素相关的及可能导致危机事件事态产生变化的各种因素，在此基础上，拟定有针对性的应对措施，全面防止和避免公共危机事件次生灾害的发生；另一方面，要对公共危机事件的损失和应对行动进行评估，并总结应急管理的经验和教训。对公共危机事件造成的损害和影响及时予以公布，可以在一定程度上提高政府的公信力；政府和其他组织对危机事件的应急救援活动进行评估，可以及时发现目前存在的问题，以在全国范围内有针对性地提出有效措施进行改进，完善公共危机事件应急处置的软件和硬件，从而实现资源优化配置，避免重复建设，也有助于有关部门在未来可能的突发事件中修订应急方案。需要特别指出的是，在这个阶段，公共危机事件物质系统逐渐进入下一个动态平衡阶段并不表示该系统内部的不平衡因素已经彻底消失，实际上，在某些因素的刺激下，该系统随时可能进入下一个物质系统的不平衡阶段。

1.5.2 协同治理理论

协同的英文是 collaboration，意思是合作，和他人一起工作。本书所探讨的协同治理是指在公共危机事件治理过程中，不同的行为主体通过信息交流、资源分享、自身行为改变并建立相关网络结构组织等来应对公共危机，实现社会安全的过程。主要包括以下内容：

第一，治理主体的多元化。多元化的治理主体不单单只有政府，还包括公民个人、非政府组织、企业等其他主体。政府不再是社会治理中唯一的治理主体。政府自身资源的有限性以及政府官员的“经济人”特性，使其无法完全满足社会中公共服务多样化的需求，而公民、企业、非政府组织等其他主体自身特殊的资源和独特的角色以及价值判断使他们在处理社会公共事务中发挥着不可替代的作用。各主体之间优势互补，其合作与竞争成为社会治理中不可或缺的部分。同时，治理主体的多元化意味着治理权威的多元化。协同治理中政府不再处于自上而下发布命令的核心地位，而与其他主体处于协商交流、共同行动的平等。其他主体在协同治理系统中也具有一定的权威性。

第二，子系统之间的协同性。不同的子系统掌握着不同技术和资源，在协同治理过程中，各主体之间相互协商、相互依靠以实现共同行动。为保证治理工作的顺利进行和共同目标的实现，各行动者要本着信任和平等的理念创造协同环境。在这个过程中，某一参与者可能暂时处于主导地位，但这并不代表其拥有绝对的主导权，因此协同治理要求政府与其他主体通过协商对话来应对复杂的社会事务。建立合作伙伴关系，加强各参与者之间的协同性，有利于社会系统的良好运行。协同治理系统中子系统的自主性更加突出，主要是由于政府自身的能力受到很多因素的限制。例如相关政策法规的复杂性往往会阻碍社会系统的良好运行，而其他子系统也试图削弱政府控制，形成自身组织体系之间的协同。但并不意味着政府在协同治理中作用的失效，政府自身的权威性决定了政府在资源交换、目标制定方面仍然有不可忽视的作用。

第三，共同制定协同规则。协同治理在一定程度上反映了多元主体依据共同制定的规则采取集体行动，因此，信任是合作的基础。良好的行为规则不仅影响着最终治理结果，还影响着网络组织结构的平衡。协同规则制定的关键就在于各参与者之间的竞争与合作。

公共危机事件的治理需要在漫长的实践中探索经验模式，需要充分利用相关理论来指导实践。在治理过程中，需要形成以政府为主导的多元治理主体，这与协同治理理论中的多元化系统以及各个子系统的协作相契合；公共危机事件治理是一个连续性、动态性的互动过程，这与协同治理理论中系统演进的有序化过程相契合。因此，公共危机事件的治理可以借鉴协同治理理论。

1.5.3 整体性治理理论

1. 整体性治理理论的产生背景

整体性治理理论兴起于20世纪90年代。它的产生源自三个主要原因：其一，对新公共管理的批判和反思是该理论产生的根本原因；其二，全球化时代的到来是该理论产生的直接原因；其三，信息技术的发展是该理论的技术支撑。

（1）对新公共管理的批判与反思。

20世纪70年代末，由于政府机构膨胀、办事效率低下，西方国家先后开展新公共管理运动。新公共管理运动推崇“掌舵者”与“划桨者”的角色分离，主张通过市场化、分权化、民营化的方式将政府的公共服务供给外包。即由市场和社会生产、提供公共服务，而政府作为“掌舵者”只需做好相关决策，这使得政府官僚式组织结构逐渐走向市场化组织结构。新公共管理运动在早期实践中取得了显著成效，在一定程度上提升了政府办事效率，并有效地对政府“集权”进行了分化。但随着新公共管理运动不断推行，其弊端也逐渐暴露。它过分追求市场化、分权化使得政府部门机构破碎，难以进行整合与协调，从而出现各自为政的局面，最终无法应对日益复杂的公共管理问题。因此，新公共管理运动最终以失败告终。而整体性治理理论源于对新公共管理弊端的反思，主张加强政府部门间、政府与其他主体间的协调与合作，通过众多途径来解决“碎片化”问题，从而提升政府治理效率。

（2）全球化时代的到来。

20世纪80年代，全球化浪潮给全球公共治理带来了诸多难题。随着全球化的不断推进，社会风险不断增加，跨边界、跨部门的公共管理问题日益增多，例如跨国贩毒问题、全球气候变暖问题、恐怖袭击问题等。这些问题关乎多个国家的安全与稳定，单一的国家、单一的政府部门难以应对和解决。这就需要政府改变原有的思想观念以及管理模式，加强各国家、各主体、各部门间的协同，共同应对日益复杂的全球性管理问题。而整体性治理理论正是在这种背景下提出的，它主张加强部门间的协调，跨越组织界线，共同应对管理难题。因此，全球化直接导致了整体性治理理论的产生。

（3）信息技术的发展。

信息技术的发展为整体性治理理论的产生提供了技术保障。

信息技术的发展增加了众多快捷的信息传播途径。政府内部传统的信息传递方式大多是自上而下单向传播，此方式传播速度慢。而信息技术的发展带来了众多快捷的信息传播途径，例如网络视频、电话会议等。这些方式通过图像、声音等即刻传播信息，速度快于书信、公文等方式，同时可以跨界、跨区域传播，更有利于政府部门间、政府与其他主体间的信息交流和共享。

信息技术的发展降低了信息传播成本。一方面，信息技术的发展使人们摒弃了传统的书信、公文、面对面沟通等成本较高的沟通方式，而选择传播速度快、成本较低的网络传播，降低了成本；另一方面，信息技术的发展在一定程度上使得政府组织不断向扁平化的结构模式转变，减少了信息传播的层级，削减了信息传播的成本。因此，信息技术的不断发展成为整体性治理理论发展的动因之一。

2. 整体性治理理论的内涵

整体性治理理论是针对碎片化问题提出的一个完整的理论体系，它的内涵主要包括以下几点：

（1）强调整体性的价值理念。

整体性治理理论与其他治理模式最主要的差异在于价值理念方面的不同。在传统的官僚体制下，政府部门间强调严格的等级制度，追求单个部门的治理成效。到了新公共管理时期，政府基于专业化分工的思想，加剧了部门间的割裂，导致了碎片化问题的产生。应运而生的整体性治理克服了两者的弊端，强调整体利益，力求推进各组织间的沟通交流，促进整体利益的最大化。

（2）追求制度的规范化。

制度规范化是整体性治理理论强调的一个重点。在当今时代，由于各主体间利益的复杂性，制度的不规范、不完善使得各主体间出现协同困境，矛盾加深，这就需要一些规范化的制度来协调和整合各方的利益。而整体性治理理论的职责之一就是从整体的角度不断规范和完善现有的制度，以促进各方利益的均衡化，从而更好地提高治理效果及各部门间的办事效率。

（3）主张建立部门间、组织间协调机制。

在传统官僚制及新公共管理模式下，政府组织结构分为官僚制组织和市场化组织，在这两种组织结构下各组织、各部门相互独立，难以协调和沟通。而整体性治理模式下政府的组织结构是网络化组织，该种组织需要通过建立协调机制来运行和发展。因此，整体性治理理论主张在政府组织部门间建立新的工作机制，并在日常工作中运用新的机制——协调整合机制来加强政府部门间、组织间跨部门、跨边界的合作。但是这并不意味着部门间、组织间的功能界线完全被打破，只是通过其他的方式来设置新的界线。

（4）注重信息化技术的运用。

整体性治理理论强调信息技术的作用，认为如若没有信息化技术，就难以构建电子政府平台，从而不利于构建整体政府模式。同时该理论主张建立政府各部门、各组织间网络信息共享平台和网络共同办公平台。这样一方面能促进信息的高效传播，降低信息传播成本，加强政府部门间、组织间的沟通与协作；另一方面能在一定程度上改善政府部门各自为政、壁垒重重的局面。同时，运用网络信息化技术建立政府门户网站，使得政府的工作内容、流程彻底透明，促进公众了解政府，提高政府服务精准度。

3. 整体性治理理论的应用契合性分析

（1）价值理念的耦合。

整体性治理理论基于整体性的观念，将整体利益最大化作为价值目标，并强调公私部门间协同促进互惠共赢。同时它提倡各合作主体间应该摒弃自身利益至上的观念，树立平等、信任的伙伴观念，积极协调与合作，共同实现整体目标。当前，我国社会处于变革时期，社会风险日益增加，政府自身难以独立应对如此复杂的应急管理形势。加上非政府组织力量不断壮大，其在应急管理中的作用不断凸显，政府与非政府组织协同治理是大势所趋。基于这样的背景，要优化当前政府与非政府组织的应急协同机制，就要求政府与非政府组织转变观念：政府改变传统的“家长”思想，树立平等协同的观念；非政府组织应当改变长期被动听取政府指挥的观念，积极寻求协作。只有两者均树立协同共赢的理念，方能合力完成应急管理任务。因此，我们可以看出整体性治理理论和优化政府与非政府组织协同机制问题在价值理念上十分契合。

（2）制度规范的耦合。

整体性治理理论强调制度的规范性，也就是制度的法制化、规范化以及清晰化。其一，整体性治理理论提倡完善当前体系内的法律制度，制定相关实施细则，并将其与现有的法律法规相衔接，形成较完整的法律体系，从而明确各治理主体的法律地位以及各主体的职责与义务，为各主体间的行动提供法律依据和法律基础。其二，整体性治理理论主张建立规范的信息公开制度，促进政府与其他主体间信息的交流与共享，从而达到信息整合的效果。而在目前政府与非政府组织的应急协同中，并未明确非政府组织的法律地位，关于两者如何协同的法律文件数量偏少，难以满足现实治理需求。因此，加强政府与非政府组织间的应急协同，必须要完善当前的法律制度，明确非政府组织的主体地位，利用法律法规指导政府与非政府组织的行为，保证双方的合作共赢。同时，在应急管理过程中，缺乏规范的信息公开制度，使得政府与非政府组织间出现“信息孤岛”现象；因此，完善信息公开制度也是十分有必要的。

（3）运行机制的耦合。

整体性治理理论主张以信任为基础，建立协调机制和整合机制，以促进各治理主体间协调与合作，完成整体治理目标。其中，协调机制指的是一切使得系统中各要素间互相联系和制约从而实现整体目标的制度化的方法。协调机制包含了众多机制，包括经费保障机制、奖惩约束机制、组织协调机制、资源协调机制等。经费保障机制旨在通过资金的保障促进各要素间利益的协调；组织协调机制旨在在各要素间设立协调机构以加强联系；奖惩约束机制旨在采取某些奖励、约束的措施来促进各要素的协调。同时，整体性治理理论强调建立信任机制，它是整体性治理实现的前提和保障。在当前的应急管理过程中，政府与非政府组织的协同缺乏经费保障机制、组织协调机制、资源协调机制、奖惩约束机制以及信任机制，若要优化两者间的协同机制，需要做好以下方面：

其一，要建立经费保障机制，确保政府对非政府组织的资金投入；

其二，要建立组织协调机制，设立政府与非政府组织间的协调机构；

其三，建立资源协调机制，促进政府与非政府组织间资源的优化配置；

其四，建立奖惩约束机制，对于应急管理过程中表现优异的非政府组织进行奖励，反之则进行惩罚；

其五，建立信任机制，促进政府与非政府组织间互信关系的构建。

因此，整体性治理理论在运行机制方面为政府与非政府组织的应急协同机制优化提供了较好的思路与方法。

（4）技术手段的耦合。

整体性治理是一项复杂的系统工程，强调以现代化的信息化技术作为治理手段，主张利用电子信息化技术简化治理程序，促进各主体间信息的整合，在各主体间建立高效的服务系统。而在当前应急管理系统中，政府与非政府组织间缺乏整体性的应急管理信息系统以及电子化的信息沟通共享平台，使得两者间信息整合不足，沟通不畅，难以协同。想要加强两者间的协同，必须利用信息技术建立完备、综合的应急信息储备系统以及电子信息沟通共享平台，以便两者及时交换、分享信息，更好地应对危机事件。除此以外，电子媒介对政府与非政府的应急协同工作宣传力度不足，使得全社会对政府与非政府组织协同成果了解不深，那么信任度和支持度也就难以提升。

2 公共危机的风险管理

公共危机事件是风险因素的对外表现形式，减少危机事件的核心是风险治理，对风险事前研判，因此研究公共危机治理前先要厘清风险的相关因素。

2019 年 1 月 21 日习近平总书记在省部级主要领导干部“坚持底线思维、着力防范化解重大风险”专题研讨会上发展重要讲话，他强调：“面对波谲云诡的国际形势、复杂敏感的周边环境、艰巨繁重的改革发展稳定任务，我们必须保持高度警惕，既要高度警惕‘黑天鹅’事件，也要防范‘灰犀牛’事件；既要有防范风险的先手，也要有应对和化解风险挑战的高招；既要打好防范和抵御的有准备之战，也要打好化险为夷、转危为机的战略主动战。”

2.1 风险的含义

风险的本意是指不确定性，包括收益的不确定性和损失的不确定性，在危机管理中风险往往指危险和损失。风险是风险因素、风险事件、风险结果相互作用的结果。风险因素是风险形成的必要条件，但不是充分条件。如果早发现、早预防、早纠正，使风险因素消失在萌芽状态时就不会产生风险事件，因此控制风险因素、预防风险事件、减轻风险结果是风险治理的关键。

通常人们认可并且用于衡量风险的表述有下面两种：

第一种，风险是事件发生的概率与严重程度作用的结果，用公式表达为

$$风险 = 概率 \times 严重程度$$

通常用于衡量企业风险、金融风险等具体风险。

第二种，风险是致灾因子与脆弱性共同作用的结果，可以表述为

$$风险 = 致灾因子 \times 脆弱性$$

根据《联合国国际减灾战略减轻灾害风险术语（2009 年版）》，致灾因子是一种危险的现象、物质、人的活动或局面，它可能造成人员伤亡或影响健

康，造成财产损失、生计或服务设施丧失，扰乱社会秩序和经济发展，或破坏生态环境。简单地说，可以把致灾因子理解为风险因素。由于这种因子的存在，在满足一定条件的情况下，风险事件一触即发，因此致灾因子是公共危机的源头或基础。

两个公式从不同的角度阐述了风险的含义，前者从计量评估的角度衡量风险，后者侧重于风险产生的机理，我们更容易从后者找到危机发生的原因。需要指出致灾因子不等同于灾害，致灾因子是可能造成人员伤亡、财产损失的社会或自然现象，是一种潜在的危险，不一定会诱发危机事件，更不能说是一种灾害，而灾害是已经表现出的现象。因此致灾因子不一定产生灾害，但是灾害一定由致灾因子引起。

根据诱致风险的因素，可以把致灾因子分为四类，具体如表 2-1 所示。

表 2-1　致灾因子的分类

名称	含义	举例
自然致灾因子	存在于自然环境之中，并对人类产生威胁	洪水、地震、海啸、火山、山体滑坡
技术致灾因子	主要产生于技术背景或工业背景下，由人的原因产生，地点已知	核辐射、工业污染、工厂爆炸
生物致灾因子	起源于有机体或通过生物媒介传递，可能导致传染病的暴发、动物疫情	SARS 病毒、埃博拉病毒、新型冠状病毒
人为致灾因子	源于人的故意行为	恐怖袭击、动乱

脆弱性是指人或物相对于致灾因子的易损性，包括物理脆弱性、经济脆弱性、社会脆弱性和环境脆弱性。其分类如表 2-2 所示。

表 2-2　脆弱性的分类

名称	含义	举例
物理脆弱性	用来衡量在既定物理空间环境中，人与物相对于致灾因子的易损性	在地震带的建筑物比非地震带的建筑物脆弱性强
社会脆弱性	个人、社会、政治、文化等因素所决定的相对于某一致灾因子的易损性	2001 年 12 月北京 1.8 毫米的小雪，让北京城市交通经历了长达 10 个小时的大面积瘫痪，当天车速大约 1 千米/时

表2-2(续)

名称	含义	举例
经济脆弱性	一个国家、城市、社区的财政状态所决定的相对于某一致灾因子的易损性	限于响应速度和技术手段，欠发达国家表现出较强的经济脆弱性
环境的脆弱性	一个地区环境状况所决定的该地区相对于致灾因子的易损性。	森林被砍伐，排放工业废气使环境遭到破坏，环境的脆弱性增强

如果说致灾因子是潜在和外在原因，那么脆弱性则是内在原因。就像一个经常锻炼抵抗力强的人在流感面前不容易被感染，而一个体质差的人气温一有波动就容易感冒发烧一样，脆弱性决定了致灾因子的伤害程度。

2.2 公共危机的风险控制

风险不一定产生危机事件，但是如果不及时发现、控制和消减风险，风险积聚到一定程度，超出相应的承受能力时就演变成了危机。因此前期梳理对风险的控制非常有必要，风险控制分为以下几步：确定风险背景、风险识别、风险评估、风险减缓。公共危机风险控制流程如图 2-1 所示。

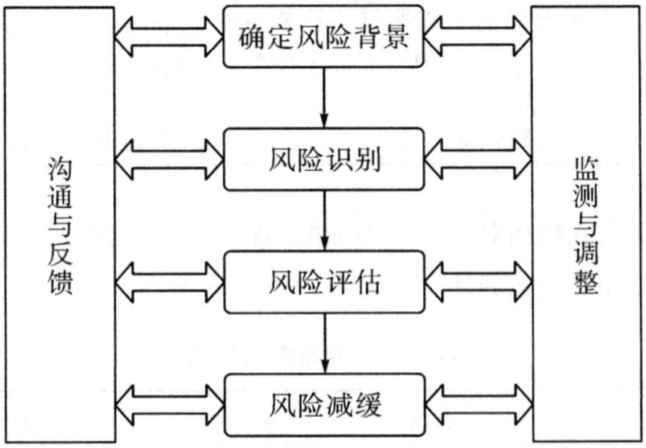

图 2-1 公共危机风险控制流程

第一步确定风险背景。风险是在一定的背景、政策、关系下产生的。知悉环境后才能确定参与的部门，达成共识，建立风险应对框架，明确具体任务。如每年的春运是人流的高峰期，也是一年中最冷的季节，这就是风险背景。

第二步识别风险。识别风险主要是对可能发生的风险进行定性或定量的描述，包括可能发生什么、在哪里发生、会波及哪些人员、发生的概率有多大等。如春运中风险地集中在人流密集的机场、车站、大型商超等，这些地名可能会由于人员密集导致财物被盗、疾病传播等社会风险。

第三步风险评估（分析与评价）。风险评估是用科学的方法估算、衡量风险的过程或方法论。学术界和理论界经常按表 2-3 所示标准划分风险评估类型。

表 2-3 风险评估的类型

分类标准	内容
评估的阶段	事前评估、事中评估、事后评估
评估的内容	脆弱性评估、能力评估、脆弱性—能力综合评估
评估的方法	定性评估、定量评估、综合评估
评估的角度	技术分析、经济评估、社会评估

常用的评估方法有事前评估、事中评估和事后评估，不同阶段的评估意义不同。在风险发生之前风险评估可以帮助人们尽早识别、预防和减缓风险；在危机发生过程中提高风险的应对效率；危机结束后有利于总结经验教训、尽快恢复重建。

除此之外风险矩阵评估也经常被应用到实践中，如表2-4 所示。这种方法把风险按照严重程度分成特大、重大、较大、一般、较小五个等级，可能性分为经常发生、很可能发生、可能发生、较不可能发生、极少发生五种情况，根据可能性和严重程度的组合，把风险分成低风险（Ⅰ级）、中风险（Ⅱ级）、较高风险（Ⅲ级）和高风险（Ⅳ级）。当处于低风险时，风险水平处于可以接受的程度，当前的应对措施可行，可以不采取另外的方法和手段，静观其变即可。当处于中风险水平时，风险水平可以接受，但应保持密切关注。前两者处于风险可容忍阶段，当风险处于较高水平时，社会秩序受到一定的破坏，此时应在限定时间内采取有效的措施予以纠正和弥补；当风险处于高水平时，即为不可容忍风险，此时人民生命财产安全将受到巨大威胁，必须发出预警信息，采取相应的特别手段，紧急处理。

表 2-4　风险矩阵评估

严重程度	可能性				
	1. 经常发生	2. 很可能发生	3. 可能发生	4. 较不可能发生	5. 极少发生
1. 特大影响	Ⅳ	Ⅳ	Ⅳ	Ⅲ	Ⅱ
2. 重大影响	Ⅳ	Ⅳ	Ⅲ	Ⅲ	Ⅱ
3. 较大影响	Ⅳ	Ⅲ	Ⅲ	Ⅱ	Ⅰ
4. 一般影响	Ⅲ	Ⅲ	Ⅱ	Ⅰ	Ⅰ
5. 较小影响	Ⅲ	Ⅱ	Ⅰ	Ⅰ	Ⅰ

第四步风险减缓。风险减缓是指在危机发生前通过削弱风险来降低危机事件发生的可能性或降低风险发生带来的损失。根据风险定义的第一个公式——风险等于发生概率与严重程度的乘积，风险减缓可以帮助我们通过降低其中一项来减少风险。

2.2.1　风险减缓的意义

众所周知，风险会带给我们或大或小的损失或危机，那么规避风险的第一步就是未雨绸缪，减缓风险。

首先，减缓风险能够减少风险发生的可能性。许多危机的发生是我们没有重视的结果。如对森林无节制的砍伐、对草原的破坏，带来了短期的经济利益，但是破坏了生态，导致环境污染的风险加大；再如随着城市化进程加快，城市房屋的需求加大，把楼房建在容易发生地震的地带，居民遭受危机的概率就加大了。

其次，风险减缓能够降低危机带来的损失和影响。联合国前秘书长安南曾说，减灾是人类社会控制灾害最经济、最人道、最实用、最有效的办法。风险减缓除了减灾之外，还包括延迟灾害的发生。当灾害无法规避时，我们能做的就是争取更多的时间来减少人员伤亡和财产损失。风险减缓使风险给人们带来的损失和伤害远比事后救援小得多。据统计，根据加拿大的国家灾害减缓战略，美国、英国、澳大利亚洪水预防方面成本—收益率分别是 1∶4、5∶1、3∶1。

最后，风险减缓有利于可持续发展战略的实现。党的十九大报告指出，可持续发展是基于社会、经济、人口、资源、环境相互协调、共同发展的战略。随着科技的发展、社会生产力的提高，人们征服自然、改造自然的欲望和能力越来越强，这也是自然灾害频发的原因之一，而风险减缓有利于人和社会、人和自然和谐共生。

虽然风险减缓有重要意义，但是风险减缓在执行过程中面临着很多困难：①风险减缓的过程往往投入高、见效慢，很难达到立竿见影的效果；②减缓措施会占用大量的经济资源，与当地 GDP 增长形成对立；③危机的发生带有不确定性，包括发生的频率和可能的损失，所以有些部门抱着得过且过的态度，思想上不重视，这给风险以可乘之机；④风险减缓不与绩效考核挂钩，无法引起足够的重视，这使得一些部门和干部宁愿轰轰烈烈去救灾也不愿意默默无闻去防灾。

2.2.2 风险减缓的手段

1. 及时识别致灾因子

致灾因子是危机发生的外因，通常带有隐蔽性强、难以识别的特点，但是这不意味着其不能被发现。如地震将至时地下水包括井水、泉水有发浑、冒泡、变色、变味等现象；春运时人流量大，可能会造成交通拥堵、疾病传播等。

2. 降低社会脆弱性

致灾因子积聚到一定程度，危机就会一触即发，因此在识别到致灾因子后我们要采取相应的手段和措施。有些致灾因子是人为原因产生的，如技术致灾因子、人为致灾因子，这些需要我们早发现、早预防。此时可以采取软措施，如制度的建设、规则的约束。有些致灾因子是非人为原因产生的，如自然致灾因子等，这时可以着重从硬措施着手，比如兴建防洪堤坝，改善排水系统等。当然软措施和硬措施没有一定的界限，只要使用得当都可以起到预防的效果。此外，还可以建造一定的减灾工程，比如保护公共设施，修建防灾通道，保护自然、森林、湿地，合理开发等。

3. 风险规避、风险转移

风险规避是考虑到某种风险或危机可能发生时，采取放弃或改变的策略，如台风天气少出门或不出门，再如疫情期间少聚会、减少旅游、出门佩戴口罩等。风险转移是将风险的后果转移到其他地方，比如企业购买财产险，这种方式虽然不能避免风险的发生，但是可以减少风险发生后带来的损失。

4. 提高灾后恢复能力

当危机的应急处置结束后是灾后的重建，包括思想的重建、经济的重建、秩序的重建等。第一，思想与理念的重建。每次危机过后不管是危机治理者还是社会公众都要反思危机发生的原因；反思措施是否适当，是否存在可以提高的地方，增强应急响应能力，完善预防、救援体系等。第二，对无法规避、不可避免的破坏，要推行更加严格的设计和质量标准，严把工程质量关，增强其抗灾能力。第三，做好善后保障工作，确保灾后重建的人力、物力和财力，此外还要特别关注受灾民众的心理重建。据不完全统计，平均每年全国受灾影响的人口约有2亿，遭受重大心理创伤的人群中有5%将终生受其影响，同时灾后还可能引发种非理性的社会群体事件。可见，灾后心理的创伤是难以用眼睛看见的，但是其伤害的程度却远远大于表面所能见到的。

5. 加强公共安全教育

危机发生后，第一时间自救和互救能大大提高生存率，因此要提高公众对风险的认知程度，使其有相应的自救、互救意识和技能。安全教育将是每一个公民不可缺少的一课，也是应对危机的重要手段。

（1）提高忧患意识和风险认知能力。

我们可以在人民网等媒体上看到每日疫情的最新变化和各地的一些突发危机事件，说明媒体对信息的披露比较及时，一定程度上提高了公民的忧患意识和风险判断力。

（2）加强公众的批判能力。

媒体给公众带来及时信息的同时也存在着海量信息难以识别真伪的风险。如果相关部门不加管制、蓄意纵容，很容易引发人为的群体危机事件。因此要以政府为主导，加强公众公共安全教育，提高其辨别能力。及时澄清，积极干预，把致灾因子消灭在萌芽状态。

（3）塑造良好的心理素质，科普自救、互救技能。

良好的心理素质不是一朝一夕就能形成的，物质的满足与精神营养的欠缺形成了极大的对比，造成了许多年轻人的“空心化”。因此学校教育的目的不仅是提供高的学历和文凭，还要培养学生较强的抗压能力、主动承担的精神以及重新来过的勇气。此外，学校教育要加入自救和他救的教育课程，并提高重视程度，使其制度化、常态化，实现“教育一个孩子、挽救一个家庭、影响整个社会”的目标。

3 公共危机应急准备

2015年5月，习近平总书记在中共中央政治局第二十三次集体学习时强调：“要切实增强抵御和应对自然灾害能力，坚持以防为主，防抗救相结合的方针，坚持常态减灾和非常态救灾相统一，全面提高全面社会抵御自然灾害的综合防范能力。”

2020年《求是》杂志发表了习近平总书记的重要文章《全面提高依法防控依法治理能力，健全国家公共卫生应急管理体系》，文章特别强调“将预防关口前移，避免小病酿成大疫”。

公共危机的治理需要未雨绸缪、防微杜渐，主要是指危机发生前的应急综合准备，包括应急规划、应急预案、应急演练。

3.1 应急规划

我们经常听到应急预案，但是对应急规划了解得较少。在百度词条中我们搜索“应急规划”，只得出一条结果：“应急规划在中国的CMA管理会计中指的是对一些紧急情况或者挫折等可能发生的情形情况做出一些响应的规划，这种规划一般下达时间比较快。”可见，人们对应急规划的理解存在盲区，认为规划就是命令。应急规划是动态的应急预案的制定和调整过程，应急预案则是应急规划的文字结果。由于公共危机是动态演变的过程，因此对危机的应对也应随机应变。应急规划包括了应急预案的制定和管理、应急演练、应急保障体系等一系列工作。公共危机的治理应是为了应对不利事件，相关利益主体，包括政府、社会组织、公民个人按照既定的承诺进行角色分工，提供资源形成合力攻克危机的过程，应急规划是实现这个目标的过程，而应急预案则是规划的结果与输出。

3.1.1 应急规划的意义

应急规划是动态的过程，应急预案制定得是否合理、能否落地取决于应急规划的过程能否被重视。

第一，应急规划可以明确多元主体参与下的分工与合作，保障公共危机治理的效率与效果。虽然多元主体治理理论被提出已经很久，但是我国还处于磨合阶段，规划过程需要合理分工，避免角色冲突和责任推诿，以免错失最好的治理时机。

第二，应急规划有助于将过程“流程化”以提高处理效率。危机一旦发生，将面临时间紧、信息少、场面乱的状况，公共危机治理主导者无法充分讨论。因此往往需要借助“流程化”的模式做出反应，而“流程化”的过程需要在危机处理过程中吸取教训、总结经验、不断完善。

第三，信息协同化下的应急规划可以帮助我们防止危机升级，最大限度地降低损失。风险和危机是动态变化的，应急规划需要对风险动态监控、分析和处置，以改进应急预案。

3.1.2 应急规划的流程

应急规划的流程是指应急预案制定的步骤，包括确定应急规划要达成的目标、成立应急规划委员会、明确多元主体的分工和责任、公共危机风险管理、增强危机应对中的保障体系，最后形成文字资料，即应急预案。具体步骤如图3-1所示。

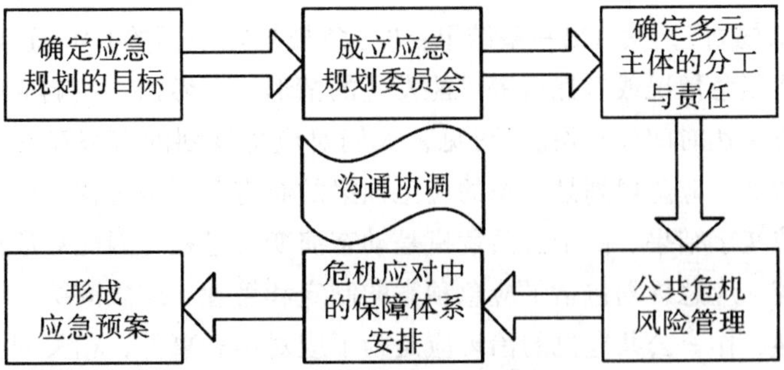

图 3-1 应急规划流程

第一步，确定应急规划目标。应急规划的初衷是在公共危机发生时，形成多元主体的合力以应对可能带来的风险，以减少损失，并在反复实践的基础上将其制度化，作为未来危机应对的参考模板。

第二步，建立应急规划委员会。应急规划委员会由以政府为主导的多部门权威专家组成，主要职责是在风险管理的基础上制定相应的应急预案。

第三步，确定多元主体的分工与责任。公共危机的多元化协同治理强调多方利益主体的参与。这样制定的应急预案更容易被接受，有利于多元主体明确危机应对中的角色，并积极主动地参与应急救援。通过列出各方参与者的角色，明确其承担的相应责任，实现相应主体的职责分工。

第四步，公共危机风险管理。这一步的意义在于通过建立风险管理框架来确定问题的性质、可能的影响范围和程度，确定可接受的风险水平，包括识别风险（描述风险和周围的环境）、分析风险（致灾因子和脆弱性）、评估风险（风险排序，确定可接受的承受）、处置风险（减轻危害）。

第五步，危机应对中的保障体系。公共危机发生时往往处于紧急的状态，事先很难准确预计危机的具体情况，能否在发生的最紧要关头获得必要的资源是战胜危机的关键；因此在日常工作中就需要各个部门做好保障体系，主要包括确定物资与服务的类型、分布、可调度的数量、由哪些部门和人员负责、财政的支持等。

第六步，形成应急预案。应急预案应包括以下几项：总则、适用范围、组织机构及职责、预防和预警、应急响应、后期处置、保障措施、培训和演练等。

每一类危机的应急规划流程大体相似，当危机发生时还要因地制宜根据紧急程度、影响范围等实施不同的应急预算，当然整个过程都离不开多元主体的良好沟通和协调。

3.2 应急预案

应急预案是应对公共危机的原则性方案，它提供了突发危机事件处理的基本原则和实施方案，是操作性指南。在我国，应急预案是“一案三制”的核心，包括国家总体应急预案、国家专项应急预案、部门应急预案、地方应急预案、企事业单位应急预案、单项活动应急预案。

3.2.1 应急预案的制定原则

2005 年 1 月国务院制定了《国家突发公共事件总体应急预案》，指出应急预案的目的是最大限度地预防和减少突发公共事件及造成的损害，保障公众的生命财产安全和社会稳定，促进经济社会全面、协调、可持续发展。应急预案的制定应秉承以下原则：

第一，以人为本原则。虽然危机是人与自然、人与社会之间各种矛盾的外显，但是危机一旦发生，很多时候都超出了人的意志可控范围。这时候危机处理应把人的生命健康放在第一位，尽量减少人员伤亡。我国在危机处理过程中也一向坚持这个原则。

第二，法制性原则。公共危机的应对需要通过立法赋予指挥机构协调、调动各种资源和统一指挥的权力。应急预案要明确应急状态下各级组织的权限，防止权责不对等和不当使用而过分侵害社会公众利益。

第三，协同性原则。危机治理是以政府为主导的多员主体参与的过程，因此在应急预案中应明确每类主体的职责和分工，实现物力、人力、财力多方面的保障。

第四，简洁明了、可操作性原则。应急预案应以直观、简单、明了的文字描述或采用流程图的方式，让现场指挥者和参与人员在短时间内明确任务，知晓如何操作。同时应急预案要根据本地区的实际情况具有可操作性。

第五，预案的弹性原则。突发危机可以分为常规性突发事件和非常规性突发事件。前者是指发生的时间、地点具有一定的周期性和规律性，这时在制定预案时就可以较为具体，按照常规操作即可完成，如每年7—10月海南东线一带是台风多发地，这时就可以提前做好应对预案。而非常规性事件即“黑天鹅”事件，它的发生频率低，通常没有规律可循。如美国的“9·11事件”、2020年新型冠状病毒感染疫情等。应急预案是人对未来可能发生情景的假想，因此对常规性突发事件比较有效，而对非常规性事件的功效非常有限。预案的编制就要富有弹性，给相应的参与人员一定的权力和自主性。

3.2.2 应急预案的内容

应急预案是在危机发生之前的主动行为，是对危机发生后要做的一系列工作的梳理，因此各个等级的预案各有不同，但是总体包括以下内容：

1. 总体规则

总体规则是预案的总领和指引，主要解决为何编制，编制的依据、原则，适用的范围等问题。

2. 组织体系与职责

公共危机具有突发性和紧急性，迅速应对可以防止危机扩散和升级，这就要求以政府为主导的多元主体合理分工与协调。目前我国形成了一套从中央到地方的行政应急管理体系。具体如表 3-1 所示。

表 3-1　公共危机行政应急管理体系

级别	分工
领导机构	国务院是最高行政领导机构。在国务院总理领导下，由国务院常务会议和国家相关突发事件应急指挥机构负责应急管理。必要时派国务院工作组指导有关工作
办事机构	国务院应急管理办公室负责：值守应急、信息汇总、综合协调，是运转枢纽
工作机构	国务院有关部门负责与本部门相关的公共危机应急管理，具体包括相关类别的公共危机事件专项和部门应急预案的起草和实施，贯彻落实国务院有关决定事项
地方机构	地方各级人民政府是本辖区公共危机的行政领导，负责相应工作
专家组	国务院和各应急管理机构建立专业人才库，专家组为应急管理提供决策建议，必要时参加应急处置

3. 公共危机的处理流程

明确公共危机发生时的处置流程至关重要，管理的运行机制包括公共危机的预测预警、应急响应、恢复与重建三个阶段。

第一阶段预测预警。对外要明确预警信息发布方式、内容和流程。预警既要起到提醒、预告的作用，又要避免给受众带来恐慌，因此预警的级别与预警的措施要科学合理，明确 24 小时应急服务电话。对内要明确信息报告方式、处置的流程，信息汇报的时限、处理责任，与其他部门的沟通人员与沟通方式等。

第二阶段应急响应阶段。应急响应阶段根据不同的风险等级确定各地区、各部门的信息上报，明确应急响应下的处置原则。信息上报的同时相关部门做好先期处置，根据职责、权限启动相应的应急程序，防止事态恶化、减少损失。根据信息反馈和先期处置情况决定扩大响应的程度和范围。应急结束时要明确应急结束的条件、终止的程序等。

第三阶段恢复与重建。恢复与重建应包括四方面内容：①善后处置。对突发危机中的伤亡人员、应急处置工作人员及紧急调集和征用的有关单位及个人物资按一定标准给予抚恤、补助及补偿，积极提供心理援助，此时还要为防止环境污染和疾病暴发。②调查与评估。对突发危机的起因、性质、影响与相应的责任、经验教训等调查评估。③恢复重建。根据受灾地区的重建计划，组织实施恢复重建。④信息发布。在自媒体时代，社会舆情不可忽视，官方媒体应该及时、客观、准确地报道危机的进展。危机发生的第一时间是公众关注度最高、反响最强烈的时期，这时以政府为主导的官方媒体更要及时响应。

3.2.3 公共危机保障体系

在应急预案中还应建设以政府为主导的多元主体参与的保障体系，包括但不限于资金保障、物资保障、人力保障、应急通信保障等，以实现紧急救援和灾后恢复。

1. 资金保障

公共危机的对应离不开资金的支持。政府作为多元治理主体的引导者，应通过公共预算经费来保障应急管理资金，且这部分预算应随着 GDP 的增长和突发事件的频发逐渐提高。国务院办公厅印发的《国家综合防灾减灾规划（2016—2020 年）》强调，要加强资金保障，畅通投入渠道。国家将继续完善防灾减灾救灾资金投入机制，拓宽资金投入渠道，加大防灾减灾基础设施建设、重大工程建设、科学研究、人才培养、技术研发、科普宣传的教育培训等方面的经费投入。完善防灾减灾救灾经费保障机制，加强资金使用的管理与监督。《国家突发公共事件总体应急预案》指出，要保证所需要突发公共事件应急准备和救援工作资金。同时鼓励自然人、法人和其他组织按照《中华人民共和国公益事业捐赠法》等相关规定进行捐赠和援助。因此目前我国应急资金主要来自财政拨款、社会捐助、政策保险和商业保险，其中主要来自财政拨款。《中华人民共和国预算法》明确各级一般公共预算应当按照本级一般公共预算支出额的 1%～3%设置预备费，用于当年预算执行中的自然灾害等突发事件处理增加的支出及其他难以预见的支出。随着经济全球化的加速，突发危机的应对已不是一国一政府的问题，也是国际社会共同面临的问题，特别是 2020 年的新型冠状病毒感染疫情，世界各国只有同舟共济、互帮互助才能共渡难关，因此不加任何政治色彩的人道主义援助也是应急资金的来源之一。

2. 物资保障

物资保障是指应对公共危机的必需的物质保障。《中华人民共和国突发事件应对法》第三十二条规定：国家建立健全应急物资储备保障制度，完善重要应急物资的监管、生产、储备、调拨和紧急配送体系。设区的市级以上人民政府和突发事件易发、多发地区的县级人民政府应建立应急救援物资、生活必需品和应急处置装备的储备制度。县级以上地方各级人民政府应当根据本地区的实际情况，与有关企业签订协议，保障应急救援物资、生活必需品和应急处置装备的生产、供给。

目前，我国的应急物资储备保障制度已初见成效，重要物资的生产、储备、调拨、紧急配送及监管体系已建成，各省也都建立了相应的应急物资储备库。2020年突发新型冠状病毒感染疫情，口罩、消毒液等医疗物资奇缺，出现“一罩难求”的局面，有些商家趁机哄抬价格；同时由于印度蝗灾，粮食价格短期内大幅上涨，尽管政府一再强调我国粮食储备充足，但是依然无法消除公众的恐慌心理。这些也体现了我国目前应急物资保障体系还有待完善。应急物资保障还包括危机发生后，确保灾区的群众有饭吃、有水喝、有衣穿、有地住、有病能治。这就需要以政府为主导的多元主体的积极参与，将资金储备、实物储备、生产能力储备有机结合，形成政府、企业、各类组织、家庭、个人“分散储备、集中调用”的制度。

3. 人力保障

应急救援队伍的组织和建设是应急保障体系中最为重要的一部分，其在短时间内最容易调动和发挥主观能动性。搭配合理、训练有素的危机管理和救援队伍是落实应急预案的首要必备条件。应急救援队伍按专业化程度可以分为专业应急救援队伍和非专业应急救援队伍。对专业化的应急救援人员专业化程度要求比较高，同时救援危险性相对较高，如森林消防人员、海上搜救人员等；非专业化救援人员一般没有经过长期专业性的培训，通常不需要承担危机救援和控制的职责，但是紧急时刻需要临时承担一些应急救援任务，如临时成立的大学生志愿者，再如新型冠状病毒感染疫情在武汉集中暴发期间，各行各业的人士自愿组成的后勤服务队伍。

我国专业的应急救援队伍主要包括消防救援队伍、医疗救援队伍、公安武警救援队伍。在公共危机发生时这三类专业队伍通力合力，共同完成救援任务，因此平时的联合演练就很重要。多元治理主体下，社会各类人员参与危机应对的积极性和主动性也逐渐提高，这时就需要提高专业化队伍与非专业化队伍的协同应急能力。

4. 应急通信保障

公共危机对信息传输及时、精准的要求，决定了应急通信保障的重要性，应急通讯是应急管理者和救援者的“顺风耳”和“千里眼”。《中华人民共和国突发事件应对法》第三十三条规定，国家建立健全应急通信保障体系，完善公用通信网，建立有线与无线相结合、基础电信网络与机动通信系统相配套的应急通信系统，确保突发事件应对工作的通信畅通。

在突发事件快速演变的情况下，对危机处理的动态决策、随时发出的指令、资源的紧急调配，都要依靠通信系统予以保障，因此通信在整个过程中起着至关重要的作用。如在“9·11事件”中，由于世贸组织大楼内外的通信设备不兼容，信息无法及时传达，导致最初参与救援的300多人不幸遇难。

工信部应加强应急通信专业保障队伍建设，通过培训、演练、考核提高队伍通信保障的实战能力；同时电信运营企业也要按要求完善专业应急机动通信保障队伍建设和公用通信网络的维护，提高应急装备的配备水平，高中低端设备合理配置。有时候越高端的设备局限性越强，在危机不确定性程度高的情况下，合理配置可能会更好地发挥设备的作用。

3.3 应急演练

“一个好的危机反应方式（100%），训练占50%，演习占30%，计划占20%。”[①] 在公共危机治理中，检验应急预案最好的方法就是应急演练。《突发事件应急预案管理办法》也强调专项应急预案、部门应急预案至少每3年进行一次应急演练。地震、台风、洪涝、滑坡、山洪泥石流等自然灾害易发区域所在地政府，重要基础设施和城市供水、供电、供气、供热等生命线工程经营管理单位，矿山、建筑施工单位和易燃易爆物品、危险化学品、放射性物品等危险物品生产、经营、储运、使用单位，公共交通工具、公共场所和医院、学校等人员密集场所的经营单位或管理单位，应有针对性地经常开展应急演练。可见应急演练无论是在理论上还是实践中都应当被重视。

3.3.1 应急演练的作用

应急演练是由多部门、多主体共同参与，模拟可能发生的危机事件，按照应急预案执行和承担各自职责的活动，是检验应急准备最好的标准。应急演练的作用包括：

检验应急预案是否可行，发现应急预案中存在的问题以便及时修正和完善。应急预案是对常规突发事件的假定，带有一定的主观性，某些应急预案甚至只是上级预案的复制品，是否可行不得而知。通过应急演练可以发现预案中存在的各种缺陷，进而不断修订使之更加合理。

促进部门间的磨合，增加相互间的信任与合作。应急预案往往是由某个部门牵头，其他部门或单位协同制定的，在日常工作中各个单位和部门缺少沟通

① 胡平. 中小学心理危机预警、干预及管理［M］. 北京：清华大学出版社，2010：43.

和协调，这样很难在危机发生时很好地配合。只有通过应急演练，调动相关单位的积极性，让参与的人员更好地理解、执行应急预案，才能在检验中发现问题，并承担相应的后果。通过部门间、单位间的配合理顺应急反应的流程和职责，检验多部门联动的能力，评估合作的有效性，进而提高实际发生时的处置效率与效果。

此外，应急演练还可以起到向社会宣传公共安全教育，提高公众安全意识的作用。

3.3.2 应急演练的分类

应急演练通常分为桌面演练、功能演练和全面演练，具体选择哪种方式取决于演练管理方的经验、经费、人员、时间、资源等因素。应急演练的分类如表 3-2 所示。

表 3-2 应急演练的分类

种类	含义	优点	缺点
桌面演练	危机管理组织方及参与方按照应急预案程序，在公共危机发生时需要采取的行动，形成对危机的共识，增强参与人员的协调力	成本低、参与人员少，具有探索性、成本低廉的特点	缺乏真实性，对预案的检验、人员能力的考验只停留在表面
功能演练	假定发生危机，相关人员按既定的角色，履行相关的职责。一般情况下不需要实际调用人员及装备到现场	可以训练参与者的协同性，检验应急管理系统的合理性，成本低	部分人员参与、仿真性较差
全面演练	针对应急预案中全部或大部分应急响应功能，检验、评价应急组织应急运行能力	在实地演练中评估人员能力、组织协调情况，真实感强	成本高、时耗长

3.3.3 应急演练的过程

应急演练一般由一个部门牵头组织，同时需要相关部门和人员配合与参与，因此要精心筹划演练的步骤。应急演练的过程如表 3-3 所示。

表 3-3　应急演练的过程

阶段	工作内容
演练前	1. 明确主要目标：评估应急规划，检验应急预案、装备水平、应急技术等 2. 演练设计：确定参与机构及人员、时间、地点、模拟的场景，需要的设备、经费，协调机制、后勤保障等
演练现场	1. 向参与人员宣布任务、需要达成的目标、沟通程序、安全事项、突发情况处理方案 2. 演练开始，由总指挥控制演练的过程，可以根据实际情况改变演练进程，以保证目标的实现 3. 演练结束，总结经验。参与演练的人员讨论演练过程，提出问题和建议，相关人员完成演练报告
演练结束后	根据演练过程中的经验教训、暴露出来的问题及建议，修正应急预案。

应急演练不是为了“看”而是为了“战”，也不是经过一两次演练就可以达到目标。这需要各相应主体在思想上提高重视程度，在多次演练中吸取经验、完善方案、查缺补漏，提高“战”时的应急水平和能力。

4 公共危机预测预警机制

2017 年 12 月 8 日习近平总书记在中共中央政治局第二次集体学习时指出：要充分利用大数据平台，综合分析风险因素，提高对风险因素的感知、预测、防范能力。在公共危机治理中，对风险的感知、监测、预警是抢占先机，获取胜利的关键。

4.1 预测与预警概述

预测是根据事物性质长期、连续地收集、核对数据，以便分析和动态地监测事物发生规律、影响因素、影响后果等，并将这种动态信息汇总、上报、反馈并及时采取措施。建立预测机制的目的是通过对公共危机产生原因、危机征兆的观测，总结、归纳反映危机迹象的信号，以此作为预警的基础。

预警是指在灾害或灾难以及其他需要提防的危险发生之前，根据以往总结的规律或观测得到的可能性前兆，向相关部门发出紧急信号，报告危险情况，以避免危害在不知情或准备不足的情况下发生，从而最大限度地减轻危害所造成的损失的行为。它最先应用在军事方面，后延伸到政治、经济、自然、社会等多个领域。

预测、预警是一件事情的不同阶段，前者说明将要发生什么，后者则是关于行为的建议。因此预警应该在预测的基础上解释可能发生什么，如何才能避免事件出现的最坏结果。预测是预警的前提和基础，预测是通过持续的观测获取相关信息并进行研判，预警则是将研判结果传递给特定受众者，两者的目的都是使公众采取恰当的行动，减少损失，把不利影响控制在最低程度。因此两者相辅相成、不可分割。预测预警流程如图 4-1 所示。

相关部门对致灾因子持续监测，做好数据接收与风险评估，接着技术人员通过评估结果判断危机发生概率与影响程度。若判断危机不会发生，则继续监测。如果分析结果显示风险可能发生，则把危机可能发生的情况向上一级部门汇报，相关部门组织专家会商并进行预警定级。发出合理的预警信号，社会公众接收到信号采取相应行动。随后根据事态的进展，技术人员与专家组相应调整预警级别，预测可能的衍生危机，与相关部门协同处理。当危机解除时，总结整个过程，补充完善相关的信息库。通过事前、事中、事后危机处理过程不断建设和完善预测预警系统与机制，用于指导下一次危机的处理。预测预警包括三个阶段：相关部门对致灾因子的监测、预警的发出、公众的响应。在监测阶段主要依靠技术设备和专业人员及其专业能力；在预警阶段主要是传播手段的适当性和信息发布的及时性；响应阶段则体现了整个社会群体思想意识与执行力的水平。

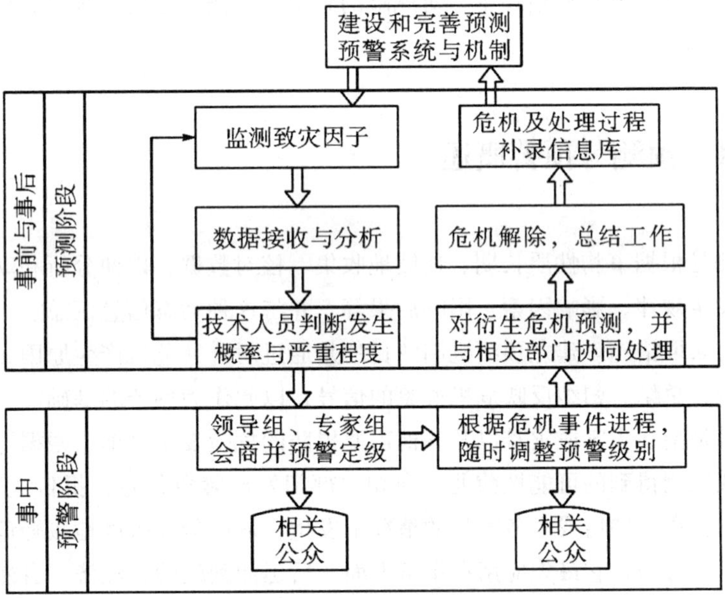

图 4-1　预测预警流程

4.2　公共危机预测预警机制相关理论

面对形式各异的公共危机事件，政府的应急管理是其管理的重要组成部分，而预警机制是应急管理过程的重要部分。在现代社会中，预警工作主要是由政府来完成的。政府根据之前对公共危机事件资料梳理和现有存档的数据、信息资料，结合运用科学预测的方法和技术手段，对接下来可能发生的公共危机事件做出预估推断；并及时发出确切的警示信息，使政府其他部门和社会群众提前知晓信息，以便应急管理部门与潜在承受者及时采取相应的措施，减少甚至防止突发危机事件的出现及其所带来的各种损失。

4.2.1 公共危机预测预警机制的内容

危机预警机制是指针对突发危机事件的发生而制定的一套行之有效的解决措施体系，侧重于如何协调各个子系统从而达到高效预警的目的，表现为组织机构框架的构成、相关法律法规体系的支撑等。其运行原理是通过组织机构系统对危机事件暴发所产生的环境内部信息数据进行持续的合法化、标准化和非人格化的功能监测，以最大限度地减少危机的产生和危害。一个危机的暴发必然要经历初始状态量变到质变的过程，如果放任这种持续的量变积累，不及时地做出反应和采取有效的行动，危机的暴发将是不可避免的。因而在对危机的监测过程中一旦发现危机产生的环境指标超标就应当及时地向有关部门汇报，有关部门通过采取及时、快速有效的措施来消除危机，同时第一时间向公众发出预警信号。

预测预警机制能准确发现危机前兆，并且及时地提供给预警系统，以便超前反馈、及时布置，从而最大限度地降低人民的生命财产损失；预测预警机制能够对突发危机事件引发的异常情况进行监测，及时发布预警信息，使政府有关部门对危机进行充分评估，选择最合适最有效的应对策略。因此，公共危机事件预测预警机制应该包括预警信息网络、预警制度以及民众自我保护机制这三个方面的内容。

1. 预警信息网络

我们处在信息时代，公共危机事件预警管理离不开信息。为了高效预测危机，降低其破坏程度，我们必须确保准确高效地收集、传递、共享信息。公共危机预警信息网络的主要功能是充分收集可以利用的信息，提高社会预警管理能力及应对协调联动能力。具体包括人员动员、物资调动、募集资金、心理援助和跨国界联合行动等。预警信息网络横向包括营利性组织、非营利性组织、社区与个人还有国际组织；纵向包括国家、省、市、县、基层等。

2. 预警制度

为预防和应急处理各种灾害事故，目前我国已经出台了不少法律和法规，提供了相关法律基础和执法依据。然而，这些法律法规只适用于紧急单一的状态，某些方面的规定也不够清晰，例如关于紧急状态下政府权力和公民权利的规定。政府相关部门应当汲取国内外先进做法和优秀经验，制定统一的国家紧急状态法。这样既能够使政府相关部门明确紧急状态下如何应急，又能明确使公民、志愿者、专业团体、公共危机事件预警机制组织等的职责和义务，确保以政府为主导的多元主体共同应对公共危机带来的冲击。

3. 民众自我保护机制

自然灾害类事件不以人的意志为转移，是不可避免的；而事故灾难、社会治安事件往往是人为原因造成的。不管哪种危机，如果不能及时干预给公众带来的损失都是惨重的。如何降低其危害程度是重中之重，最根本最经济的途径是及时对公众开展相关的危机教育。在公共危机面前，民众是基本力量。在公共危机事件暴发的第一时间里，民众的心理素质、自我保护意识、救援他人的意识和帮助他人的能力直接影响到救援的效果。政府应注重公众的危机管理教育，使公众对各种灾难有基本认知，进而积极开展社会动员，普及救灾知识，使公众掌握自我保护及帮助他人的方法，进一步增强公众的临危应对能力。

4.2.2 公共危机预测预警机制的效用

在社会发展过程中，矛盾无处不在且不可避免，各种各样的公共危机事件应运而生。这些公共危机事件会打乱人们的日常生活，影响社会健康持续发展。如何做到对公共危机事件的事前有效预防与控制，正逐步成为各国政府实现科学应急治理的日常工作之一。在应对公共危机事件的应急治理过程中，预测预警是其首要阶段和首要任务。对公共危机事件事前科学及时预测预警，降低其发生概率和减少产生的危害效果好于我们对公共危机事件的事中控制与救治。危机预测预警机制的具体效用主要有以下几点：

1. 预见效用

在公共危机事件的应急治理中预测预警机制的效用有多个方面，其中首要功能是预见效用。预测机制的预见效用体现在事后的梳理发现，不论是社会领域抑或是自然领域中所发生的公共危机事件，在一定程度上有其自身的规律性。我们在预测预警机制中可以基于对其发展规律的把握，对未来可能发生的公共危机事件进行事前预测。尤其是在公共危机事件风险孕育潜伏期，各种风险因素相互累积叠加，并相互作用。预测机制的预见作用便是对公共危机事件发生前的风险信息指标数据进行分析研究，从中找出指标的异常变化，这些变化将成为技术人员重点关注点。

2. 监测效用

对公共危机事件发生前的风险信息进行监测是关键且必要的。预测预警机制的监测主要体现在对收集到的风险信息整理后，对风险的指标体系进行系统的评估，以及实时跟踪外在的风险信息。在定期跟踪与及时分析的基础上，准确地监测风险信息进展状况。政府应急管理部门工作人员运用相关数据模型和指标方法，对风险信息的动态发展趋势与轻重程度做出准确评估，进行实时的监测追踪，可为预警的准确分析提供有力的保障。

3. 防范效用

公共危机事件具有复杂性、不确定性等特点，不可能完全避免，但是可以在一定程度和范围之内减轻与延缓其发生带来的伤害。预警的目的之一是防范，在公共危机事件暴发前，对风险信息的跟踪与防范是不可忽视的。随着社会的发展、进步，对自然灾害、安全事故等类型的公共危机可以通过构建科学化的预警机制来进行防范，通过完善的预警机制来预测社会中风险信息因素可能会带来什么样的问题，政府应急管理部门可以依据监测结果事先制定具有可行性的应对预案，以便减小突发危机事件暴发所导致的消极影响。

4. 缓解效用

预警机制中的缓解作用体现在：由于受公共危机事件突发性、不确定性等特点的影响，社会中的大多数人对公共危机事件事先没有足够了解，对其发生的征兆、发生的时间、危害程度等无法在事前做出准确的预估判断。这就需要发挥预警监测系统对风险发展趋势科学分析的作用，以采取必要措施来缓解风险变异，控制其发展势态以延缓突发危机事件的发生。另外，应及时发出风险预警警报，并启动相关应急预案措施，以此来减轻突发危机事件带来的伤害与损失。

综合上面对预测预警机制四个效用的阐述，我们可以看出，对于整个应急治理工作而言，机制效用中的预见与监测作用是最为基本和重要的。它是应急治理阶段的主要工作和任务，充分发挥好预警机制的预见与监测效用，可以为以政府为主体的多元主体开展应急治理工作构建一道坚实的事前防护墙。预测预警机制的防范和缓解效用，是对潜在的风险信息进行监控与防范，对其发展趋势做出事先预估，并安排合适的应对方法，也为应急工作争取了宝贵的时间。总之，应急治理中首要任务是预测，它在公共危机事件风险信息孕育与潜伏时期就发挥着预控的作用。充分发挥预警机制作用，对公共危机事件的处理与危机发生后的恢复工作具有重要的减负效果，预警机制所做的工作能减少公共危机事件发生带来的危害和损失。预警机制不但是应急管理工作的第一阶段，而且预警机制的效用覆盖了公共危机事件应急管理的各个阶段。因此，构建一套完善、科学、高效的应急预警联动机制，是应对公共危机事件的有效做法。

4.2.3 地方政府的角色定位和预警组织体系

1. 地方政府的角色定位

无论是以政府作为主要责任人的公共危机管理，还是多元化主体的公共危机治理，政府都处于不可或缺的主体地位，是中坚力量。

（1）地方政府扮演着实施者和组织者的角色。

公共危机事件具有蔓延迅速、破坏性强等特征，政府要组织和协调各类资源，及时采取措施控制和消除突发危机事件，减少危机带来的损失，使公民的生命健康和财产安全得到保障。协调和组织包括横向政府内部的协调和外部的协调。政府各职能部门虽然职能不同，分工不同，但是在危机面前有着同样的目标。外部协调主要是与企业、公众、媒体协调，只有动员一切可动用的力量，才能有效地应对和缓解危机。一些重大的公共危机事件会影响多个国家，这时政府就要与国际组织和其他国家合作。

（2）地方政府扮演着善后者的角色。

公众危机的发生会引发诸多问题，如使公民生命健康受到侵害、公私财产遭受损失。伤亡人员救治和相关损失的统计、被破坏的建筑的修复建设，及公众的情绪的安抚，政府应积极发挥主导作用，制定科学、合理的处置方案，协调各组织、部门共同开展应急处理工作。

（3）地方政府扮演着政策修订者的角色。

在应对和处理公共危机的过程中，政府不仅要详细了解突发危机事件的来龙去脉，分析事件的起因、经过和结果，协调相关部门配置资源，还要找出相应的解决方法，并根据实际情况总结经验并修订相关防范和应急措施，不断完善公共危机治理的相应政策。

2. 地方政府的预警组织体系

公共危机的应急处理方法引起了政府与民众的广泛关注。为此，国家出台了《突发危机事件总体应急预案》和《中华人民共和国突发事件应对法》等有关政策，形成了专门处理和应对公共危机事件的相关机构和运作机制，各地方政府也依照相关要求建立了应对公共危机事件的预警组织体系。地方发生的公共危机事件由当地政府进行处理和应对，当地政府的主要负责人负责在地方和人民政府常务会议中按事件的严重性部署相关的管理工作，直接负责人则根据自身的业务分工在相应类别的公共危机事件处理中担任指挥工作，上级政府工作组则在必要的情况之下对下级的应对管理工作进行指导。

应急管理办公（厅）室的工作内容主要是处理当地公共危机事件应急管

理方面的日常工作，是公共危机事件预警管理的办事部门；对应急管理的直接负责人的相应工作起协助作用；应急管理办公（厅）室要规划公共危机事件应急体系及日后的建设工作，对当地的应急管理工作进行指导和检查，并及时向上级政府汇报事件的详细情况以及处理现状，对来访者以及应急管理相关方面的工作进行处理。

地方公共危机事件预测预警管理工作由当地各级政府的相应职能部门开展，各职能部门专门负责处理相应类别的公共危机事件，规划并施行应急措施，执行政府下达的相关任务。对相关区域公共危机事件的预警工作，主要是由中央政府的有关直属部门领导地方政府有关部门进行管理和执行。以中央政府相关部门的职能设置为参考，地方政府对部门的职能进行相关的设置。

当今，我国应对公共危机事件的预警组织体系使得政府能够更加明确其作为社会管理的主体所担当的重要责任，在对危机事件的预测预警工作中，政府的统一指挥和组织等有效工作起到了主要的作用。此外，我国实行的是分类型和分部门的公共危机事件预警管理方式，这使得地方政府的各职能部门能够对自身的职责有着更清醒的认识，利用其自身部门的专业设备和技术，对相关类别的公共危机事件，如公共卫生事件、气象灾害和地震等进行专门的监测和预警。这不仅体现了相关职能部门应对公共危机事件的专业优势，也可以明确其相应的责任。然而，该模式有利也有弊，各部门和地区在应对突发危机事件的管理工作中由于缺乏统一的协调容易导致有效交流和协调的缺失，从而造成重复建设和重复预警。

4.3 我国公共危机预测预警机制现状

我国政府在公共危机预测预警机制的建立中取得了一定的成果，初步建立了国家危机事件总体、专项和部门应急预案及省、自治区、直辖市人民政府及相关部门的危机事件总体应急预案。近年来，我国针对能源危机、台风、沙尘暴、传染病、地震、洪涝灾害等建立了预警机制的总体方案。

2003 年 5 月国务院通过了《突发公共卫生事件应急条例》，条例中详细规定和阐明了应急准备、报告、信息发布、处理办法等各专项制度。2005 年制定了《国家突发危机事件总体应急预案》，其中更是详细规定了 25 件专项应急方案，80 多件部门应急预案。2007 年我国制定了《中华人民共和国突发事件应对法》，标志着我国公共危机预警机制正式进入了法制化、标准化阶段。

该法规定了各类突发性事件的类别和定义、性质，确定了应对突发危机事件的原则“预防为主，预防与应急相结合”，同时该法首次对应急准备和“预测与预警”进行了划分。我国公共危机预警机制在不断完善中，2012 年制定了《海洋观测预报管理条例》；2013 年制定了《畜禽规模养殖污染防治条例》；2015 年分别出台了《中华人民共和国反恐怖主义法》《中华人民共和国大气污染防治法》《地质灾害危险性评估单位资质管理办法》；2016 年出台了《国家自然灾害救助应急预案》；2018 年国务院实施部门机构改革，重新组建了应急管理部，加强了国家应急总体预案的规划能力，并在 2019 年全面建成了应急管理法律制度体系。目前，我国初步建成了国家应急平台体系，成立了国家预警信息发布和广播中心，建立了各类危机事件监测预警体系和机制，并已建立包括信息收集子系统、信息加工子系统、决策子系统、警报子系统和咨询子系统的公共危机预测预警体系。具体如表 4-1 所示。

表 4-1　我国公共危机预测预警子系统

名称	功能	目的	注意事项
信息收集子系统（全面撒网阶段）	对社会上的信息进行收集、分类、分析，找出危机迹象和源头	控制事故发生，减少危机发生概率	收集信息全面、真实、具体，覆盖尽量全面，掌握详细数量，分析危机程度，减少遗漏
信息加工子系统（去伪存真阶段）	对大量原始信息整理、识别、分析，找到关注度高、有一定影响力的信息，这些可能会形成潜在危机	控制风险源头	分析之前收集到的信息并对其进行甄别、分类，关注重要的预警信息，不是所有信息都重要
决策子系统（关键）	根据信息加工子系统的分析结果决定是否发出危机警报，并决定警报的级别	最大限度地降低发生危机的可能性	各个相关部门根据分析、预测信息的临界值及时反馈，形成有效联动
警报子系统（要有极高的准确性）	向危机管理组成员及潜在受害公众发出准确的预警信息	促使潜在受害公众在一定时期内采取有效措施，减少损害程度	预警的方式、范围、语言的准确性决定了公众接收信息的理解程度，进而决定采取措施的有效性

尽管我国公共危机预测预警体制一直在逐渐修订，但是与一些发达国家相比，仍有许多不足。

（1）危机预警信息监测与收集系统有待完善。

危机预测预警子系统工作流程能监测和提前预防常规型、潜伏期长的危机事件，但对“黑天鹅”事件的预测和预警不及时，效率低下；还有些领域公共危机预测系统发展较慢或是处于空白状况，如经济危机预警系统、公众心理监测系统等。信息收集阶段由于信息量大，各地收集信息的技术、能力及监测系统不统一，收集的标准可能不一致；信息分析阶段首先对信息进行甄别筛选，然后进行加工分析，可能会错过危机处理的最佳时间。

同时在信息监测中不同部门对同一因素同时监测，如气象部门与地质勘测部门都对天气进行监测，尽管我们重视专业分工，但是这样会造成重复投入和建设。因此要加强不同监测部门之间的信息共享和多维度分析，提高信息的全面性和结论的准确性。

（2）危机预警信息法制化程度较低。

尽管2003年非典疫情后我国应急管理法制建设在加速进行，但是在预测预警方面依然是重视前期技术设施的投入，轻视制度的更新和政策的修订。这使制度执行过程中遇到的问题不能及时制度化规范化，相关责任无法厘清和界定。

（3）预警过程中基层力量不足政府相应职能部门。

我国目前公共危机预警过程主要集中在高层，社区、街道、群居小区预警动力不足；但实际上越接近基层，越贴近身边的预警系统越直接、越快速、越有效。公众通常是以短信、微信的方式接收各职能部门发布的预警信息，老人、儿童、部分文化层次不高的人，或者不收看短信、微信的人群就不能及时获取相关的预警信息。这时就有必要在社区、小区建立基层预警中心，发挥基层组织的作用，将问题和矛盾化解在基层，从而减少公共危机发生的可能，一定程度上遏制一般事件演变为公共危机事件。

4.4 完善公共危机预测预警机制的方略

4.4.1 完善公共危机预测预警机制的原则

公共危机预测预警机制是为了最大限度地减少危机事件造成的损失，在危机暴发之前进行监测监控，及时预警，合理、科学和有效地制定应对方案。其原理是通过分析可能产生危机事件的因素，找出这些因素量的积累达到什么程度时会发生质变，并在即将发生质变时及时向政府及其相关职能部门汇报，通过相应的预警降低危机事件的影响响度。在应对公共危机时，要以国家相关制度作为我们处置危机事件的依据，制定相应的行为准则，并严格执行。

1. 迅速及时原则

当公共危机事件到来时，以政府为主体的职能部门针对每个阶段的部署要具体情况具体分析，在此基础上采取行之有效的措施，这样不会使一般事件演变为危机事件乃至灾难。迅速、及时、有效是处理危机事件最基本的前提。政府部门对公共安全事件进行行之有效的模拟练习，增强了公民应对危机事件的能力。国家应急管理部在《国家突发公共事件总体应急预案》“预测与预警”部分指出，“各地区、各部门要针对各种可能发生的突发公共事件，完善预测预警机制，建立预测预警系统，开展风险分析，做到早发现、早报告、早处置”体现了及时的重要性。

2. 信息公开、准确原则

政府的宗旨是为人民服务，当政府第一时间接收到人们生命财产安全受到威胁的信息时，一定要引起高度的重视，必须采取行之有效的方法，适当及时告知公众，只有这样才能保障公众的知情权。同时也要尽量确保预警信息的准确性，这要求技术人员和专家组要从客观事实出发，尊重历史和现实，全面分析危机因素的联系及演绎方向、发展规律，防止“狼来了”现象出现；如果不能准确预测预警，预警付出的成本大于预期收益，使公众对预警信息的信任程度下降，预警就无法发挥作用。

3. 统一指挥原则

在公共危机事件发生时，政府要承担统一指导的职责。政府要根据事件的具体情况进行分析，认真核查每一个环节的工作，清楚地了解事件的复杂性和影响状况，进行全面系统合理的安排，分配好每一个部门的作战任务和职责，避免多头领导，避免事件的影响迅速扩大，错过最好的治理时机与最佳的处理方法。因此，各部门要密切合作，按照各自的职能合理地做出正确的处置，团结一致，把作战能力提升至最大，才能将眼前的困难一一攻破。

4. 全员性原则

准确监测到危机发生的时间、地点只是应对危机的开始，在全员性原则下，预警信息要覆盖到所有利益相关的公众，不能有遗漏。据统计，人财物损失的降低程度通常与获取警报的人数成正比，因此在运用现代化的信息传播手段的同时还要兼顾传统的预警方式，如在农村或偏远地区采用喇叭广播、敲锣打鼓等方式，要兼顾弱势群体及语言不通的外籍人员。

4.4.2 完善公共危机预测预警机制的路径

公共危机治理如果忽视了预警，包括应急体系在内的许多系统将无法有效运行，最终付出惨痛的代价。建立科学高效的预警机制，是现代社会治理的基本要求。预警机制的建设是一项系统工程，包括组织制度、组织体系、运作与社会资源等各个方面。

1. 整合和优化预警资源配置

提高公民的危机意识是最重要也是最基本的，这样才能从根本上做好危机事件的防范工作，增强各方应对危机事件的能力。公民具备一定的应急知识能够保证自身做好各种防范灾害的工作，或在危机中进行自救和互救，避开一定的危机伤害，将危机事件引起的伤害降到最低。由此可见，地方政府相关职能部门对公众全面普及应急知识，加强自救、他救教育具有重大的作用。在公众安全意识较薄弱的农村、社区，以及商场、车站等人群密集的地方可以通过广播、电视等传统媒体普及应急知识；企事业单位可以通过现场演练观摩的方式多渠道宣传普及应急知识；此外还可借助抖音、微信等新媒体，多角度、多渠道宣传应急知识，加强相应的教育和指导，提高民众自身的应急水平和能力。

当危机突然发生时，作为个体的民众由于缺乏一定的认识和组织力，再加上自身有限的资源而不能靠自身的能力对危机进行有效的控制和应对。相比之下，政府部门可以在短时间内凭借自身优势来调动社会资源，有效控制和缓解危机。因此，在控制和处理危机的过程中，政府部门应该主动调用多方资源，及时配置人员、资金来支援灾害现场，尽力降低因灾害引起的损失。政府不是应对危机的唯一主体，各企事业单位、非营利组织、专家组、志愿者、社区等都是危机应对的中坚力量。在情况紧任务重的情况下，作为调动能力最强、控制资源最多的政府应进行相应的分权分责，这样才能在统一指挥的前提下最大限度地调动各方的主动性和积极性。

2. 建立预警信息的良性互动

政府在建立和完善公共危机治理体系的过程中，要始终坚持以人为本的原则，保护好人民的生命、财产安全，这是政府的首要职责。在公共危机事件发生后，以政府为主导的多方主体等在处理和应对危机的过程中，根据工作的有效性和目的性，务必准确找出事件发生的根源，阻断危机事件的扩大和蔓延。此外，部门之间要形成一定的默契度和配合度，系统地开展应对处理工作，达到伤害最低、效益最大的目标。

政府与公众沟通互动的渠道有很多，大部分政府职能部门开通了政务微博、网民留言板等平台与网民沟通，但也不乏“流于形式”的现象。如何积极利用资源优势，充分发挥各个政务平台的职能来为城市发展服务，是地方政府应思考的问题。直面评论、少讲官话、结果为上；善用投票调研工具，构建公众参与平台；加大政务信息公开力度，接受民众监督建议；引导网民正确行使网民权力。同时，还应定期举办在线访谈，面对面沟通，拉近政府与公众之间的距离，树立政府在公众中的威信和正面形象。

互联网的出现为我国民众提供了更加广阔的社会舆论空间，虽然对政府传统的管理方式提出了更高的要求，但对社会的发展有非常重要的作用。面对这种全新的舆论局面，地方政府职能部门要对民众的网络舆论给予重视，确切地从网络中获得相关信息，深入民众了解民情，参考和采纳民众有效的建议，才能充分发挥政府的公信力。通过科学有效地利用网络，政府不但可以从民众中得到有效的建议，还可以提高民众对政治活动的参与度，从而帮助政府更有效地治理和维护社会的稳定建设。

3. 优化预警运作机制

预测预警机制的宗旨是对社会中易于产生危机事件的领域进行全面监测，通过监测和对风险信息的分析，及时发现各个领域情况以及风险叠加、累积的异常情况，以便应急管理部门及早安排应对预案来保证人民生命财产的安全。完善风险预测信息收集，提升叠加型风险信息整合能力是预警活动的前提。它把风险因素作为监测对象，并采用科学合理的指标体系，按程序化、标准化、科学化的手段来处理所得预测信息。完善预警运作机制应从以下方面着手：

（1）建立科学的预警指标体系。

“没有规矩不成方圆”，预警信息的收集需要一套指导体系。在科学性、完整性、可行性与相关性等原则下建立一套可以使信息定量化、条理化和可操作化的预警指标体系是非常必要的。我国东西跨度大、自然气候多样，对待不同地区的公共危机事件，应结合实际建立符合该地的预警指标体系。预警指标体系需要选择敏感指标和主要指标以真实反映风险的实际情况。科学的预警指标体系可以对社会和自然中的风险信息进行监测，并在分析对比后进行必要的预警。

（2）完善信息收集网络。

完整的风险信息的收集整理是公共危机事件预警的主要依据，因而需要建立快速准确、灵敏有效的信息收集系统，对具有风险征兆的信息进行搜集整理，并把风险信息可能带来的威胁列举出来，这是信息收集系统的任务。

风险信息收集网络除了对政府相关职能部门监测到的风险信息进行追踪监

控外，还应做到对风险信息的多方位、全面性的监控、追踪，收集民间与风险相关的信息。对于群众反复举报的风险隐患、媒体多次报道的风险信息，也需做到及时调查监控、核实分析，以进一步对叠加型风险进行全方位监控、追踪。

（3）建立高效信息传递、共享平台。

信息高效传递、共享平台的建立和完善将有效地为突发危机事件提供前期预警，并促进预防机制的建设。在大数据时代，完善风险预警信息传递与共享平台可以以大数据为依托，通过对数据的迅速整理与挖掘、及时判断，并将分析判断后的风险指标准确地反馈给预警管理部门，应急工作人员在收到预警信息后通过研判做出科学应对风险尤其是叠加型风险的预案决策。

4. 优化应急预案

（1）积极推动风险叠加下预案建设。

2003 年非典疫情以后，我国就开始注重加强公共危机事件的预测预警。经过多年的发展，我国的应急预案建设也取得了一定成就，但是近年来一系列风险叠加应急预警失效说明我们仍需要根据新形势优化应急对策，特别是应对不同风险叠加状态下的预警预案。政府相关应急管理部门在推动应急预案的建设和修订时，要充分考虑风险叠加的情形，针对风险叠加状态的预警预案要具有实用性。

（2）制定灵活的风险应急预案。

政府应急管理部门在制定公共危机应急预案时，要结合危机事件的易变性，使预案在实际操作实行中具有灵活性和可操作性。这种灵活性体现在预案留有一定的权利空间，使预案在防控范围内具有随时应对事件动态发展的灵活性。预案实施中，在制度范围内允许相关现场指挥人员针对风险的具体状况展开因地制宜的处置工作，尤其是伴有风险叠加、衍生危机积聚情况下，预案实行过程中不能完全循规蹈矩，避免影响了对应急处置的开展。此外，在应急预案制定前要做好事前的充分准备，把应急工作人员、专家组织起来，进行“头脑风暴”，汇聚集体智慧确保应急预案在应对不同类型、复杂叠加型风险时能够充分发挥功效。

5. 构建风险应急处置机制

构建灵便的风险应急处置机制是实现公共危机事件事后处理转向事前预防的保障。灵便的应急处置机制可以对累积或叠加风险信息进行及时管控。为此，需要对众多风险信息做到“早发现、早判断、早报告、早控制”，诊断发现突发危机事件的风险信息之后，对突发危机事件的有关风险信息还应做到迅速准确地传递给政府相关应急部门，以便事前提出科学预警处置预案，以防止突发危机事件的风险信息进一步蔓延扩散。政府应急部门在做到上述对策的同时，也要做到对风险预警信息的公开透明。预警信息的透明化，可以加强社会公众和政府应急管理工作人员之间的信息沟通。及时公开有关突发危机事件的风险预警信息，体现了对公众知情权的保护。政府及时公开风险预警信息，对社会公众可以起到警示作用，让社会公众有心理准备，做到事先安排。此外，实现对风险预警联动的有效监督，需要对突发危机事件风险信息下的防控措施落实到位。政府应急管理部门人员对风险防控措施，在做到及时、有效地执行外，还要对执行的力度进行有效的监督，以此将突发危机事件的风险管控落实到实际行动上，从而实现对风险信息预警灵敏、快速的应急处置。

6. 强化政府预警的制度建设

制度是保障，强化政府的预警制度建设主要是从完善预警机制的法律法规、责任体制、保障体系以及管理模式等方面做起。

（1）完善预警机制的法律法规制度。

我国陆续制定和颁布了一些应对和处理公共危机事件的相关制度，在实际应用中也取得了一定成效。然而预警机制方面的法律法规目前还有待完善，建立一套相对完整的的预警制度体系对于开展预测预警工作具有重要的参照与指导作用。一些国家把建立和完善法规制度当作工作重点，其在应对处理公共危机事件上做得更加到位，建立完备、明确、具体的应急预警法规可以更好地做到依法管理。例如，美国政府在健全预警法律机制方面的做法，除了拥有完善的社会安全方面的法制体系《国家安全法》《全国紧急状态法》《斯坦福法》等之外，对社会治安、自然灾害等危机事件还制定了数以百计的法律法规，完善的法律法规，为其预警机制的良性运行与贯彻实施提供了健全的法律依据。我国政府可以结合国内危机事件的实际情况，并借鉴参考国外的管理经验，以此逐步完善我国预警机制方面的法律法规，使得工作的开展可以做到有法可依，从而更好地做到全方位地加强风险监控与开展预警工作。

（2）完善预测预警的责任机制。

完善的预测预警责任机制是政府预警制度建设的另一个重要方面，也是政府预警机制实现有效良性运作的有力保障。只有明确了预测预警工作中的相关责任，才能促使政府应急管理部门真正将预警工作落实到位。面对我国多样化与频发性的危机事件，需要量化预测预警的责任。在不同地域、不同风险叠加类型下的公共危机事件预警中，要完善和规范设置问责主体、问责情形与方式以及问责程序等要素。

问责制在我国经过多年的不断探索发展，取得了一定成效。例如，问责主体中除了“同体”的问责，还融入了政府以外的问责主体，包括民主党派、新闻媒体、社会公众等，但对于问责对象与问责方式还需进一步优化。另外，对党的领导干部的问责，根据危害程度，可以采取书面检查、通报批评到警告、记过、停职检查、引咎辞职等方式。在我国的问责制度中，除上述问责方式外，要结合公共危机事件发生的原因和事件动态发展的实际情况，明确其中责任情形、行为与问责方式的对应关系。

（3）建立完善的预警保障体系。

政府在应对公共危机上的财政支出，主要是为了在公共危机应对过程中对已经发生的危险进行化解和处置，以此来维持社会秩序的稳定。国家的预算体系应该包括前期预测预警经费、应急处置经费及事后恢复建设经费等，以建立完善的应急管理财政保障体系，对公共安全方面的财政支出进行合理有效的整合。多元主体化的危机应急治理可以动员社会力量共同参与政府的应急管理资金筹措和管理。

公共危机事件的发生不但极大地冲击和影响了社会经济，还对民众的身心造成极大的伤害。人们面对生活的态度，以及其自身的世界观和人生观都会因危机事件的发生而发生变化，大部分都会往消极的方向转变，这会对当下的经济状态造成极大的冲击并且短时期内难以恢复。基于此，各地方政府应该高度重视建立并完善当地的保险机制，从而对发生公共危机的地区进行有效恢复和重建，并为当地灾民的生活提供必要救助和支援，抚慰灾民因危机事件引起的心理创伤，建立其对日后生活的信心。灾区进行恢复和重建是一项复杂且艰难的任务，但只要社会各阶层齐心协力，众志成城，必能战胜一切困难。

5　公共危机应急处置与救援

党的十八大以来，以习近平同志为核心的党中央把提升领导干部应急管理能力问题摆在更加突出的位置，纳入国家治理顶层设计中进行统筹谋划。党的十九届四中全会指出，“构建统一指挥、专常兼备、反应灵敏、上下联动的应急管理体制，优化国家应急管理能力体系建设，提高防灾减灾救灾能力”。2019 年 11 月 29 日，习近平总书记在中央政治局第十九次集体学习时强调，“要发挥我国应急管理体系的特色和优势，积极推进我国应急管理体系和能力现代化”。习近平总书记在 2020 年中央党校中青干部培训班开班式上强调，“年轻干部要提高应急处突能力，不断提高应急处突的见识和胆识，对可能发生的各种风险挑战做到心中有数，分类施策、精准拆弹，有效掌控局势，化解危机”。可见，较高的应急管理水平和处理能力是我国发展的重要保障，危机处置和救援既是一种能力，也是一门艺术。党的二十大报告中提出“增强干部推动高质量发展本领、服务群众本领，防范化解风险本领。加强干部斗争精神和斗争本领养成着力增强防风险，迎挑战、抗打压能力”。可见，提高“防风险”“化解风险”能力是党的二十大对广大党员干部的一项重要要求。

5.1　公共危机应急处置与救援概述

应急处置与救援是指公共危机发生后，以政府为主导的多元主体为了抢救生命、保护财产安全与生态环境、最大限度地减少负面影响而采取的一系列行动和措施。应急处置与救援是危机事件发生后的事中反应过程，是公共危机治理最为关键和紧急的阶段，这个阶段包括先期处置和应急响应两个环节。先期处置是指危机事件发生后，当地基层政府或事发单位第一时间组织抢险救援，防止危机险情进一步扩大，同时根据危机事件的严重程度决定是否向上一层汇报；公共危机的应急响应环节是指各级政府根据危机的性质及严重程度，按照等级启动相应的突发危机预案，开展相应的处置和救援工作。

危机发生后，险情的演变很难主观预测和估计，公共危机的管理者和指挥者要根据变化随时调整处置方案，但是无论什么情况，都必须遵守基本的处置原则。

5.1.1 以人为本，尊重生命

公共危机的突然性和紧迫性决定了危机应对过程中要分清轻重缓急。在不能同时兼顾时，要坚持“以人为本、生命第一”的原则，把抢救生命、保障人们的基本生存权利放在首要位置，先救人，后救物，而不是本末倒置。在危机现场情形不稳定的情况下，高度关注救援人员的生命安全，最大限度地避免次生、衍生危机的发生。

5.1.2 统一领导，分级负责

危机发生后，首先应在本单位统一领导和组织下，发挥各部门的作用及时处置和救援；相应的属地政府要在接到警报后第一时间赶赴现场及时处置，以防事态升级、扩大，争取把危机事件消灭在萌芽状态，减少对生命、财产造成的损失。但是随着险情的发展，危机扩大响应后往往涉及多个领域和单位，这时应急处置和救援就需要跨部门甚至跨地域调用资源，这时就要形成高度集中、统一指挥与领导的应急管理指挥系统，实现资源的调配与整合，避免各自为政，保证政令通畅。统一领导的关键是在各级党委领导下，发挥政府主导作用，调动全社会的资源和力量，形成应对危机的合力。公共危机分级负责要根据各类事件的应急预案标准，由相应级别的应急指挥部做出决策，统一行动。

5.1.3 社会参与，协调联动

公共危机涉及范围广、影响大、危害重，超出某个政府部门，甚至某级地方政府的管控能力，这时就需要全社会动员参与，同心协力来应对公共危机。社会参与包括政府力量与非政府力量，如企业、非营利组织、社会公众力量；也包括发生危机地与周围地区政府形成的互助合力，包括人力、物力和财力等资源；还包括国际间的协调与合作关系。总之，当危机发生时动员一切可以动员的力量形成应对危机的网状化格局，打破常规隶属关系和惯性思维，才能使危机应对效果最优化。

5.1.4 科学应对，专业处置

科学技术是第一生产力，在公共危机处置过程中要充分利用高科技成果、借鉴先进经验、吸取各类教训，充分发挥专家“外脑”智力支持作用，节约时间，避免不顾科学的蛮干。我们还要利用专业人员的专业知识、技能、装备，实现专业化处置，使公共危机的应对能够科学、有序地在法制范围内进行，减少不必要的损失。同时还要分清责任，技术人员的责任在于尽可能提供精确的数据和路线，专家的责任在于谋划方案，而决策者依然是危机的管理者。

5.1.5 鼓励创新，次优选择

公共危机的不确定性和变化的迅速性决定了我们很可能没有完全一致的前期案例和经验可循，这就要求我们打破常规，根据实际情况因地制宜，大胆创新，以便高效迅速地处置险情，最大限度地减少危机造成的创伤和损失。此外，危机决策者由于受时间、资源、信息等方面的限制，加上决策者个人能力、性格、经验等的制约很难制定出最佳应对措施，因此在公共危机面前我们往往采取的措施是次优化的，当然平时也要注重应急预案的制定和危机决策人员素质和专业水平的提高。

5.2 公共危机处置流程与措施

5.2.1 公共危机处置流程

公共危机发生发展迅速，但是也有一定的次序和规律可循，一般危机的处置和救援过程分为初始阶段、处置中期和末期三个阶段，每个阶段又包括前后衔接的环节，如图 5-1 所示。

1. 接警与出警

110、120、119 等应急职能部门在接到公众报警后，应详细询问并记录事件发生的地点、时间、伤亡人员、起因及有关财产损失等情况。接警人员视危机的严重程度迅速及时向相关领导汇报，相关负责人接到汇报后应安排相关人员对危机级别和管辖区域初步研判，在范围之内的应立即安排出警人员、出警设备等，如果超出管辖范围则在第一时间向上级机关报告，以免错过最佳救援时机。

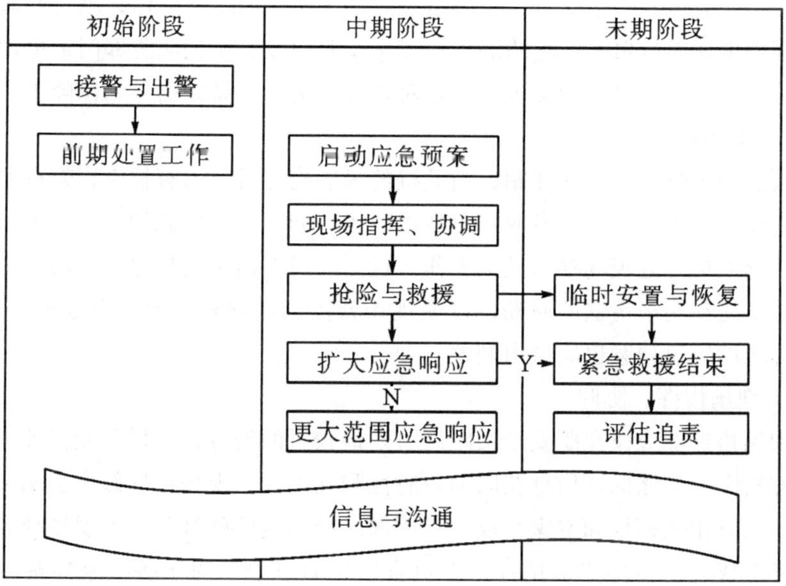

图 5-1　公共危机应急处置与救援流程

危机事件的发生发展往往不会向着我们预期的方向进行，我们的初始研判并不精准，这时就需要决策者有相当的预判能力和高瞻远瞩的全局观。在险情不明、规模不确定的情况下本着就高不就低的原则，特别是对敏感位置、敏感时间和敏感人群，应当充分重视。此外，及时出警可以有效防止危机事件的升级扩大，而出警速度则取决于平时应急演练的熟练程度和沟通协调能力。

2. 前期处置工作

按照分级响应和属地管理相结合的公共危机管理体制，由险情发生地人民政府组织相关救援部门和人员奔赴危机现场观察、核实危机情况，组织相关资源抢险、救援，防止危机升级，同时根据危机级别向上一级管理部门汇报。危机现场工作人员在应急处置同时应及时报告现场处置、救援情况，以便将最新危机信息及时传达给应急决策部门。

前期处置应本着先避险再抢救的原则，疏散周围的社会公众，在确定不会产生新的险情后再组织相关人员开展救援工作，避免危机扩大和次生危机的发生。性质特殊、原因不明的危机事件应格外重视，如天津港爆炸事件由于前期对爆炸源调查不清，导致参与救援的消防、公安等共计 110 名人员死亡。对于这类“黑天鹅”事件，我们要接受惨痛的教训，先组织民众疏散，维持好现场秩序，对危险源做专业分析与研判，在专业救援队伍到达后再救援。现场应急指挥者要肩负起多重任务：一是组织好周围民众的疏散工作，维持好现场秩序，避免出现人员聚集引起的混乱；二是及时向政府相关应急部门汇报现场工作情况，以及需要得到的支援；三是对外部救援队伍做好引导和保障工作。

3. 启动应急预案

按照分级响应的管理体制，当危机的级别确定后，由有相应管辖权的人民政府启动应急预案，组织专业应急救援队伍，调整各种应急物资，派出相关专家和协调人员赶赴现场参与救援工作。这时交通部门和信息通信部门要全力保障道路交通和网络传输的通畅，以便现场救援工作顺利开展。当危机扩大时，相应等级的应急预案也应做出调整。

4. 现场指挥、协调

现场指挥部应设在既安全又距离事发地较近的地方，这样既能保证决策指挥者的安全，又能保证信息获取的及时性和准确性。现场指挥部应由相关职能部门、地方相关领导和专家组成，指挥部成员确定后就被赋予了现场处置、救援的完全权力，实行“谁拍板，谁负责”的责任制。对于各级领导提出的建议有选择性地采纳，根据危机发展的现状、趋势做出科学、合理、适合的应急救援决策。现场指挥工作充分考验了领导干部的应急处突能力和心理承受能力，这就需要提高危机的识别能、风险感知能力，对风险进行全方位的分析，总结危机和风险的规律，做到心中有数遇事不慌。

5. 抢险与救援

所有的抢险与救援工作都应在现场指挥部的指挥下有序开展，人员各司其职并密切配合，防止多头命令形成混乱，扰乱救援秩序。公安部门应第一时间封锁现场，维持好秩序，适当采取交通管制，尽可能不妨碍正常通行；消防部门做好扑火灭火工作外还要查明火源和隐患，防止再次燃爆；医疗人员在最短的时间内救治和转移伤员；专业救援队伍应携带相应的救援装备进行现场救援；必要时武警官兵、志愿者等也要投入紧急救援。救援过程中一定要秉承先救人再救物的原则，防止衍生和次生危机的发生。

6. 临时安置与恢复

在抢险、救援的过程中一方面要对疏散的民众进行临时安置，做到让他们有饭吃有水喝，有地方住；另一方面，相关部门要对事发地进行检测，防止衍生危机的发生，如卫生防疫部门要对疫病进行监控，环保部门要对受影响地区污染指数进行监测，通信部门要及早恢复网络建设，交通部门要清理堵塞等。

如果危机事件涉及人员不多、影响范围不大，临时安置和恢复过后，现场指挥部撤离，关闭应急预案、结束紧急救援，进入评估追责环节；如果险情影响广泛且不能在短时间内控制，就进入扩大应急响应环节。

7. 扩大应急响应

经过前面的环节仍不能有效控制危机局面时，作为指挥决策者应扩大应急响应，及时向上一级应急管理机构汇报，请求支援，防止公共危机进一步恶化和蔓延。有些地方领导者怕承担责任、怕影响政绩，寄希望通过不正当手段把危机压制下去，不在第一时间上报处理，延误了最佳应急响应时期，造成了不可挽回的损失。

如果扩大应急响应后依然不能有效控制局面，只能启动更大范围的应急响应。

8. 评估追责

评估追责是指对危机的起因、影响、性质和相应责任进行调查评估，总结经验教训，并依法追究相关人员的责任。

以上仅是危机处置过程中的重点步骤，每次危机的影响都不是事先可以控制和预计的，因此危机决策者要随机应变。此外，信息沟通与协调（将在第7章详细阐述）、社会动员与参与贯穿于整个过程的始终，指挥者能否正确地表达、应急救援者能否准确地接收信息，以及执行的反馈情况都依赖有效的沟通，因此平时就要加强协调和沟通能力的训练。处置与救援过程同样离不开非营利组织、企业、公众的支持与参与，只有众志成城、万众一心才能共渡难关。

5.2.2 公共危机处置措施

危机处置是为了及时、有效地应对当前危机而采取的强制性行政措施，可能在短时间内会限制一部分人或组织的自由和财产权利，但这是为了更多公民的生命健康、财产安全和社会稳定，因此在处置和救援过程中会综合运用一些强制性措施。

1. 救助性措施

救助性措施主要是针对人身安全和健康，“以人为本”的原则决定了遇到险情时把公民的生命放在第一位。在危机发生时，公共危机管理部门要在第一时间组织医疗救援队救治伤员，并迅速有序地组织可能受到人身威胁的公众安全疏散撤离，并且予以妥善安置，解决衣、食、住等问题。

2. 控制性措施

控制性措施主要是针对危机源的控制。当危机发生后，为了把危机源控制在一定范围和区域内，公共管理部门往往采取警戒、限制接触等控制措施，这样可以有效地将危机控制在较为静态的环境中，防止其升级和扩散，如2020

年年初面对新型冠状病毒感染疫情，武汉市果断采取“封城”的措施，有效地抑制了疫情的蔓延。

3. 保障性措施

保障性措施主要包括两方面：一方面是对基础设施的保障，公共危机过后应及时修复受损的房屋、建设物、公路、机场、铁路等。这不仅是人们恢复正常生活工作的基础，也是企业恢复生产的先决条件，而且一定程度上可以稳定公众的情绪。另一方面，在应急处置过程中还要保障食物、水、燃料等基本生活用品的供给，使受灾民众有地方住、有饭吃、生病能得到医治。这样可以有效地安抚受灾民众的情绪，防止社会矛盾的激发。2020 年武汉发生新型冠状病毒感染疫情后，各省加速驰援武汉；在武汉市区各行各业的人都尽自己的力量通过不同的途径互相帮助，保证水、电、油、米、菜的供应，防止危机升级。

4. 预防性措施

预防性措施主要是在处置过程中防患于未然。危机管理部门不仅要重点解决已造成的损害，还要摸排现场及周围的设施、设备等存在的潜在风险，并及时采取有效的预防措施，防止发生新的危机。2020 年年初新型冠状病毒暴发后武汉紧急“封城”和全国延长春节假期，各地停工停产停学也是预防性的措施。

5. 动员性措施

动员性措施主要解决危机处置过程中的物资问题。在公共危机处置中政府是主导者，财政预备和应急储备物资也是首先被启用的，但是不管是财力还是物资，只靠政府是有限的。这就需要社会组织、企业、公众的支援和支持；在必要时危机管理部门也可以紧急征用企业、个人储备物资、设备等，应急结束后给予一定的补偿。多主体参与的公共危机治理、充分发挥民众的主人公精神是现代危机管理的重要体现。

6. 稳定性措施

稳定性措施主要解决公共危机发生后物资缺乏、市场紊乱及人们情绪和心理的平复等社会稳定性问题。一些人可能会囤积居奇、哄抬物价、制假售假，扰乱社会秩序，甚至有些心怀不轨的人可能利用危机局面开展违法犯罪活动，扰乱危机处置和正常状态的恢复。如在新型冠状病毒感染疫情初期一些人大量囤积口罩，一时间全国上下口罩奇缺，价格飞涨，出现了“一罩难求”的局面，好在许多企业加速转产，大量口罩被供给到市场才稳定了民心。

除了以上六项常规措施外，在社会安全事件上还可以灵活运用强制隔离、封锁限制、重点保护等措施。

6 恢复与重建

汶川地震后，国务院发布了《关于做好汶川地震灾后恢复重建工作的指导意见》，该意见指出“有力、有序、有效地做好灾后恢复重建各项工作，尽快恢复灾区正常的经济社会秩序，力争用三年左右时间完成灾后重建的主要任务，使灾区群众的基本生活生产条件达到和超过灾前水平”。2013 年 5 月 2 日，习近平总书记在对雅安芦山抗震救援工作的指示中强调，“要坚持抗震救灾与经济社会发展两手抓、两不误，大力弘扬抗震救灾精神，大力发挥各级党组织领导核心和战斗堡垒作用、广大党员先锋模范作用，引导灾区群众开展自力更生、生产自救活动，在中央和四川省大力支持下，积极发展生产、建设家园，用自己的双手创造幸福美好的生活”。十几年过去了，浴火重生后的汶川高楼林立，经济发展稳步提升，脱贫率走在了各地的前列，人民安居乐业。

6.1 恢复与重建概述

公共危机严重破坏了人们生命健康、财产安全、社会生产秩序。当危机局面得到控制，不会对生命和财产造成损失的时候，公共危机治理就在无形中进入了恢复阶段，如一边救援一边疏散公众并及时安置、维持现场秩序的同时疏导交通、恢复网络通信等。可见公共危机的应急处置与恢复之间不存在明确的界限，在应急响应过程中存在着供水、供电等短期、简单的恢复工作。恢复不仅是对原来生产生活的简单复原，还包括长期的重建工作，把恢复和重建作为日后防灾、减灾能力提升的契机，提高整体的抵御风险水平。

6.1.1 恢复与重建的概念

恢复与重建在公共危机治理中经常连用，但是两者所处的阶段和针对的对象是有差异的。恢复侧重于对原始状态的复原，也有加强和改进的意思，主要是短期内基本设施和条件达到可接受的水平，如供水、供电、交通等，能满足人们基本的生活需求，使受灾民众在心理上得到安抚和平息；重建侧重于对短期内不能复原的实体性设施、建筑物、生活生产环境和机制的构建，因此它是中长期过程。不管是恢复还是重建都可以概括为危机处置末期以政府为主导、广大公众和组织共同参与的为恢复正常的社会秩序和运行状态采取的一系统措施的总和。这一阶段是公共危机治理由非常态转向常态的关键环节和时期，其基本要求是实现常态管理与非常态管理的有机结合与顺利转换。

6.1.2 恢复与重建的内容

公共危机恢复与重建设主要包括物质上的重建、社会秩序的重建和心理、精神的恢复与重建。

1. 物质上的重建

物质上的重建包括公共设施与环境的恢复建设和私人物品的重建。公共设施的建设主要是公路、铁路、桥梁、学校、医院、通信设施等公有财产的修复和重建，这部分主要由政府相应部门负责，大多也是由财政出资；环境的恢复主要是自然环境，包括生物多样性、地方生态系统的恢复和危机造成的废物处置等。私人物品的重建主要是公民个人财产的补偿、恢复和重建，这部分一般来源于社会各界的支援、保险的赔偿及政府主导的重建。如 2021 年 7 月郑州发生洪灾后，政府决定根据房屋坍塌受损程度给每户补助 4 000~20 000 元。

2. 社会秩序的重建

危机过后，受灾地区往往在相当长一段时期处于混乱状态，无论是社会规章还是人们的生活都与危机发生前有所区别，尽快回到正常的工作、生活、学习中有赖于社会秩序的恢复和重建。第一，通过调查评估了解受灾地区具体受灾程度、性质、原因，造成的经济损失，为后续的重建工作提供经验和依据。第二，根据评估情况，制订全方位的恢复重建计划，包括基础设施的重建，对受灾群体医疗、健康、教育、就业等的恢复计划，保证恢复工作的有序开展。第三，建立责任体系和规章制度，在重建过程中要明确建设周期、相关责任主体、给予的相关优惠政策。重建中一方面要保障所开展的工作既在法律法规范围内，又能得到最大程度的支持和帮助；另一方面在重建过程中明确责任分工，以便及时有效解决在重建过程中出现的各种问题。

3. 精神、心理的恢复

严重的公共危机给公众家庭、生活、身体带来的伤害，很容易造成受灾群体的心理创伤和应激反应，这时相关的心理辅导、疏导和救助工作就尤为重要。危机过后及时的心理干预和人文关怀是受灾民众生存和生活的雨露和阳光，政府相关部门要进行统一部署。

6.1.3 恢复与重建的原则

恢复与重建并不是仅仅复原到危机发生之前的状态，而是在吸取经验教训的基础上较之前增强抗风险性，减少脆弱性。危机后的重建既要立足现实，又要从长远角度出发，从长计议，处理和协调好各方面的利益关系。

1. 政府为主导，多元主体共同参与

维护公共安全、提供民生保障是党和人民赋予政府最基本也是最艰巨的任务。提供公共安全服务，保护公民生命、财产安全，是我国服务型政府承担的一项基本职能，直接关系到国家的稳定发展。因此在公共危机发生后领导各类组织和人民控制和战胜危机是政府的重要职能。公共危机往往来势凶猛，给社会各方面带来巨大冲击，个人的力量是无法与之抗衡的，那么危机治理的责任就落在了政府、企业和各类非政府组织的身上。而政府作为层级更高、权力更大、掌握资源更丰富的主体，理所当然地成为公共危机治理的主导者和责任者。虽然政府承担着政治和经济责任，但是政府资源的有限性决定了政府不能是唯一的主体，危机治理的整个过程都要充分调动企业、非营利组织和个人的力量。在恢复阶段除了政府为主导，社会各界多元主体积极参与和援助外，要鼓励灾区社会公众积极参与自救互救，自力更生，早日重建家园。

2021 年郑州洪灾中，除了中央积极投入抢救外，据河南省工商联的不完全统计，截至 2021 年 7 月 26 日下午 5 时，共收到 656 家爱心企业的捐款捐物达 36.692 8 亿元；河南和郑州的红十字会、慈善会收到捐款 100 万以上的共 532 笔，共计金额 51.55 亿元，充分体现了我国强大的凝聚力和企业发展中的责任感①。

2. 公平合理，接受社会监督

受灾地区往往会收到来自全国乃至世界各地的援助，资金如何使用、进度如何安排，应根据不同地区受灾损失的程度和需求不同，拨付相应的救灾物资和资金，自觉接受社会各界的监督，使救援资金和物资用在关键点上。对挪用、私吞救灾资金的行为和责任人严惩不贷；对工作不力，未能及时组织恢复重建的责任人追究相应责任。在恢复重建过程中，要充分考虑未来可能发生的风险，不能只顾眼前利益，还要替子孙后代着想，尽量做到代际公平；在救援

---

① 《2022—2027 年中国应急产业市场前瞻与投资战略规划分析报告》。

过程中对老幼残等弱势群体和受灾严重、经济欠发达地区适度倾斜也体现公平合理的原则。

3. 及时高效、重点突出

危机过后面对千疮百孔的灾区，各种恢复重建工作都要有序开展，但是要分清轻重缓急，分步骤、有重点地逐步开展。比如通信、交通这些至关重要的“生命线”都是要优先重点恢复的，因为这些关系着千千万万群众的生命，也影响着灾区整体的恢复重建进程。

4. 重建中寻求发展机遇

危机的发生是各种矛盾的外在表现。危机一方面给我们造成灾难和损失，另一方面也是发展的契机。在重建过程中我们既要尊重大自然的规律和力量，充分考虑生态环境，预防并及时处置环境污染，又要创新发展抗风险能力强的系统和模式，增加灾区建筑物抗毁弹性，严禁在灾害多发地上重建建筑物等。在汶川地震中，水磨镇距离震中仅 8 000 米，伤亡惨重。根据重建总体规划，灾后重建中把水磨镇的工业集中迁至茂县工业园区，水磨镇改变了原来的工业重镇格局，着力发展旅游、商贸、休闲、文体产业，带动了灾区经济快速复兴。

5. 集思广益、群策群力

公共危机特别是重大自然灾害对灾区的民众造成巨大的冲击，恢复重建不仅要考虑地区经济的复苏和发展，更要注重民生，这时就需要公众的积极参与。在规划、计划、决策中集思广益，吸纳绝大多数危机利益相关者参与。准确识别、把握重建过程中亟待解决的问题和主要症结，避免高层制定规划后基层由于各种限制无法执行；或者重建后无法实现预期功能和效果，不能兼顾各方利益。

6.2 恢复与重建的流程

不同类型的公共危机危害程度、影响后果不尽相同，恢复和重建的流程也有所差异；但是总结其共性特点，梳理重建过程，对公共危机过后科学、有效地管理有所帮助，以便加快恢复的进程。恢复的过程可以分为三个步骤：准备阶段、实施阶段和验收总结阶段，如图 6-1 所示。

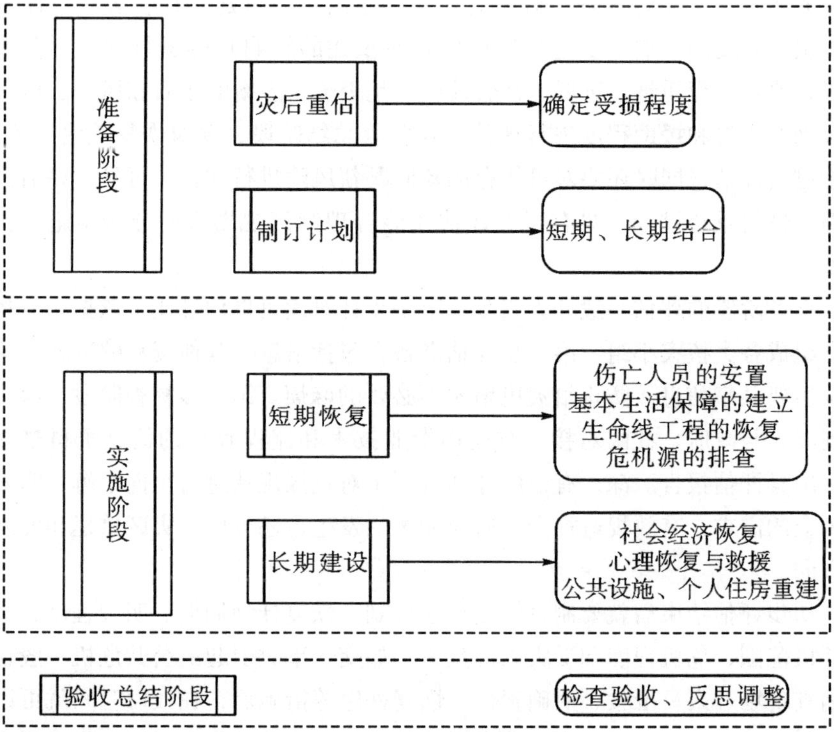

图 6-1　恢复和重建流程

总结以往的规律，我国的恢复重建往往是自上而下以政府为主体纵向开展的，虽然可以统筹资源集中力量高效推进重建、实现“短、平、快”的效果，但是这样不利于调动地方和受灾地区公众的积极性，因此我们在以政府为主导的情况下广泛吸纳利益相关者参与恢复和重建将会加快重建的进程，平衡各方利益。

6.2.1　准备阶段

准备阶段分为灾后评估和制订计划两个环节。灾后评估是整个恢复与重建的起点，也是最为关键的环节。从严格意义上讲，灾后评估不只是准备阶段做的工作，而应覆盖整个重建过程，不同阶段重点不同。公共危机应急救援结束后主要是评估灾害带来的人员伤亡、经济损失，以及发生衍生风险的可能，在此基础上确定危机的影响范围和程度。这个阶段容易遗漏对非物质文化遗产和社区系统破坏程度的评估。在制订计划阶段，需要对受灾地区地质环境条件、重建方案的优劣、重建所需的资金投入、社会效率（各种计划、方案与灾区社会的兼容性，社会各阶层对灾后重建的参与度，重建对社会公正、社会结构、组织制度的影响及反过来这些因素对重建的影响）等进行评估。在重建阶段，要对工程质量、进展、社会效应、是否会产生新的矛盾和风险、接受心理援助的人群和援助程度进行评估。在验收总结阶段，要对恢复重建的效率、效果进行评估，同时还要对可能存的新问题新风险进行评估。可见，评估贯穿于整个恢复重建过程，只有正确评估才能合理制订规划进而分步实施、各个击破。

准备阶段的评估一般分为三步：第一步针对危机事件性质，依据相应技术标准组成各类核灾小组。第二步评估准备，包括信息、其他资料的准备。这时各小组要共享信息，防止给灾民增添不必要的麻烦。第三步核查阶段，深入受害现场，与政府、社区对接，对运用专业技术和流程收集的信息资料整理核实，出具评估报告。深入有效的评估有利于对灾区现状进行全面了解，明晰灾区民众的需求，有效规避社会矛盾与冲突的发生，还可以为灾区重建和发展指明方向。

初步评估结束后就要制订恢复重建计划。恢复计划周期、明细程度、取决于危机范围、危机程度和受灾人群数量。如交通事故引起的公共危机一般在采取勘查现场、人员抢救、明确责任、恢复秩序等措施后，在较短时间就可以恢复。但是重大安全危机、自然灾害引发的危机、公共卫生危机则在短时间内很难消除影响，在短期的生活需求得到保障后，就是长期建设阶段。这个过程可能持续数月甚至几年，不仅是物质方面的建设，还有生态恢复、非物质文化遗产的重建、精神和心理的干预等。

6.2.2 实施阶段

实施阶段包括短期恢复和长期建设。短期恢复阶段往往和应急控制与救援交织在一起，主要是“生命线”工程的临时性恢复、民众的基本安置和保障。长期建设是我们关注的重点，在长期建设中需要特别注意以下三点：

1. 高层设计与群众路线相结合

以政府为主导的职能部门是公共危机治理的首要主体，掌控着最多的资源，但是不代表在灾后重建过程中可以“一支笔”，要遵循“从群众中来到群众中去”的原则。灾后社会公平、经济发展、民众健康是应该得到特别关注的问题，不同层级的治理者有不同的思考角度和格局。因此相应层次的治理者越应考虑出相关利益者及潜在的损失，并在决策过程中广泛吸纳相关利益者参与，在建设过程中充分考虑受灾民众的利益和感受。以原地安置为主，异地安置为辅；对于风险高发地区不宜再次安置的，要耐心向灾民做思想工作，防止新的矛盾激化和危机的产生。只有受到充分尊重的主体，才能更好地发挥自己的主观能动性，做到自救与补偿、赔偿相结合；社会公众才能积极参与重建和维护，做到群志群策群力；让受灾民众有归属感、价值感和成就感后反过来才能更好地理解和接受高层的设计方案，实现上下一条心，在重建过程中促进经济发展和社会进步。

2. 政策支持与产业扶持相结合

公共危机往往导致地区基础设施瘫痪、商业中断、工业停产、农业歉收等，严重的直接影响当地经济的发展；此外还可能引发物价上涨、就业率降低、居民收入下降等难以估算的间接损失，特别是重大自然灾害往往对农业、渔业、畜牧业、养殖业、林业带来灭顶之灾。那么向保险公司投保在一定程度上是明智的选择，特别是自然灾害高发地区和特殊行业可以通过投保的方式进行责任转嫁。这样在灾后不仅可以减轻政府财政的负担，还可以通过向保险公司申请理赔得到更及时足额的物质保障。

相比国有企业和大型民营企业，公共危机对小微企业的冲击更加严重。一方面小微企业本身由于筹资能力差，无法获得低廉的资金，进而小微企业在同行竞争中不具有优势；另一方面小微企业内部控制相对不健全、应对风险的能力也相对较弱。在2020年新型冠状病毒感染疫情的影响下，小微企业订单少、复产难、原材料无法及时获取、物流管控难，导致大部分小微企业现金流断层或资金链断裂。关键时刻，中央部委通过提高贴息率延长贴息期限、四类困难行业延长弥补亏损期限（延至8年）等方式提供优惠政策，减轻企业负担，帮助小微企业平稳渡过特殊时期。可见，特殊阶段、特殊行业、特殊地区在恢复重建过程中，国家通过减税降费、提供人力物力支援的方式进行救助不仅可以促进当地经济的发展，还能提高就业，刺激消费，减轻矛盾摩擦。

3. 重视心理危机的治疗与干预

当重大危机来临时，人们的心理状态一般要经历四个阶段，如表6-1所示。

表6-1 危机期人们心理发展阶段

阶段	人们心理表现
冲击期（危机刚刚开始）	惊恐、焦虑、不知所措
防御期（危机进入相对平稳期）	人们开始尝试用一些方法解决困难，自身努力平复的同时开始寻求外面的支持和资源

表6-1(续)

阶段	人们心理表现
解决期（恢复和重建阶段）	接受现状，积极寻求更多的资源，焦虑开始减轻，心理逐渐适应、平衡，对生活的信心开始恢复
成长期（危机过后）	生活、工作、学生环境趋于平稳，生活开始步入正轨，心态开始平和，通过危机人们心理承受能力得到提高，自身获得成长

在危机刚刚开始的冲击期往往是群众反应最为强烈的阶段，在情绪上表现为焦虑、紧张易怒、烦躁不安，在行为上可能会出现多疑、睡眠困扰、注意力难以集中等症状，在生理上可能会出现血压升高、心跳加速、免疫力降低等症状。以 2020 年年初新型冠状病毒感染疫情为例，笔者团队当时发放了 10 万份调查问卷，回收 9. 54 万份，针对心理影响方面，有 78. 57%男性一定程度上担心自己被感染，这一比例在女性中高达 89. 47%，有 27. 82%的男性和 26. 7%的女性表示疫情给他们带来焦虑、失眠、紧张、恐惧等负面情绪，还有近四成的人会把这种负面情绪无意间转移到周围人身上，如多疑、愤怒、埋怨等。但是由于国家严格管控、及时的救助和媒体时时报道进展情况、预防的方法等，人们由消极、悲观转向主动积极应对，且各地纷纷从人力、物力、财力等方面向武汉捐助，人们心态越来越平和，积极响应国家号召，在线上学习、办公，停产不停工，停课不停学。随着对疫情认识的深入，人们的心态恢复到正常状态，3 月底 4 月初各地陆续复工复产。尽管此后疫情也有反复，但是随着人们对它认识的深入、疫苗的接种和国家严格的管控，公众在心理上发生了翻天覆地的变化，更多的是为生在中国萌生深深的自豪感。可见，公共危机的发生并不一定都是负面的，勇敢应对、积极引导还会产生正面的效应。积极的心理干预和暗示在很大程度上可以帮助受灾民众走出阴影，恢复信心和勇气，因此加强灾后心理干预是恢复和重建的一项重要内容。我们可以从以下方面加强感受：

（1）构建政府主导的灾后心理干预体系，规范救助机制，储备专业救助资源。

精神卫生是影响我国经济社会发展的重大公共卫生问题，是关系民生的重要问题，也是各种矛盾产生的根源之一，与人民群众的幸福指数息息相关。由国务院办公厅的卫生计生委、中央综治办、发展改革委、教育部等 10 部委制定的《全国精神卫生工作规划（2015—2020 年）》（国办发〔2015〕44 号）和原卫生部制定的《灾后精神卫生救援预案》都提出要及时提供心理服务与救助。2008 年原卫生部发布的《紧急心理危机干预指导原则》明确了危机干预队伍的专业组成，但对人员资格的准入、考核培养、人才储备都没有涉及，这导致我国心理救助人员层次和素质悬殊。目前我国从事公共危机事后心理援助的人员主要为医院精神科医生和心理咨询师。据统计，全国的精神卫生服务机构不足 2 000 家，精神科医师只有 2 万余人，而心理咨询师虽然每年有几万人参考，现在存量也有百万人以上，国内高校开设心理专业的高校有百余家，每年有近 20 万的毕业生，但是从事心理咨询专业的人却只有 4 万~5 万人。根据世界惯例，心理治疗师与救助人员的比例应在 1∶10 左右。

目前心理援助的途径主要是心理咨询门诊和医院精神科，但是部分国人的传统观念认为看心理医生、挂精神科是一件不光彩的事，是自己患了精神病。此外心理咨询门诊收费昂贵，且未纳入医保范畴，基于上述两点大多数人选择回避心理问题，封闭内心。因此建立日常的心理干预体系非常重要，可以在社区建立专门的心理咨询室，了解社区居民的心理健康状况，形成专门的数据库，对存在心理健康隐患的居民定期回访，也可以通过讲座、义诊的方式引导居民重视心理健康，这些可以成为危机过后心理干预的常规机制。

（2）加大政府心理干预投入，加强危机心理教育。

随着经济的发展，社会的进步，人们对生活不再只有吃饱穿暖的物质需求，精神的满足在一定程度上成为人类发展的动力和源泉。我国政府针对公共危机的恢复与重建往往重物质、轻精神。根据发达国家和地区的经验，政府在灾后心理援助中占主导地位，加大对危机后受灾群众的心理干预的精力和资金的投入有助于灾后整体的恢复。

现代人生活压力、精神压力在激烈的竞争环境中越来越大，但是其应对压力的方法和缓解方式，在中小学的学校教育中明显不足，这也是我国精神病患者逐年增长的原因。据统计，全国各类精神疾病患者已达 1 亿人，特别是灾难导致的创伤性应激障碍容易在短时间内形成，如果不能及时干预和治疗其负面情绪和心理将会伴随一生。因此对全社会普及心理健康教育，提高人的逆商、抗压抗挫折能力已经成为社会亟待解决的问题。首先宣传和普及心理健康教育要做到媒体先行，使人们对生命、压力、危机有正确的认识，主动参与到心理干预和治疗工作中来；其次，各类教育主体要承担相应的职责，包括家庭教育、学校教育和社会教育的三位一体的教育体系在人生的各个阶段承担不同的职责。在强调社会、学校对青少年进行危机教育、抗压能力培养之外，家庭教育更应该起中流砥柱的作用。家庭是孩子成长的土壤和基石，家庭从小帮助孩子养成独立自主、自强不息的性格，提高安全应急和自救的能力，将对我国公共危机心理恢复产生重要影响。

6.2.3 验收总结阶段

验收总结是危机治理的最后一个环节，主要是梳理本次危机处理的整个过程，总结经验，接受教训，查找漏洞和薄弱环节，并及时修订调整、丰富应急预案，完善应急措施，更加明确各部门的分工与职责，理顺工作流程。这不仅有利于本类危机事件、本区域的治理，而且对其他区域乃至全国都有借鉴作用。

公共危机治理验收总结包括两部分：一是恢复重建工作的验收；二是对危机发生全部过程、全部工作的回顾和评价，并总结经验教训，特别是总结危机治理小组工作计划、沟通协调、实施结果等。总结的目的是找出危机处理过程中做得好的地方和不足之处，从而完善处理流程。总结评估一般分为三步：调查是对危机事件发生的原因和相关处置的全部措施进行系统的调查；评估是对突发事件的处置工作进行全面评估，包括对预警的工作组织、应变计划、处置决策、处置执行等各方面的评估，要尽量全面地列出突发事件处置工作中存在的各种问题；整改是对危机事件处置工作中存在的各类问题综合归类，分别提出整改措施，并责成有关部门逐项落实。总结完成之后要把以上内容形成文字，即评估报告。

7　舆情引导下的多元主体沟通机制

公共危机的多发性与常态化决定了以政府为核心的治理主体已不能满足实际需要，因此建立政府主导、多元主体共同治理的体制是时代的要求，而在多元主体治理中最为重要的是信息沟通与资源整合。本章主要探讨多元主体在危机中的沟通机制，新媒体时代的舆情引导机制，并详细分析地方政府工作中遇到的瓶颈与可能的解决措施。

7.1　多元主体在公共危机中的沟通机制

7.1.1　政府在危机沟通中的信息传递机制

在充满危险与挑战的现代社会中，任何组织要想高效地实现其预定目标，都必须相协调组织内部和组织外部环境，在这个过程中，沟通发挥着重要作用。组织的信息沟通活动既包括内部系统间的信息传递、交互和共享，也包括组织对外部环境进行信息搜集、信息发布以及与外部环境进行信息交换。公共危机的突发性和紧迫性往往会给社会造成巨大的破坏，如何有效地治理公共危机，做到及时预防、正确应对，尽力将危机对社会造成的伤害降至最低，是当代政府在危机治理中面临的最紧迫的问题。为了履行在公共危机事件中的职能，政府需要在系统内部和外部建立良好的信息沟通机制，沟通可分为政府内部信息沟通和政府外部信息沟通两个部分。

1. 公共危机沟通中的政府内部沟通机制

公共危机治理过程中的政府内部沟通和协调机制主要解决的是危机发生时政府组织内部各层级、各部门之间的危机信息共享问题，主要包括中央政府与地方各级政府的纵向沟通以及各级政府内部部门之间的横向沟通。根据危机管理体制中的信息流程模型，政府内部的沟通机制包括政府内部纵向信息流、政府内部横向信息流、政府危机信息感知系统、政府危机信息规范系统以及政府危机信息执行系统。

（1）政府内部纵向信息流。

我国政府主要采用直线—职能式的组织结构，各级政府实行行政首长负责制。政府的组织结构决定了我国公共危机事件中的信息传达模式具有单一性，主要表现为上下级政府层级纵向互动的沟通方式。政府内部纵向沟通包括上行沟通与下行沟通。上行沟通是指在突发危机发生时，下级地方政府部门承担对危机信息的搜集与整理工作，再将相关危机信息报告给上级政府部门。下行沟通与上行沟通相对，是指上级政府在掌握相关危机信息后对下级地方政府部门采取命令、指示、建议、问责等一系列举措。

（2）政府内部横向信息流。

政府内部横向沟通模式是指危机发生时，处于同一等级的地方政府部门进行信息共享与交流，以期共同应对危机。政府信息沟通能够使公共部门内部打破信息孤岛，进而共享信息，了解其他部门在突发危机事件中所扮演的角色、所拥有的资源以及开展了哪些危机处置活动。当公共危机暴发后，政府各部门要在第一时间内组织各部门之间的沟通交流，寻找解决公共危机的合作伙伴，分享各自对危机解决的政策和建议，形成应对公共危机的有效合力，减少横向部门在合作过程中的危机信息不对称与重复建设问题。

2. 政府危机信息感知系统

政府危机信息感知系统是政府搜集内外部危机信息的组织系统，既包括最先接受危机信息的相应对口职能部门以及主动考察危机信息的各级编制机构，也包括主动或被动收集政府外部危机信息的政府其他组织。无论是收集内部危机信息还是收集外部危机信息的感知系统，都要具备高度的灵敏性和共享性。只有具备灵敏性，才能及时地从内部或外部环境中获取相关的危机信息，快速启动危机预警机制，降低危机事件带来的危害。只有在横向或纵向的政府部门间进行高度的信息共享，打破信息孤岛，才能满足公共危机治理中相关政府职能部门对信息管理高效、及时的要求。此外，政府危机信息感知系统还承担着对危机信息“过滤”的职能，对相关信息进行筛选与处理后传递给危机信息规范系统。使用这一职能时，政府要避免因人为或系统因素遗漏掉有价值的危机信息，导致感知系统低效或无序。

3. 政府危机信息规范系统

政府危机信息规范系统的代表性部门为中央和地方政府的危机决策机构。经危机信息感知系统过滤后的信息传递给政府危机信息规范系统，规范系统再根据系统内既有的处理依据对危机信息进行管理。根据危机管理体制的信息流程模型，政府危机信息规范系统的目标设定为民主和科学，民主的决策是政府合法性的基础，而科学的决策又是政府行政效率的保证。政府危机信息规范系统会进行探索性自组，新的决策会被记入到规范系统中，作为以后类似突发危机事件的处理依据。

4. 政府危机信息执行系统

政府危机信息执行系统执行规范系统处理过的危机决策。危机信息规范系统通过反馈机制将危机信息流传递给政府的危机信息执行系统，执行系统迅速组织人力、物力和财力，在最短的时间内调动各种社会资源来解决危机。理想的危机信息执行系统应该同时具有稳定性和高效性。稳定性是执行系统对从危机信息规范系统流出的信息做出反应时，要以组织自身的稳定性为前提；高效性是指危机信息执行系统的反应需要及时和高效，以免延误处理危机的最佳时期。这样危机信息流经过信息执行系统反馈到效应环境中，形成循环的闭合回路，完成危机信息流流转的全过程。

7.1.2 政府外部信息沟通

公共危机沟通中的外部沟通是指在整个公共危机事件治理过程中，政府部门与公众所进行的危机信息的互动过程。这里的“公众”一词借用公共关系学中的定义，即“因面临共同的问题而与特定的公共关系主体相关联、相互作用的个人、群体以及组织的总和”，包括公众、媒体、非政府组织以及营利组织、领域专家等利益相关者。根据系统论的观点，机制是指系统各组成部分之间相互联系和相互作用的过程与方式。因此，公共危机治理中政府与外部各危机利益相关者的信息沟通机制可以定义为：政府在公共危机事件治理中与社会为主体的信息沟通活动要素之间相互联系和相互作用的过程与方式，具体包括基于多元主体的沟通网络、基于危机信息的业务流程以及基于反馈的监控体系。

1. 基于多元主体的沟通网络

基于多元主体的沟通网络是指在公共危机事件发生的过程中，在政府与外部利益相关者之间进行信息沟通交流时，相关主体构成的信息传递网络以及各主体之间的权利与义务关系。社会建构理论认为社会是由处于权力结构或权力场域中地位或目标取向不同的利益相关者通过权力和利益的博弈而建构、发展和变迁的。公共危机波及范围广、危害大，社会绝大多数利益相关群体的利益都将受到危机的影响。根据利益相关者理论以及信息流程模型，公共危机的治理必须是一个全社会全方位参与的协同过程。危机利益相关者在危机的治理过程中必须与政府建立良性关系，承担各自相应的责任和义务，建立以政府为核心、多元社会主体共同参与的危机沟通网络。公共危机中的多元参与主体主要包括掌握公共权力的政府组织，以大众传媒为标志的传媒系统以及各类社会组织、国际组织、领域专家、公民个体等，相应地，这些组织与个人也构成了公共危机事件沟通中的多元主体。

（1）公共危机事件沟通中的政府。

政府作为公共权力的掌握者、公共产品的调度者，以及公共事务的管理者，在危机治理与危机沟通的过程中扮演着至关重要的角色。

首先，在危机沟通的过程中政府扮演危机信息的预警者角色。各级地方政府部门及相关人员在日常的行政事务处理中应树立忧患意识，对政府内外部的各种信息保持高度敏感。注重收集与整理与各种公共危机事件有关的信息和情报，建立危机信息管理体系，制订完备的危机预警计划。在危机可能造成重大社会损失前发布预警信息，及时启动应急预案，主动应对危机事件。

其次，在公共危机事件沟通过程中，以政府为主体的公共组织应扮演权威发布者的角色。在对危机信息与情报进行收集、整理、分析之后第一时间向外界发布权威消息，使社会各界充分了解危机事件的真实情况，降低社会的恐慌，减少流言的传播。

再次，政府应扮演好公共危机沟通中科学决策者的角色。当公共危机事件暴发后，政府在收集、整理、整合相关信息后，制定科学的危机决策，并决定采取何种方式、以何种载体为依托对危机信息进行发布。把危机中较为繁杂的信息编辑成大众便于理解的、能够在民众之间传播的简洁信息，以便于对危机及时应对。

最后，各级政府部门在公共危机事件沟通中还需树立系统性思维。各级政府不仅需要收集与发生的公共危机事件相关的直接信息，还要对其他领域的信息进行整合，以免顾此失彼，断章取义。

（2）公共危机事件沟通中的公众。

公共危机事件最直接的受害者往往是普通的社会公众，因此，公众是公共危机治理的重要利益相关者，是治理中不可忽视的参与主体。公众在公共危机沟通中不仅是危机信息的传递者、反馈者，还是危机预警的发出者。

第一，在众多公共危机的暴发过程中，公众是突发危机事件预警信息最早的发出者，作为公共危机信息直接接触者的公众能否及时向政府相关部门发出危机信息与情报，将在一定程度上决定政府危机处理的效果和成败。

第二，公众主动接收政府部门发布的危机信息和主动配合危机政策的执行对有效解决公共危机有着重要作用。

第三，社会公众是公共危机事件过程中以及公共危机事件结束后最可靠的危机信息反馈者。他们可以以各类形式向政府反馈危机中处理的相关情况，并在危机结束后反馈此次危机处理的效果，帮助政府相关部门及时归纳和总结在危机处理过程中的不足与经验，以更好地应对相似的危机。

（3）公共危机事件沟通中的媒体。

在公共危机中，大众媒体是危机沟通的核心介质。在危机信息的传达与反馈过程中，其是政府部门和社会公众交流的纽带。在公共危机事件沟通的过程中，大众传媒既要理性正确传达危机信息与情报，又要充分发挥其特有的优势，充分保障社会公众对危机信息的知情权。

首先，相对于公共组织而言，新闻媒体在日常的危机信息预警中具有更大的优势。在日常的工作中，新闻媒体能够利用其灵敏的感知系统接触到社会的细小单元，对各种危机信息的收集比政府有着更为畅通的渠道。在各类危机事件暴发之前，媒体如果能够在灵敏感知危机信息情报的基础上，及时通过各种途径向政府相关部门以及社会公众传递危机征兆，引起相关部门和人员的警惕，危机消除在萌芽状态的概率会得到提高。

其次，新闻媒体可以为政府及其工作人员传递相关危机信息，辅助政府在时间紧张、资源稀缺的情况下做出正确的危机决策。

最后，新闻媒体可以通过对危机事件的持续报道以及积极引导营造出有利于危机解决的社会舆论，广泛动员社会力量，协调危机过程中政府与民众的紧张关系。

（4）公共危机事件沟通中的非政府组织与营利组织。

我国的非政府组织通常具有非官方性、非营利性和奉献性的特征。其通常掌握丰富的社会资源，具有广泛的群众基础，是在公共危机治理过程中政府与公众间的“纽带”，既可以很好地联系政府，又可以很好地联结群众。在公共危机事件治理过程中，非政府组织能够充分发挥组织优势，对大量与危机相关的数据资料进行收集与分析，为政府提供有效的危机预警信息。同时，非政府组织的专业性使得其能够与政府通力合作，为危机事件的处理提供技术支持和人才支持，共同有效地治理危机。

公共危机事件沟通中的主体还应包括营利组织。与非政府组织具有广泛的社会基础一样，营利性组织在突发危机事件沟通中也有着广泛的受众群体。一方面，企业在日常的生产经营活动中，可通过组织规范企业文化来提高组织人员的危机防范意识，形成安全生产观，鼓励成员将各种危机线索及时上报，防患于未然；另一方面，公共危机事件暴发后，企业可根据相关部门要求向其成员传递危机信息，安抚员工情绪，采取相应的危机解决措施，协助政府更好地处理危机。此外，在大数据时代，企业可发挥自身的技术与资源优势，为危机信息传播创新信息沟通渠道，提供更加高效便捷的信息收集与处理方式，增加危机信息的透明度。

（5）公共危机事件沟通中的专家学者。

在公共危机事件沟通中，专家学者扮演着特殊的角色。一方面，专家学者在突发危机事件管理过程中拥有特殊的信息资源，当危机暴发时，各领域的权威专家可利用资深的专业知识以及丰富的实战经验为政府快速解决危机提供智力支持与政策建议，提高危机决策的科学性；另一方面，专家学者的良好大众形象可充当政府与外界沟通的重要桥梁，他们可利用自身的专业知识以及经验来将危机中的专业术语简化为简单易懂的语言向公众传达危机中的重要信息，能够提高群众对危机的重视程度，并在很大程度上能够缓解公众的恐慌情绪。

2. 基于危机信息的业务流程

基于危机信息的业务流程是指危机信息在政府内部与外部传递的全流程，包括危机信息的收集、处理、分析与发布等环节。危机信息是公共危机沟通的核心内容，有效的危机信息沟通需要对危机信息与情报进行深入加工与处理并及时向社会公众公布。

（1）危机信息收集系统。

在公共危机事件信息传递的过程中，危机事件信息收集系统至关重要。专门的信息收集部门以及专业的信息管理人才对潜在的危机信息情报以及风险源头进行搜集与整理，对危机的预警与解决具有重要作用。危机信息收集系统在收集各类危机信息时要注意对信息进行加工过滤，留下对预防与解决危机有价值的信息情报，并对无效的信息进行舍弃，提高信息加工系统信息处理的效率。危机信息收集系统在运行过程中要注意防范危机信息传递过程中产生的“噪音”。“噪音”可能源于危机信息发送者出于个人或部门利益对信息刻意扭曲，也可能是因为信息传递过程中信息系统不完善，所以需要设计完善的信息沟通系统，增强危机信息的防干扰能力。

（2）危机信息加工系统。

公共危机事件具有紧迫性，最初的原始危机信息只有经过相关整理分析后才能更好地发挥价值。公共危机事件信息加工系统主要具有危机信息的整理与分类、信息识别、分析与转化的相关功能。

第一，公共危机事件信息加工系统需要对危机信息进行归类与整理，将无章可循的信息流转化为有序的信息流以此控制危机信息的流速和流向，减少危机信息流的无序状态，实现信息内容的有序化、信息流向的明确化、信息流速的适度化以及信息质量的最优化，以便在最合适的时期将信息传递给最需要的受众。

第二，公共危机事件信息识别是指对危机进行辨别以排除虚假和干扰信息。信息在沟通过程中由于人为因素或者信息传递过程中的“噪音”会产生信息失真的现象。

第三，危机信息加工系统需要在第一时间内对各种渠道提供的危机信息进行专业化分析，并将有价值的数据与信息录入危机信息数据库，及时调取数据库中相关信息对危机事件进行判断，并做出正确的危机决策。数据库中存储的危机信息也可以作为以后类似危机处理的参考数据。

第四，信息加工系统需要对加工后的信息进行简化处理。有些危机事件的发生超出了公众的知识理解范围，会出现在当时难以理解的专业术语，如新型冠状病毒、SARS、H1N1 流感等。为了最大化地发挥危机信息的价值，政府需要请相关领域的专家用简洁的文字、图表等形式简化这些专业用词，易于公众准确接收危机信息，避免做出不当的危机反应。

（3）危机信息发布系统。

公共信息的发布是指以信息提供者为起点，通过信息载体和传播媒介将危机信息传递给突发危机事件利益相关者的过程。信息的发布是信息资源价值得以实现的重要条件。公共危机事件紧迫性的特点使任何延迟信息发布的行为都会带来严重的后果，危及利益相关者的生命财产安全，损害社会秩序和政府形象。因此，危机信息资源的传递除了强调目标性、知识性、选择性等信息传递的一般特性外，还应特别注意时效性问题。

3. 基于信息反馈的监控体系

基于反馈的监控体系是政府在公共危机事件管理过程中对社会公众的舆情进行监控、分析以及做出反馈的过程。社会舆情是指在一定的社会空间内围绕某个社会事件的发生、发展和变化，作为主体的社会公众对作为客体的政府和各类组织及其政治、社会、道德等方面的取向产生和持有的社会态度，是较多群众关于社会中各种现象、问题所表达的信念、态度、意见和情绪等的总和。基于反馈的监控体系是政府外部沟通的信息保障，在公共危机事件沟通中，政府与外部进行沟通是一个循环往复的过程，对外部利益相关者的反馈信息进行有效管理与分析，可以保障危机信息沟通活动的良性发展。

7.1.3 地方政府的危机沟通制约因素

地方政府的危机沟通与中央政府的危机沟通相比，更具有非典型性意义。其在突发危机事件的应对决策上具有局限性；在危机应对调动的资源上具有相对有限性；在危机应对的影响因素上，受到诸多掣肘。

1. 地方政府危机沟通主体的制约因素

（1）危机意识薄弱。

地方政府的公共危机沟通中，政府作为行政主体的决策出发点上，往往想当然地认为公共危机事件是会对行政主管的政绩造成影响，会对地方的经济、社会发展造成冲击；进一步的思想根源在于，其认为公共危机事件瞒报比通报好，并试图在地方内部尽快消化。

（2）危机沟通的监督机制缺失。

地方政府在危机沟通中选择瞒报，其重要的一点还在于缺少制度监督。《中华人民共和国突发事件应对法》《政府信息公开条例》作为国家层面制定的危机沟通法律依据，与《中华人民共和国保守国家秘密法》《中华人民共和国档案法》在内容上有冲突之处。《政府信息公开条例》对申请信息公开的事由限制过多制约了法律落实的实际效果。同时，地方政府在危机沟通的过程中缺乏专门的监督机构和监管体系，制约了地方政府危机沟通监督机制的形成。

（3）危机沟通的奖惩机制不完善。

地方政府在危机沟通中选择瞒报，其制度因素主要是危机沟通的惩罚成本低于公共危机事件追责的惩罚成本。例如在发生公共危机事件后，依规上报的最终处罚结果可能是行政免职、行政降职；而选择瞒报被查处后，如果处罚结果也是行政免职、行政降职，地方行政机构面对类似博弈论中的“囚徒困境”，选择瞒报的侥幸心理将大大提升。

2. 地方政府危机沟通客体的制约因素

（1）公民意识薄弱。

地方政府在危机沟通过程中，常常出现政府应对与公众反馈相割裂的状况。一方面折射出民众对地方治理的参与感淡薄，另一方面也反映出民众对地方治理的监督不足。近年来，民众申请地方政府信息公开的案例时有发生，由个体提起的行政复议、行政诉讼也不再是地方政府治理的特例，这些现状反映了民众公民意识的觉醒。但还应看到，类似申请地方政府信息公开的案例以及个体提起的行政复议、行政诉讼往往以“复核后，不符法律释义”为由，予以驳回，这反过来显示了部分地方政府对公民意识觉醒的抵触情绪。

（2）民众组织实力薄弱。

有学者将中国的社会治理现状归纳为“大政府”构型，社会治理的方方面面最终由政府掌控。近年来，一方面随着市场经济改革的深入，市场行为逐步取代政府行为成为经济治理领域的核心力量；另一方面随着中央政府大力推行“简政放权”的政治体制改革，政府的社会掌控力有弱化的趋势。但在地方政府层面，依然是“强政府、弱民众”的治理架构。地方民众组织由于人员、资金、资源的先天劣势，在危机应对当中处于可有可无的地位。

（3）危机沟通中的“羊群”心理。

公共危机事件的沟通中，地方民众往往呈现出盲信、盲从，易恐慌、易被煽动的群体无意识。具体表现是，在政府发布公共危机事件信息前，更信任“小道消息”“朋友圈发布”等非官方来源的信息，且容易被这些信息当中的情绪煽动，引发群体恐惧、群体抗拒等跟风行动。

当政府发布相关公共危机事件的信息后，由于缺乏对信息的正确判断和理解，以及地方政府的公信力不足，民众对政府发布的信息抱将信将疑的态度。

当政府发布的公共危机事件信息被证实，危机事件已得到初步控制之后，民众呈现出对公共危机事件的群体性“忘却”，相关话题迅速降温，正面回应不受关注，后续修复与经验总结不被重视。

3. 地方政府危机沟通第三方（媒体）的制约因素

（1）地方媒体的管控困境。

公共危机事件的沟通中，传统媒体往往处境尴尬。这源于地方传统媒体的行政管理体制。地方传统媒体通常指报社、广播电台、电视台，在行政管辖权上，统归于地方新闻出版广电局管辖，其人事权、财政权均受地方新闻出版广电局的制衡。我国传统地方媒体要当好党和人民的喉舌，既是新闻媒体单位，又是国家宣传机关①。

（2）地方媒体的经营体制困境。

大多数地方媒体的收入来源于财政拨款和广告收入，近几年由于疫情的影响，地方媒体来自政府的拨款减少；同时由于自媒体的发展和“拒绝有偿新闻、践行社会责任”等政策落地，地方媒体广告收入大幅减少。这两方面是传统媒体收入下降的主要原因。

---

① 裴茜，郭海娜. 在公共危机中地方政府与地方媒体的互动关系［J］. 视听，2016. N. 111（07）.

（3）地方媒体的工作生态困境。

传统媒体工作人员年龄构成普遍偏大，年轻人则由于编制、收入等限制、难以进入该行业，导致人员流动性大人才流失严重。

4. 地方政府危机沟通第四角色的制约因素

（1）地方非政府组织的生态困境。

地方非政府组织目前的生态困境主要有两方面：一方面是身份合法性困境，地方非政府组织在组织认证、机构注册备案方面存在诸多阻碍，许多地方非政府组织实际上处于无证经营的尴尬状态；另一方面，地方非政府组织在人力组织、资金储备、资源调集能力上大大低于国家层面的非政府组织。

（2）民间志愿者组织的管理困境。

当公共危机发生时，民间志愿者组织往往表现出极大的热情，但这种热情如不加以引导，往往会对危机事件的应对产生负面影响。如在雅安地震、玉树地震期间，官方一度向民间志愿者组织喊话，呼吁不要私自驾车前往，让开救援通道，为政府救援赢得时间，避免由于组织和沟通不利，造成资源浪费。又如在地震发生后，受媒体报道的村庄，应急物资过剩，而未受报道但也急需救援的村庄，应急物资匮乏。

（3）地方政府危机沟通国际援助困境。

地方政府受其行政层级、区域管辖权的限制，绕过中央政府申请公共危机国际援助的可能性微乎其微。这一方面是我国行政体制层级的限制，另一方面也体现出相关制的缺乏。目前，类似国际援助往往需要特事特办式的绿色通道，即便中央政府首肯，地方政府也往往因“家丑不可外扬”的心理对国际援助加以排斥。

7.1.4 网络舆情引导机制

2017 年 10 月，党的十九大报告指出，“坚持正确舆论导向，重视传播手段建设和创新。加强互联网综合治理体系的建设，建立网络综合治理体系，营造清朗的网络空间”。因此，加强政府舆论引导工作，是形势所迫、大势所趋。本节从舆论引导机制的构成要素出发，认为政府是舆论引导机制中的主导者，应当主导舆论引导工作，并对各主体间的博弈与协同进行了分析。

1. 公共危机舆论引导机制的构成要素

（1）舆论引导主体。

关于公共危机舆论引导的主体界定，有很多学者对此进行过探讨和研究，并通过分析概括，有了一定的学术成果。刘建明认为舆论引导是指政府作为管理者，通过一定的方式方法改变公众的想法，从而达到既定的传播目的。丁和根提出，舆论引导的主体由三部分构成，分别是政府、新闻媒体、意见领袖与社会组织，其中意见领袖与社会组织属于同一主体。而这三部分主体之间存在错综复杂的互动关系，互动关系的变化会导致舆论引导结果的变化。魏永忠则将舆论引导界定为政府行为，认为舆论引导的主体是政府。中共中央党校的李伟认为在舆论引导主体中，政府是主导主体，媒体是协同主体，公众是参与主体，这三者共同组成了舆论引导的主体。马冰星和林建成把舆论引导主体分为三个层次，分别是决策层、执行层以及参与层。其中，决策层是指政府，执行层是指媒体管理者，参与层是指意见领袖。而叶润平和袁金明指出，政府应当在社会公共领域舆情引导中发挥主导作用。因此，本书对以上学者提到的舆论引导主体构成进行了整合，结合我国实际情况，最终认定政府为公共危机事件舆论引导中的主导主体，媒体、企业、意见领袖、公众为其他主体。

在众多主体当中，我国行政决策者主要为各级人民政府。政府作为我国的行政机构，是舆论引导机制中的引导主体，应当起到统筹协调、团结各主客体的重要作用；应当在公共危机暴发之时，及时解决存在的问题、及时处置危机事件，降低舆论影响；应当做好舆论引导的基本工作，引导舆论局面朝着有利于社会和谐稳定的方向发展。

媒体的含义是指信息传递过程中所有的途径与方法，是公众用来传递信息与获取信息的工具、技术或渠道。而在公共危机事件的舆论引导过程中，媒体也是政府主要的舆论引导渠道之一，起着促进政府与公众沟通交流的作用。在社会舆论事件发生时，媒体的表现将很大程度地影响到事件的最终解决。

近年来，随着我国经济的发展，企业成了我国经济发展的中坚力量，起着非常重要的作用。同样，在公共危机事件发生时，企业也是舆论引导机制中不可缺少的主体之一。当涉及企业本身利益的突发危机事件暴发时，由于企业的趋利性，企业会进行危机公关活动，从而成为舆论引导的主体之一。

意见领袖这一理论最早由拉扎斯菲尔德和伊莱休·卡茨等人提出。意见领袖最初是指在信息传播和人际交往过程当中经常为他人提供信息，同时对他人产生影响，具有影响力的少数“活跃分子”。在信息时代，意见领袖发挥的舆论引导作用也在不断扩大。

在自媒体时代，公众也是舆论引导的主体之一，公众有发表舆论观点、参与舆论讨论的权利，公众作为舆论引导主体被赋予了更多的内涵。

（2）舆论引导客体。

在舆论引导机制的构成要素当中，引导的对象主要是公众，因此公众既是主体，也是客体。而公众是一个很宽泛的概念，对个人而言，公众的基本含义有两个：从广义上来说，公众是除了自己之外的所有人，具有排己性；从狭义上来说，公众是除自己以及与自己有相当关系（如亲戚、朋友、同学等）之外的群体，具有排他性。

在信息时代，公众不仅是公共危机事件舆论的接收者，也可能是这些社会事件的第一时间传播者，甚至是来源者。自媒体信息平台的双向传播特性使得公众不再只是被动地获取信息，公众可以自由选择各种自媒体平台，积极主动地寻找这些社会事件的相关信息，并随着信息的传递，不断地求证、转发和评论。公众参与范围扩大，可能逐渐形成巨大的社会舆论压力，从而影响社会事件的舆论走向，进一步影响政府对这些社会事件的最终处置措施。

在这里，我们引用哈贝马斯的话，“公众的成员是所有私人身份的人们，他们只要拥有财产、受过教育，就能作为读者、听众和观众而通过市场享用那些可以进行讨论的对象”。这里所用的“公众”包含的概念更丰富，包括在自媒体时代下种种社会事件舆论传播过程中的所有参与者、接收者。因此，按照与公共危机事件的相关程度，可以将公众划分为以下三类：

第一，当事人群体。当事人群体指的是在公共危机暴发过程中，由于事件本身对其造成伤害，这个群体的利益受到了损害，对自身受到的损害有所诉求，希望有所表达。这部分直接受到公共危机事件影响的公众就是当事人群体。其在突发事件处置的过程中与政府的沟通最多，可以更好地将自身的利益诉求向政府部门反映。

第二，围观者群体主要指的是在公共危机暴发时，没有受到直接利益损害，也没有利益诉求，主要是被动地接收信息。当公共危机发生后，如果错误的舆论信息大肆传播，或是政府没有进行及时的真实报道，就会引起这部分公众的不信任甚至恐慌，进而为各种小道消息、错误言论的传播和扩散提供了条件。

第三，意见领袖。随着信息时代的到来，网络媒体高速发展，这让更多公众都有了发言的机会，以往“意见领袖”的核心地位正在被“去中心化”，信息传播模式由单点线性转变成了多点网状。在网络技术发达的时代背景下，所有公众都可以在网络平台上发布信息与观点。这种情况改变了传统意见领袖的定义。新时代中的意见领袖可以分为两种：一种是传统媒体意见领袖，其本身具有相当的社会地位、社会身份，拥有一定人脉并善于人际交往。第二种是新媒体意见领袖，也就是网络信息时代意见领袖。这类意见领袖在社会事件发生、传播过程中，在网络上表现十分活跃，或者掌握了事件的真相，或者其知识丰富善于总结、归纳、发现。在这种情况下，这种具备了某方面、某领域特长的公众也就产生了一定的公信力，慢慢聚集起了追随者。将这二者进行比较，可以从以下几个方面分析他们的异同，如表 7-1 所示。

表 7-1　传统意见领袖和网络意见领袖的对比分析

类型评价标准	传统意见领袖	网络意见领袖
角色定位	受众	受众、传播者
存在状态	相对集中，交流较少	相对分散，交流便捷
存在周期	相对较长	相对较短
存在方式	现实	网络

（3）舆论引导内容。

在舆论引导机制的构成要素中，舆论引导的内容也是我们关注的焦点，有针对性的、真实的引导内容才能切实有效地引导舆论，才能满足公众对公共危机信息的知情诉求，才能平息舆论所带来的负面影响。因此，舆论引导的内容应包含以下几种：

第一，事件本身。当公共危机事件发生时，其造成的损害结果已是既定事实，政府在进行舆论引导时，需要及时发布事件本身的发展状况。如“8・12 天津港爆炸事件”发生后，政府第一时间对事件进行了报道。在报道过程中，数据的真实性是十分重要的，如果对其进行遮掩，那么在真相被揭露的一天将引起更大的舆情反弹。

第二，事件成因。公共危机产生的舆论是公众对突发事件的讨论所导致的，而这种讨论也是对公共危机事件产生原因的讨论与质疑。如“10・28 重庆公交坠江事件”，当时网上最先发布的消息是由于女司机驾驶小轿车逆行与公交车相撞，导致公交车坠江，车上乘客无一幸免。在这种情况下，网上舆论几乎都是对女司机的谴责与攻击，随着公交车上黑匣子被打捞出来，监控视频的公开，人们这才知道事件的原因和女司机并没有关系，而是因为公交车上的激烈争执与互殴导致的车辆失控、逆行、最后坠江。在证据的支撑下，公众对女司机的舆论攻击很快平息了。

第三，处理结果。为平息舆论影响，还有一点很重要的舆论引导内容是对于处理结果的报道。在事件真相被公布、事件原因被公开之后，公众对事件的态度将十分明确，舆论的关注点将转移到政府对其处理结果或是问责处分。如“长生疫苗事件”，当政府通报长春长生生物科技有限公司的疫苗存在造假行为，查明其公司董事、高管存在违规行为后，公众的态度一致要求严惩这类无良心企业，中共中央召开会议，表明将会对其进行严肃处理，控制了舆论局面，安抚了人心。到了 2019 年 2 月，“长生疫苗事件”的相关责任人被严肃处理后，负面舆论的声音基本消失。

第四，舆论引导渠道。舆论引导渠道指的是在舆论传播过程中，主要依靠的传播途径与方法，是公众用来传递信息与获取信息的工具、技术或媒介。而在公共危机的舆论引导过程中，大体可以将渠道分为传统媒体和新媒体。其中，新媒体渠道主要包括网络媒体、网络视频、社交媒体等，新媒体在传递者之间的互动性和传递消息的及时性上都具有比较大的优势，在群体事件发生的时候，往往可以不受时间、地点、人物等的限制，非常迅速、及时地报道事情的进展，还可以通过民众之间的互动从而衍生进一步或更详细的话题，保障了舆论传播渠道的有效性。而传统媒体渠道主要包括党报、电视、杂志、广播等，一般来说传统媒体都具有较强的公信力与可靠性。当公共危机事件发生时，人们往往更希望第一时间看到传统媒体发布的权威信息，并根据其发布的信息设置话题议程。这样可以非常有效地引导公众，阻止谣言和流言的肆虐。传统媒体同样在舆论引导过程中发挥着重要作用。总的来说，不管是新媒体还是传统媒体，都是政府进行舆论引导的渠道，从渠道自身认识的角度来看，他们都有着在舆论传播过程中独特的优势与不足，而政府应该协调各种渠道，发挥其各自的优势，更好地引导舆论发展方向。

第五，舆论引导效果。公共危机舆论引导的效果好坏是判断舆论引导是否具有成效、舆论引导目的是否基本达成的主要依据。当社会舆论总体趋于稳定，或是形成正向积极的主流舆论，将有利于公共危机的处理与解决，有利于社会的和谐与稳定。公共危机舆论引导的效果可以从公众的情况调查、舆情的监测、信息的收集等几个方面体现，其中对公众进行情况调查，可以最直观地了解公众在现阶段受舆论引导的情况、对政府的信任程度以及满意度。

在信息技术发展迅速的今天，舆情的监测、信息的收集都已不再是一件难事。不管是政府机构，还是企业部门，甚至是学术研究机构，都对舆情的监测、信息的收集开展了研究工作。如人民网、艾媒舆情、新浪舆情通、中南舆情等都开展了互联网舆情监测的相关工作，并形成了舆论监测的工作体系与作业流程，可以对网页、博客、贴吧、微信公众号、微博等各种网络媒介渠道发布的信息进行监控，并通过自动化的统计与分析，形成舆情监测报告，从统计分析数据的角度展现舆论引导的效果。

2. 突发危机事件舆论引导机制的动态演化

通常以议程设置理论指导舆论引导的动态演化与实际应用。这种舆论引导的本质是一种双向沟通，但又不是普通的双向沟通，原因有以下几点：

一是主动性。它可以直接根据主体的需求设置讨论的重点。议程设置是为形成舆论而设定的，是为了达到某一目标而有目的地引导公众围绕某个话题展开讨论，让公众在讨论中形成符合其目标的结论，从而形成一致的舆论。从话题的提出、话题的互动，到舆论的形成，以及接收与反馈等步骤，都明显表现出了其主动性。

二是灵活性。突发情况下可以进行话题调整，从而引导公众改变话题。由于舆论事件发展的变化，或是在有不法分子散布谣言的情况下，为避免广大公众受到蒙蔽和欺骗，政府应在现实证据、实事求是的基础上，及时发布正确的舆论信息，或者适当地转移话题，使舆论重心回到有利于社会和谐稳定发展的方向上来，最终形成有利于社会、国家的舆论。

三是更具有实战性。在新时代，舆论环境总是复杂多变的。在舆论形成的过程中，可能会遇到一些别有用心之人的攻击，又或者是受到被蒙蔽的公众的误解，面对这些棘手的问题，政府相关部门可以通过完善的议程设置，巧妙地进行舆论引导，让那些别有用心之人彻底失败。

而在应对突发危机事件舆论引导的实际应用中，本书提出了 IGA 循环公式［见式（7-1）］，希望以此加强议程设置理论在舆论引导过程中的实际应用：

$$I_n = G_m \times A_i (m = 1，\cdots，4；j = 1，\cdots，10) \tag{7-1}$$

其中，I 指发起话题（initiate topik）；G 是突发危机事件等级（grade），分为特别重大、重大、较大、一般四个等级；A 是引导的能力（ability），以 1 到 10 对其进行划分。根据式（7-1）可知，政府应进行的发起话题舆论引导数（I）等于当前突发危机事件的等级（G）与当前舆论引导主体的引导能力（A）的乘积。但是如果舆论没有得到有效控制，甚至有扩大、恶化趋势之时，其突发危机事件的等级就会上升，舆论引导的主体也随之改变，需要引导能力更强的引导主体来进行舆论引导。

（1）发起话题。

根据议程设置理论，在舆论引导的动态演化过程当中，先要发起话题讨论，只有通过良好的话题讨论才能开始舆论的引导，才能在舆论形成初期就牢牢掌握舆论的动向。并且，当前，时效性是非常重要的，作为话题发起者的政府，不仅可以在官方网站或是官方报纸、电视上发布，还可以更快捷地通过微博、微信等媒介平台进行话题的发起、事件的发布，从而更快地对舆论产生影响。例如2018年中国互联网舆情分析报告显示，随着治理能力的现代化和精细化，公共管理领域的负面舆情比例大大减少。但社会矛盾类事件的数量和舆情压力上升显著，网民批评的矛头逐渐从“公共政策”转向“公序良俗”。互联网公司、“互联网+”企业也成为网民关注重点。这些权威统计资料可以给我们提供一定的数据支持，来确定当前的舆论热点大方向；确定了舆论热点的大方向也将更有利于开展舆论引导工作。

按照事件的发展顺序，可以把这个发起过程分为以下几步：

第一步，总体审视，在明确了热点大方向之后，再根据当前发生的事件和以往的经验大概判断出这个事件会不会获得关注，会不会造成舆情泛滥，实时监控分析。要明白政府相关部门在这个事件中扮演什么样的角色，是事件的发布者，还是事件的辟谣者？还需要明白通过政府发起的话题讨论会造成什么影响？在此次事件中，是否还有其他势力介入？我国政府应该如何应对？这些都需要提前做好预案和计划。这样可以大大节省时间，因为公共危机事件具有偶然性，那话题的发起也必须具备时效性，才能跟上舆情的发展节奏。

第二步，确定目标人群。针对突发危机事件造成的影响，首先要准确定位目标人群。一部分是该危机事件直接影响的人群，也就是当事人群体；另一部分是这个讨论话题引起热议之后，面向的公众人群，这其中既有与公共危机事件紧密联系、与自身利益密切相关的当事人，也有与事件本身并无联系但心怀正义想追寻事件真相的旁观者，还可能有心怀叵测，意图破坏社会稳定、散布谣言的不法分子。对不同的目标人群应该选用不同的应对方案，因此确定好目标人群才能更准确地对其进行引导。

第三步，制定议题。制定议题需要找到切入口，可以从以下三个方面入手：其一，民生性，因为越是与民众自身息息相关的话题，越能引起公众的关注，而政府应该以民生为己任，以关心老百姓的日常生活为工作重心，以维护社会的和谐稳定为工作目标，因此发布与广大公众生活息息相关的话题是个不错的切入点；其二，时效性，发起话题讨论必须选择近段时间以来的突出问题，是对还没有形成统一看法的新事件进行发布，如果公众已经通过其他途径了解事件经过后，政府才进行信息发布，就很难令公众满意；其三，事件性，相比于单纯的事件新闻，一个具有一定故事性的话题想必会更容易引起公众的关注。

（2）话题互动。

在舆论引导的动态演化过程当中，进行话题互动是第二步。发起话题只是开了一个头，如何通过不断互动、沟通、更新、运作，在社会上扩大其话题影响力，才是成功引导舆论的关键。

在传统媒体时代，互动是传统媒体贴近公众、扩大其影响的重要手段之一。比如像报社等新闻媒体在发表一篇重要新闻时，往往会对受事件影响或处于事件范围内的民众进行采访，在新闻事件发布之后，还会采访另一部分与此不相关的民众了解其对此事的看法，通过谈话反映某一现象或问题，形成一定的舆论。

而如今微博、微信等网络平台使话题互动成了一件更轻松的事。在这种情况下，作为发起方的政府应该掌握自身在各个新平台上的主动权，建立官方账号，以便更好地掌握互动的节奏，在合理的时间点通过证据和事实真相，一步步地把事件深入下去，而不是只在事件发生之后简单地公布所有已知的信息，而不再对事件的发展进行及时发布与更新。如果在发布话题之后就不再深入推进，视公众于无物，当公众得不到正面回馈时，会容易产生不信任、气愤等负面情绪，不利于舆论引导工作的开展。所以，在话题互动这个环节，发布者应跟进言论，除客观、具体地阐述事实之外，发言人还可以站在社会公众的角度附上一些观点与看法，达到亲民的效果，形成相对一致的看法与意见，进而引导公众走向正确的方向。

（3）接收与反馈。

在舆论引导的演化过程当中，接收与反馈是最后一步，在发起话题、话题互动之后，公众已经对这个话题有所了解，互相之间进行了讨论，随着大家意见的不断磨合，最终形成统一的“民意”，通过“民意”可以看出广大公众的意愿与看法。

作为话题引导者的政府及时给予正面回应与引导非常必要，肯定正向的民意，回答民众提出的问题，整合并引领这股民意在社会上产生正面影响，完成舆论引导目标。

3. 公共危机事件舆论引导机制主体间的博弈与协同

舆论引导机制中各主体之间的关系并不是一成不变的，不存在固定的搭配或者合作，往往会根据某些事件的性质或者发展趋势而产生不一样的结果，这其中就体现了博弈与协同的关系。

当前社会舆情主要围绕以下几方面：①群体利益相关的热点事件，如食品安全事件、股票大跌、P2P“暴雷”等；②某些社会矛盾引发群体性事件，如讨薪、上访、罢工、维权等；③网友持续关注的话题，如新冠病毒的变异、俄乌战争等问题；④对社会产生不良影响的企业、娱乐新闻等引发网民大量负面情绪的舆情。按照引导主体可分为以下两种：

（1）政府+媒体引导公众。

总结近年发生的这些热点舆论事件，我们可以发现其中大部分热门话题还是由政府主导、媒体宣传，公众获得信息，这说明我国现在也正在致力于用合适的方法引导舆论。因为网络媒介的快速发展，网络舆论门槛不断降低，使得网络上的虚假舆论消息增多，根据其发布者的主观性和随意性，公众在遇到了大量舆论信息时难免会产生疑惑，这时由政府出面引导传统媒体与网络媒体发布消息，将会大大吸引公众的眼球，因为政府的权威程度和可信度都很高。

但与此同时，因为网络环境的复杂，大量繁杂的信息充斥其中，公众对信息真假的识别能力较低，在这种情况下就容易被虚假的舆论所带偏，为了符合社会和谐稳定的需求，不让公众受到蒙蔽，政府领导下的媒体就需要主动引导舆论，抢先一步获得主动权。

例如在杭州 9 月份举办的 G20 峰会，在那段时间里“G20”成为舆论热点，是公众们最关注的话题，在这种情况下，我们可以发现政府进行了大力的宣传引导。据统计，有关“G20 峰会”的报刊发布了 3.6 万篇报道，新闻介绍的篇幅更是达到了 60 万次，报刊和新闻属于传统媒体范围，很大程度上反映了政府的态度，在政府的大力引导下，有关“G20 峰会”的舆论一直都是积极向上的，公众也得到了想获得的信息，这是一个很成功的案例。

（2）公众+媒体寻求公道。

舆论不仅仅只有一言堂，在这个崇尚言论自由的时代，舆论的管理难度也是愈发加大，公众的消息来源也不再单一，面对不实的消息，公众会进行质疑，面对不公的事件，公众会通过各种途径寻求帮助，就是公众通过媒体的力量来维护自己的权益，这一方面反映出公众维权意识的提高，另一方面加大了舆情管理的难度。

7.2 网络舆情治理能力提升路径

任何领域、任何阶层的问题都可能成为现代化进程中社会矛盾和网络舆情危机的导火索。政府单一的力量和单向的管理体制已不能适应当代网络舆情治理的需要，要推动政府、媒介、社会组织及公民共同参与，实现网络舆情体系的动态平衡。必须加强和完善党的领导，构建党委领导、政府负责、多方协同参与的实践路径和策略选择；在国家治理体系中政府依然非常重要，是网络舆情治理的主要主体；社会组织是网络舆情治理的辅助力量；新闻媒体是网络舆情治理的主要宣传者；社区组织承担着化解基层社会矛盾的重任。

7.2.1 网络舆情治理的纵向体系与合力构建

构建以公权力为主导、多元主体协同，由舆情监控、干预、问责等机制构成的立体式网络舆情治理体系是舆情治理的方向。特别要重视网络舆情治理的科学性、有效性，坚持价值理性与工具理性的统一。其中，依法治理是衡量当代政府现代化治理能力和水平的重要维度。但依法治理绝不仅仅停留于“科学立法、严格执法、公正司法、全民守法”十六字上，而是要形成一套系统化、智慧化、现代化的治理体系。

所谓系统化就是要考虑到网络舆情危机演变的各个环节，有针对性地建构舆情治理体制，建构一套完整的网络舆情监控、预警、公关、协调、反馈等机制。积极吸收以往经验的有益营养，有系统的原则、标准指导，避免片面化看待与应对网络舆情问题，不能将网络舆情治理看作暂时的、应对性的策略，而是要立足于广大人民群众的根本利益，在源头和过程中边梳理边治理。

所谓智慧化就是充分利用现代大数据与人工智能的优势，建构电子政务服务体系。网络舆情是一把双刃剑，既给政府治理带来了挑战和威胁，也为政府治理提供了新思路。通过网络舆情的监控与信息反应，领导层可以随时考察与了解基层政策执行的实际状况；基层群众的意见和诉求可通过网络舆情扩散和传播，促使中下层行政人员无法回避或忽视相关利益者的诉求。

所谓现代化，一是技术和手段的现代化，是新时代对电子政府与电子办公提出的新要求；二是治理体制的现代化，要求网络舆情治理机制能够经受住各方面的挑战，满足各领域、各阶层、各组织迫切的需求；三是政府治理能力的现代化，要求当代政府深化体制改革，破除传统管理套路，努力提高自身整体治理水平，倡导科学行政、民主行政。

1. 中央层面

（1）加强网络舆情治理政策的顶层设计。

网络舆情治理要兼具公众诉求和政府维稳需求，两者都需要纳入法治化的轨道。法律本质上是维持社会制度与秩序的最低标准，也是个体行为的最低行为准则，加强网络舆情治理政策的顶层设计关键要建构与完善互联网相关的法律法规体系，以确保政府治理有法可依。尽管网络舆情的诉求具有复杂化、多样化的特征，但这些诉求的内容都源于现实，也只有在现实中得以解决才能平息网络战场的硝烟。无论是网络舆情战争还是现实的矛盾，都受现实的法律和公共政策的规范及制约，法律和公共政策是评判公民和网民诉求的最基本的准绳。

因此，网络舆情立法工作首先要转变网络立法的观念，面向全社会培育法治理念和思维。网络舆情治理政策的顶层设计要坚持几个基本的原则：一是以公共利益为准则，将维护公共利益和实现民生幸福置于首位；二是以推进网络可持续发展和网络安全为导向，立法要立足长远，对恶意破坏正常网络秩序的言行要坚决打击；三是坚持科学性与民主性原则，公共政策设计要充分尊重和考量各方的发言权，对立法和公共政策的议题要大胆假设，谨慎求证；四是要坚持可操作性原则，坚持规范性、技术性与行政管理相统一；五是树立共同的目标指向，培育和践行富强、民主、文明、和谐、自由、平等、公正、法治、爱国、敬业、诚信、友善的安全保证核心价值。

（2）注重网络舆情治理政策的衔接跟进。

确定网络舆情治理政策方向性、目标性等问题后，网络舆情治理还要注意政策衔接与跟进问题。

具体来说，一是要建构网络舆情信息收集与分析机制。建构舆情信息机制是加强执政能力建设的一项重要工作。一些网络舆情危机的发生首先源于网络舆情研判力不足，部分地方政府官员本以为这些网络舆情或热点只是民众一时的情感发泄，会随着时间的推移逐渐被淡化，低估了网络舆情的效力。事实上，网络舆情是各种舆论、舆情的集散地，也是思想舆论碰撞的场地，需要建立专业的信息追踪与研判机构，辨别潜在网络舆情危机的信号，收集与分析网络舆论领袖的意见和诉求。要对网络平台的信息进行把关，以提高网络信息的真实性和可靠性。在处理信息屏蔽的问题上，要明确行政监管是必要的，但必须要有一套较为具体的标准。在处理较为敏感的信息时，不能简单粗暴地以直觉或经验作为评判依据，而是要充分尊重网民言论自由的权利。信息研判的工作人员必须经过严格而专业的职业训练，能够仔细辨别网络谣言和合法的自由言论，营造良好的网络舆情环境。

二是要建构专业的网络舆情预警与引导机制。通常情况下，网络舆情监控机制会对捕捉到的信息进行类别和属性的划分，不同的网络言语归属于不同的预警类别，具有不同的预警等级。这是一整套完整的体系，包括预警类别、预警等级、测量方法及测量指标等内容，这个复杂的过程通常需要专家、政府工作人员、技术人员、公民代表等共同参与。针对不同类别和不同等级的网络预警信息，网络舆情预警和引导主体应该商讨和制定出不同的应对方案和解决策略，以供网络舆情危机暴发时选择。为了避免不良网络信息的传播和带来的恶果，一些恶意的谣言或具有攻击性、污蔑性的言语将被辨别出来，并有必要对这些信息进行隔离和屏蔽。

三是要建构政府公共关系应急机制。其一要积极搭建利益相关者的对话平台与沟通渠道。在网络舆情危机暴发后，政府部门应邀请相关利益代表者进行座谈，及时了解网络舆情危机的实际情况、当下开展的工作及可以展开的工作等，要特别注意分析意见领袖的看法。其二要及时公开相关信息。政府部门要通过新闻发布会等在主流媒体上发声，以积极的态势介入网络舆情领域，掌握网络舆情的主导权，尽量减少信息屏蔽等引发的摩擦。其三是要积极引导舆论，对一些网络造谣、恶意攻击等要坚决予以打击，让相关利益者共同参与现实社会问题与矛盾的解决，对政府方面单向决策给民众带来的损失和伤害，要给予适当补偿。

四是要建构网络舆情反馈机制。危机生命周期理论表明，网络舆情危机同其他社会危机一样，在不同程度上都会残留一些次要的矛盾，这些矛盾可能会因为该社会危机的消除而暂时被压制，但是会积累潜伏下来，寻求下一次转性的尝试。政府部门要高度重视评估反馈机制建设，对公共事务负责到底，将网络舆情监控与预警机制纳入常规化的日常行政中。反馈部门的主要任务是深入基层，及时了解公共政策实际的开展状况，将收集到的信息进行汇总与整理，再以报告的形式反馈给高层领导者，供其在决策或处理类似事件时参考。由于信息反馈对政府绩效产生的影响并不直接，长期以来，该板块一直被忽略。实际上网络舆情反馈机制具有重要的作用，它可以继续监控、甄别潜在的次要矛盾，将其限定在可控的范围内，防止其成长或进一步扩大化。

2. 地方政府

地方政府具有中央政府所不可替代的管理地方经济和地方公共事务的职能。地方政府在国家层面和基层之间起着承上启下的作用，处于两个层级的夹心地带，扮演着政策执行者与政策制定者的双重角色，同时也是政策信息上传下达的关键枢纽。在社会矛盾处理中，地方政府时常成为社会矛盾和社会冲突的聚集点。

（1）注重自媒体的宣传引导。

地方政府介入自媒体引导需要注意以下几个问题：一是要把握信息处理的度，既不能让负面的舆情信息在虚拟世界泛滥成灾，也不能取缔所有的不利于政府的言论。中间层级政府代表了政府的整体决策，须体现政府为民服务的根本立场，对于政府的过错要主动承认，实事求是地对待自媒体上的信息。但对一些恶意抹黑的网络言论绝不放任和姑息。在引导自媒体时，政府部门既要给公民自由言论留足空间，也要积极介入舆情宣传，争取网络舆情引导权。二是要争取自媒体平台的主动配合。自媒体自身对网络舆情具有净化作用，网络舆情危机发生后，政府要改变以行政化手段或以命令方式要求相关自媒体平台无条件配合与服从的观念，而是要给予自媒体一定的自主权和管控空间。在处理网络舆情问题过程中，政府要明确服务者而非统治者的角色定位，展现其在舆情危机处理过程中的诚恳态度，和谐处理与自媒体平台方的关系。三是注意舆情引导的及时性与有效性。地方政府及部门介入舆情治理要抓住时机，在民众迫切需要政府回应的时候站出来对事件的处理进行表态。一方面，政府可通过官方声明在主流媒体上回应民众的诉求；另一方面，可与自媒体展开合作，在各大自媒体平台上加大宣传力度，引导网络舆情的走向。

（2）提升宣传思想工作质量。

在开展网络舆情引导工作时，政府部门要改变陈旧的行政观念。首先不能将公民总是看作受教育者。网络之所以成为公民与政府争取话语权的战场，一个重要原因是它具有平等性，抹去了现实中行政管理者与行政相对人的不平等地位。网民们提出的诉求不乏合理性，一些利益诉求本身是行政行为不当造成的。在做思想工作时，政府不能视自己高人一等，也不能将自己视为绝对的权威。相反，利益诉求者拥有理性思维和维权意识。只有摆正宣传对象和宣传主体之间的关系，重塑政府与民众之间的信任，相信网民，网络舆情工作才能取得实质性成效。其次，要打破官僚话语的垄断。现实生活中，一些政府部门的政策偏差给部分公民的生活带来了困扰，但部分政府部门却碍于面子或为了保住行政绩效不愿意承认自己的错误或不愿及时纠正。地方政府的强势可能会在短时间内维持社会秩序的稳定，却积压了潜在的社会矛盾，一旦自媒体上出现不利于政府的言论，公众各种不满情绪就会倾泻而出。最后，要避免套用惯用的官方话语。话语的选词和用语在一定程度上反映了话语主体的态度和认知。在宣传政府思想时，要特别注意宣传话语的选词与用语，这是一项技术性的工作，需要专业人员执笔。因此，政府部门要加大对相关领导干部的专业培训力度，在与网民交流与宣传过程中，要加强政府与网民沟通的亲切度，提升领导干部的公共服务水平和质量。

（3）及时疏导网络舆情危机。

地方政府是中央政府和地方个人及团体的中介，也是诱致性制度变迁与中央政府强制性变迁的转化桥梁，在网络舆情危机的疏导中具有举足轻重的作用。它是上级政策指令和下级政策反馈的中转站，具有较强的信息敏锐度，在信息掌握度上，其掌握的信息较为全面，能够基本还原事实的经过。在反应速度上，能够先于决策层获取信息，信息敏感度较强。就疏导网络舆情危机的资源而言，它掌握着较为丰富的行政资源，既有本级的行政资源，也可以调动基层行政资源。但在处理网络舆情危机时，地方政府及其部门需要注意以下几个问题：第一，转变原有的被动舆论引导观念。从舆论宣传与引导的特质来说，及时性是影响宣传效果的一个重要因素，舆情治理要抓住关键的时间节点，有的放矢。这就需要破除一些政府部门长久以来存在的救火员思维，需要政府以一种积极的态势加入舆情危机治理中。从现有的网络舆情危机案例来看，很多案例中政府事后才采取补救行为，一些地方政府未能及时引导舆论走向，以至于错过了最佳的网络舆情引导时机。第二，以疏为主，尽量少堵。舆论舆情治理要抓住有利时机引导，让公众冷静下来理性思考问题，一味堵住众人之口在现代行政体系中是行不通的，反而会遭到更多人的反感和抵制。这就需要政府部门尊重客观事实，公开相关的信息和处理过程，澄清事实真相，防止造谣，在充分沟通的基础上，与网民达成共同的解决方案。第三，要以人为本，尊重相关利益群体的基本权利。网络舆情危机是社会矛盾白热化的一种表现，政府在处理这些问题时，要调节好自身的负面情绪，安抚民众，充分尊重相关利益群体的发言权。第四是要采用多样化的柔性手段促成官方舆论宣传，行业自律、公民守法、提高网民自律等宣传都可以成为疏导舆情危机的辅助工具。总之，地方政府部门要发挥好自身的中间优势，做好舆情的引导和宣传工作，为基层人员主动介入与线下处理舆情危机争取时间，创造有利的舆情环境。

3. 基层政府

基层是滋生网络舆情与矛盾的原发地，基层政府具有保护诱制性制度安排及根据本地实际情况转化或选择强制性制度安排的双重功能。基层人员应对网络舆情的态度直接关系到网络舆情的发展态势。从官僚体制看，基层最接近利益相关者，与利益相关者有直接的接触，同时也容易招致利益相关者的厌恶。

（1）利用大数据提升舆情研判能力。

尽管网络具有虚拟的特性，但网络信息的传递仍然会留下一些痕迹，这些痕迹可以串联成某一特定网络舆情传递的链条，为决策部门寻求解决途径提供参考。对基层执行部门来说，一是要建构舆情信息分类系统，依据不同的标准对捕捉到的舆情信息定时、定点、定向地进行归类和解读。尽管网络舆情信息繁杂，但它们之间仍然具有普遍性和相似性，可以进行归类处理。二是要判断信息的真伪，现代人喜欢快餐式地咀嚼网络信息，来不及或懒于分析信息背后的真实性，或缺少做出正确价值判断的必要及关键信息，部分网民易受到信息传达的感性因素影响，容易跟风或从众。基层政府人员要对关系到人民切身利益或当下具有较大影响的网络信息进行证实或证伪。三是要采用灵活化、多样化的信息研判技术和方法。政府基层工作人员在舆情信息收集时，要注重文本分析、语义分析、情境分析、模型分析、编程译码等方法的运用，捕捉舆情信息链条，培养对舆情信息的敏感度，既要密切关注当前公众关注的热点及重点问题，也要重视非正式渠道传达出来的利益诉求，坚持有效性、准确性、全面性、连续性等原则。四是要注重分析舆情信息背后的逻辑关系和因果链条，弄清舆情信息内部的结构和缘由。舆情信息分析绝不是简单的面板数据分析，而是要找到引发舆情和舆情扩散的缘由，只有找到造成网络舆情扩散的根源，政府才能有针对性地开展网络舆情引导工作，消解舆情危机。

（2）加强对舆情工作人员的培训。

网络舆情治理的现状表明网络舆情管理是一项专业性的技能，这要求进一步加大对基层工作人员的网络舆情技能培训。这种技能培训既包括理论知识的学习，也包括实践层面的操作。从理论层面看，基层舆情工作人员应了解网络舆情治理的基本原理、网络舆情扩散和网络舆情危机演变的机制及过程，把握网络舆情演化的关键节点。在此基础上，要了解现有网络舆情治理的整体架构和体制，明确自身所扮演的角色。同时要辅之以公务员职业道德培训，深化对公共利益和人民根本利益的认识。理论学习后，舆情培训要注重结合实际，增强基层工作人员的操作技能培训。一方面，操作性和案例性教学有利于加深工作人员对理论培训的理解；另一方面，实践性教学还原了真实的网络舆情治理情境，通过学习式培训，有利于及早发现网络舆情治理中存在的问题，通过“头脑风暴”等方式探索解决问题的办法。

（3）加快网络舆情平台建设。

我国国家治理善治目标的实现最终要靠广大基层部门去落实，回应是国家善治的重要元素之一。基层部门应积极提升舆情应对力，搭建网络舆情平台，及时回应公众诉求。一是要建构辖区范围内的网络舆情监测系统、预警系统，制定网络舆情危机应急方案。二是要搭建与拓宽网络舆情沟通平台，在政府官方网页上增加意见或信访板块，让民众在遇到问题而找不到对口部门时，能够通过网页综合服务等平台表达自己的观点。三是提供网络舆情信息指南，能够及时准确地帮助利益表达者有效地找到对口部门解决问题。四是拓宽其他公民参政的渠道和平台，通过设置领导意见箱、基层工作人员工作意见反馈机制等提高基层工作人员的办事效率和质量，同时也减少流入网络领域的负面信息。目前各省市已经设立了“12315”市长热线等，在很大程度上发挥了“市场卫士”“前沿哨”的作用，为广大公众解决了“投诉难的问题”。

7.2.2 加强与新闻媒体的沟通互动

网络舆情多中心治理有几大关键的参与主体，除政府外，对网络舆情影响最大的主体是媒体，它们在一定程度上重塑了公民的价值观。

1. 提升网络宣传平台的引导能力

舆情疏导以主流媒体为基础，政府应高度重视官方网络宣传平台建设。一是要破除公众心中长期以来存在的地方媒体高高在上、为政府说好话的形象。一方面，官网报道多是与政治主题相关，让一些老百姓产生了官网报道远离自己生活的印象；另一方面，在老百姓的刻板印象中，地方媒体就是政府的喉舌，只会为政府说好话，夸大地方政绩，让人质疑信息的真实性。二是注重与民互动，也就是要接地气。随着电子政务的开展，一些地方政府已经开通了官方微博等平台，与网民进行互动，及时解答公众的疑问，回应公众诉求，越来越亲民化。三是拓宽官网与民众互动的平台，加强与非官方媒体的交流与合作。目前官方开通的与民互动的网络平台十分有限，还远远不能满足不同利益主体诉求的需要，而自媒体等提供了大量公民反映意见的渠道与平台。四是要建构公民网络隐私保障体系。对于一些网络检举揭发行为，媒体方要对网民的隐私严格保密。五是要严格执行行政回避制度，对于网民检举揭发的事件不能由利益相关的行政部门处理，而是由独立的其他部门介入调查。只有坚持客观、公正的原则，地方媒体才能赢得老百姓的信任，传递信息的影响力也会大大增强。

在信息全球化浪潮中，国家控制下的国际传播既要遵从信息化自身历史发展的逻辑，又要确保信息主权不受他国的践踏。为此，我国必须积极参与国际舆论的议程设置，掌握国际舆论的主动权，借助国际化的媒体反向进行“二次传播”。当前形势下我国媒体要充分把握好“一带一路”倡议，以“构建人类命运共同体”为主题，在国际传播中形成具有中国特色的话语体系，从宣传内容、对象、渠道等方面重构国际话语权。

2. 建立政府与媒体的双向沟通机制

政府与媒体的关系十分微妙。对政府来说，媒体是一把双刃剑，既可以成为政策宣传的手段和工具，也可能丑化或抹黑政府。正是因为其潜力巨大，媒体也时常成为政府重点管制的对象。而政府对媒体信息的过度控制又会导致公众对主流媒体的不信任，进而损害政府形象。尽管媒体具有相对的独立性，但在公共领域，媒体对政府仍然存在着依附关系。政府通过行政化的手段，对媒体设置了各种行政门槛，并密切监控着媒体的报道。但凡比较敏感的报道，媒体都较为谨慎。媒体与政府之间存在着张力，社会危机生成的不同阶段和时期，政府和媒体占据的位置有所不同。在网络舆情危机发生前，一些媒体先行介入舆情中，与政府缺少有效的沟通。网络舆情暴发时，在与政府打交道的过程中，媒体时常处于被动地位，难以获得有关的资料和信息，政府时常以保密的形式或冷处理的方式回绝媒体的采访。而在一些网络舆情危机暴发后，部分地方政府还会封锁各大媒体关于该事件的报道，媒体对该事件的介入通常是在政府召开新闻发布会后。一些媒体社会责任感不强，只强调报道的速度、新闻的热度和新鲜度及如何吸引公众的眼球，一些新闻报道不考虑其消极社会后果便匆忙发出。这些负面报道将损害政府形象，给政府治理增添很多麻烦。

政府和媒体具有良性互动的必要性和基础。对政府来说，与媒体良性互动可以及时有效地消除网络舆情危机的负面影响，重构政府形象，加强政府与公民间的信任，有利于在第一时间传达政府的声音，稳定公众心理、消除社会恐慌、破除社会谣言。更为重要的是，媒体可以通过赋予议题不同的显著性值影响人们对事件重要性的判断。此外，它还有模范宣传与社会动员的作用，可以有效调动公众团结起来一起面对危机。而媒体在公共场合，不仅要尊重客观事实真相，也肩负着社会责任。作为公众舆论的载体，媒体报道要人们更加明辨是非，传递的信息始终要以人民的根本利益为基点。在舆情危机中，公共利益奠定了政府和媒体合作的基础，媒体应该以大局为重，辅助政府维持整个社会秩序的稳定。为此，政府和媒体应当共同努力，营造良好的信息管理联动机制。双方都应坚持公开、客观与沟通原则，积极搭建合作的平台，共享信息资源。对政府来说，要加强新闻立法工作，以制度和法律的形式将政府与媒体合作明朗化、明确化，保障媒体工作者的合法权益，同时建构网络舆情危机中政府与媒体的紧急预警机制。在双方矛盾冲突领域积极搭建对话平台，邀请相应的群体和专家对目前遇到的难题进行论证，共同探讨解决问题的办法。

3. 提升信息宣传的适时性和真实性

在宣传层面，还需强调信息宣传的适时性和真实性。适时性与真实性是现代媒体两大基本的职业要求，对宣传机构而言，及时性和客观性反映了机构的整体质量和水平。值得注意的是，报道速度快并不一定意味着信息质量高，一方面报道过快，报道内容的论证时间会相应缩减，信息的客观性和准确性就会大打折扣；另一方面，在信息报道过程中，新的情况会不断涌现，而后期出现的行为完全有可能打破先前的格局，降低先前信息的真实性。

信息宣传要强调适时性与真实性并重。所谓的适时性就是强调要在恰当的时间节点上进行信息宣传；所谓真实性就是要以科学和事实真相为依据，宣传发布的信息是经过科学论证、经得起考验的。在舆情危机演变的整个过程中，政府的宣传都需要尊重以上两条原则。在舆情危机生成的初始端，信息的科学性和真实性是破除谣言最有力的武器，政府应围绕公众争论的内容普及知识或举行座谈会。舆情危机暴发时，政府应当在第一时间表明以人民根本利益为中心的立场和态度，启动紧急预警方案，召开新闻发布会。舆情危机暴发时通常是公众反感情绪高涨时，这一阶段政府要特别注意安抚民众的情绪。接下来政府需要邀请利益相关群体代表进行座谈，并将座谈达成的协议及与事件相关的信息公之于众。舆情危机处理过程中，政府的宣传要尊重客观事实，倘若弄虚作假，只会加剧社会矛盾。当政府与其他社会组织及公民达成一致见解后，政府应当及时履行自己的承诺和职责，避免舆情危机再次兴起。

7.2.3 注重吸纳社会组织协同参与

社会组织具有桥梁衔接、技术处理等优势且和政府共生于同一体系。网络舆情的暴发通常具有联动效应，政府与其他社会组织之间会产生互动和影响。当庞杂的公共行政服务无法覆盖社会的每个角落时，往往需要借助专业社会组织的力量共同治理。同时，与政府合作也是社会组织合法存在并充分发挥舆论引导作用的前提。

1. 吸纳社会组织嵌入舆情治理

合法性、自主性、自律性及服务性是社会组织的基本特征，社会组织在弥补市场和政府的不足、纾解社会矛盾的过程中发挥着不可替代的作用，它可以促使社会更加包容、多样、和谐。但社会组织嵌入治理是一种新兴的治理模式，政府在该方面的尝试和经验并不多，也无经验可循。第一，社会组织嵌入定位较为模糊，在行政体制内，一些政府官员缺少对社会组织的了解，不知道应当把该组织置于什么样的位置，如何发挥出其专业优势。第二，社会组织在参与政府治理过程中，会触及政府以往行政管理的范围，有时需要行政权力的帮助才能完成相关的专业工作，部分政府在权力下放与权力集聚上拿捏不准。第三，社会组织参与政府治理会占用部分行政资源，部分政府部门的财政预算会相对紧缩，容易遭到内部工作人员的反对。

要吸纳社会组织嵌入舆情治理就必须突破上述难题。第一，政府要转变传统行政管理理念，尊重与重新定位社会组织在舆情治理中的地位。政府要强化对社会组织的认同，不再将社会组织视为行政管理的对象，而是视为合作者、治理的协同参与主体。第二，要完善社会组织参与舆情治理的制度保障。政府要想吸纳社会组织参与治理，就必须在政策上给予社会组织参与的优惠，同时降低社会组织参与的门槛。既要有社会组织参与的独立的财政预算或专项资金，建构政府购买社会组织服务的合作机制，也要积极搭建平台，完善政府与社会组织的对话和沟通机制。第三，以优惠政策吸纳社会组织参与。在落户、住房等问题上给予社会组织工作人员一定的优惠。工作中，给予社会组织一定的自主性，为社会组织专业性的发挥留足空间。

2. 培育社会组织参与舆情治理

合作共强是政府与社会组织的共同目标。它要求政府积极创造条件促成社会组织专业优势的发挥，同时也给社会组织留足发展的平台和空间。首先在政府内部要树立有限政府的观念，政府工作人员要认识到政府包揽一切不仅会使行政效率低下，服务质量下降，也很难让人民群众满意，社会组织可以涉足很多政府管理不好或管理不了的领域。对一些行政服务低效而社会组织恰好又具有专业优势的公共服务领域，应积极搭建平台，促成公共服务外包。社会组织对社会矛盾的化解具有润滑功效。在一些敏感的领域，特别是涉及较大利益关系时，由社会组织扮演政府和公民之间第三方的角色进行调节有利于公正地处理社会问题。一方面，社会组织相对独立于政府部门，较少与政府利益相关部门直接联系；另一方面，社会组织等法人团体具有一定的社会资质，一些社会组织具有认证资格，较原子似的个体而言更具有社会威信。例如在一些拆迁问题上，一些地方政府引入了社会工作组织，由专业的社会工作人员去给拆迁户做思想工作，最终取得了较好的成效。

政府培育社会组织参与舆情治理需要给社会组织留足发展的空间。舆情治理可作为政府治理中的子项目，但当下政府购买公共服务不同程度上出现了一些问题，社会组织在参与过程中出现了行政资源配备不足、行政审批烦琐、人事管理混乱、晋升天花板效应、政策工具选择路径依赖等困境。培育社会组织参与舆情治理需要政府理顺政社关系。一是要加强契约监控、实现过程管理，创造条件让社会组织参与舆情治理。二是要部门协作、保证政策落实，舆情治理通常需要多个部门同社会组织一同展开合作。三是要积极促进政社互动，改变自上而下的单向沟通渠道，建构自下而上与自上而下相结合的双向沟通体制。四是要建构一套完整的项目论证、项目执行、竞标、评估等体系，加强项目的科学性论证，严格把握竞标者的技术质量，防止社会组织参与舆情治理流于形式。

3. 提升社会组织舆情治理能力

社会组织参与舆情治理有多种方式。线上领域，在舆情信息监测上，由于网络信息覆盖面较广，仅靠行政部门自身无法全面捕捉到舆情信息，而社会组织的参与可以拓展网络舆情监控的范围，各大社会组织可在自身所属的领域或行业范围内建立舆情走向的数据库，同政府部门网络舆情监测一起，建构一套完整的信息共享平台。如一些行业协会可以自发组织起来，及时发现行业内的舆情走向，当发现舆情危机威胁时，及时与政府取得联系。线下层面，社会组织可发挥社会性的优势，同政府及媒介组织一起共同寻找舆情危机的解决方案。在政策决策阶段，社会组织作为中立的第三方，有利于民主决策及缓和政府与利益相关群体的冲突。政策执行阶段，社会组织可辅助政府稳定秩序，必要时发挥自身专业优势解决实际中遇到的难题。政府部门要高度重视社会组织能力的提升，在引进社会组织初期，对社会组织实行分类别或属性的管理，对一些强调技术性的社会组织要赋予他们一定的自主权。社会组织的加入旨在将社会矛盾消灭在萌芽状态，避免消极、负面的信息在网络领域流传。一些社会组织的工作可能并不能取得立竿见影的效果（如涉及帮扶对象心理方面的问题），在其业务范围内，政府不能干预过多，要给予社会组织足够的发展空间。此外，要建立和完善社会组织监督机制。任何社会组织在发展壮大的过程中，由于规模的扩大和结构的复杂化都不可避免地会出现一些偏差。为防止社会组织在舆情治理过程中偏离原有路线或违背社会组织参与舆情治理的初衷，有必要建构一套监督与纠偏机制，但监督与纠偏机制必须经过严格而谨慎的科学论证，并充分尊重社会组织的意见。

对社会组织来说，要积极在组织内部培育专业人才，增强自身的人才资本。人才资本能够降低交易成本，增强产出效益。社会组织要加大专业人才储备，创造各种条件，吸引人才进入组织。在人才选拔上，不仅要有量的要求，也要有质的提升。人才选拔时，应针对组织未来的发展方向和发展定位招聘人才，增强人才招聘的专业性和针对性。在人才的培养与职业规划上，社会组织应当有明确的服务或专业定位，打破晋升的天花板效应，为员工的晋升提供成长空间。组织要在员工培训上舍得投入，有条件的可邀请相关专家或行业模范等提供培训。另外，社会组织要不断拓展自身的社会网络，增强社会资本和自身的自主性。社会组织具有较强的社会交往能力，与多个社会结点相联系，向上与政府部门打交道，向下面向基层群众，具有较强的社会动员力。

8 公共危机协同治理模式及策略

公共危机协同治理需要发挥好政府的主导作用，统筹各方主体。在新形势下，政府作为公共危机治理的主导者，要对公共领域各方进行规范、有序的引导，形成公共危机治理的合力。鉴于公共危机的社会破坏性以及治理的复杂性，探讨如何构建公共危机协同治理机制具有重要的理论意义和现实意义。

8.1 公共危机协同治理模式理论框架

从理论上来看，公共危机事件协同治理是从多主体自治到共治的动态开放的过程。这一过程以各主体互动协同关系为前提，以网络化、动态化、结构化的组织结构为基础，各主体功能互补、强化意愿是关键，有效地选择和整合相应的协同机制是其保障，从而通过多元主体、网络结构、行为互动、机制选择以最终构建协同效应的理论框架。

8.1.1 公共危机协同治理的原则

1. 坚持党的领导

党的十九大报告提出了新时代坚持和发展中国特色社会主义的十四条基本方略，第一条就是坚持党对一切工作的领导。坚持党的领导是我国实现国家治理体系和治理能力现代化的根本保证，也是构建危机协同治理的基本原则；应坚持党的领导、人民当家作主、法治建设的有机统一，在基层党组织领导下完善基层群众自治机制。同时，我们致力于在公共危机协同治理中培育多元化主体，引导社会力量积极参与，整合社会资源，激发社会活力，实现政府行政管理、基层群众自治和社会力量参与的有效衔接和良性互动，将党的领导贯穿于突发危机事件协同治理的全过程。

2. 坚持依法治理

法律是治国之利器，良法是善治之前提。推进社会治理法治化关系到社会治理水平的提高，关系到中国共产党员执政能力提升，也关系到国家长治久安的实现①。“社会治理的核心是运用法治思维法治方式推进社会管理创新，要求清晰界定‘权力—权利’以及‘责任—义务’之间的关系：行使权力不得超越法定授权，必须符合法定程序，必须具备合理性和正当性，使权力不越权有监督，不滥用守诚信，做到尊重权利、恪守责任。”公共危机事件协同治理机制的运行，必须依靠法治来凝聚多元主体共识和社会力量，依靠法治来规范和约束主体行为，依靠法治来保障主体的公平正义。依法界定政府组织、市场组织、社会组织等多元主体的职责和运行边界，规范各协同主体的权责范围，构建起突发危机事件协同治理新机制。

3. 坚持民主协商

公共危机协同治理说到底就是政府、企业、非政府组织、居民、媒体等多元主体通过民主协商来共同解决突发危机事件的过程。任何一个历史阶段中的任何一种类型的合作，都必须建立在合作主体之间的平等的前提下。多元治理主体在协同过程中必须拥有平等的身份地位，这样民主的协商决策程序才能最大限度地发挥各自的优势，形成合力；又因为多元主体拥有不同的资源配备，掌握各自领域的先进技术方法，在公共危机事件协同治理中将会达到“2+2>4”的互补整合效果，实现整体效益最大化，完成公共危机治理的目标。此外，在民主协商过程中要突出权责对应，倾听各个主体的经济利益或社会利益诉求，激发多元主体的活力，实现公共利益最大化前提下的各方利益均衡，推动协同治理有序发展。

4. 坚持预防为主

坚持预防为主的原则就是要把传统的以危机处置作为危机管理工作的重点转变为将危机预防作为危机治理工作的出发点和关键点，把预防作为危机治理的主要任务和中心环节，认真研究危机产生的原因和条件，积极寻求化解这些原因和条件的途径和措施。运用信息化手段，加强预测、预警、预防工作，加强风险治理，通过对风险的识别、测评定级和处理，实现以最小的成本获得最大的安全保障，使危机暴发的概率和损失最小化。争取相关利益主体的最大支持度和最低反对率，兼顾相关连锁反应的可能损失，持续推动内外结合式的风险防范，平战结合，常备不懈。做到“主动防，科学管”，通过“主动防”做

① 何保东. 运用法治思维和法治方式推进社会治理创新 [J]. 青年与社会，2015（10）：82-83.

到情况清、底数明，通过“科学管”，实现风险应对的科学化和失误的最小化。

5. 坚持以人为本

坚持以人为本，要求各治理主体把保障人民群众生命财产安全和身体健康作为危机治理工作的首要目标，同时要求公众从被动参与走向主动学习，充分发挥主观能动性，群防群治，居安思危，依靠自身力量预防和控制危机。政府部门应建立起科学、高效的危机治理协同机制，提高科学指挥能力和应急管理水平，不断完善救助手段和安全防护举措，最大可能地削减危机造成的人员伤亡和危害。在危机协同治理过程中，充分保障公众的知情权，寻求公众的理解和支持，鼓励志愿团体和各类社会组织蓬勃健康发展，倡导以人为本的救助精神，形成一个温情的公共危机协同治理网络。

8.1.2 公共危机治理的协同主体分析

1. 政府在公共危机协同治理中的作用

参与公共危机协同治理的基层政府包括区政府、街道办事处和驻区单位等。政府在治理中权力运行方向和运行强度上要服从法律和治理的本质，要完成从管理到治理、从单一主体到多元主体的嬗变，因而也要完成从计划经济时期政府集中管理的“大政府、小社会”的行政体制向市场经济时期“小政府、大社会”的多元治理结构的转变。众所周知，政府拥有其他组织机构没有的资源和能力优势，在多元治理的要求下，政府在治理中的职能应重新定位，可以从以下几点考虑：

第一，宏观主导职能。“协同学”理论（希腊语：合作的科学）认为，系统参量可分为两类：绝大多数参量仅在短时间内起作用，其临界阻尼大、衰减快，对系统的演化过程、临界特征和发展前途不起明显作用，这类参量称为快弛豫参量；另一类参量只有一个或少数几个，它们出现临界无阻尼现象，在演化过程中从始至终都起作用，并且得到多数子系统的响应，起着支配子系统行为的主导作用，系统演化的速度和过程都由它们决定，被称为慢弛豫参量即序参量。协同学理论创始人哈肯提出役使（支配）原理：如果某参量在系统演化过程中能够主导新结构的形成，反映新结构的有序程度，它就是序参量。序参量在自组织系统演化过程中，起着十分重要的作用，通过对子系统的支配或役使作用，主宰着系统整体演化的过程。应用在公共危机协同治理系统中，我们应该明确政府作为一个重要序参量起主导作用，引导其他主体有序参与，但要在治理过程中规范权力运行边界，从宏观角度对社会发展予以指导，而不是过度干涉具体的微观层面。

第二，培育主体职能。由于我国社会组织、志愿团体、公民等的自治能力尚有欠缺，难以迅速承担起政府下放的职能，因此需要政府逐渐培育和扶持社会团体，鼓励社会组织加入社会治理，帮助其走向健全和成熟，培养公民的公共意识和自治意识，引导其积极参与社会治理，真正发挥“主人翁”的作用。

第三，环境建设职能。政府应建立良好的规章和制度环境，在组织体系、决策体制、管理系统、参与行动中制度化地纳入更多元的主体力量，为其他主体的参与提供合法性基础和参与规范。社会安全作为公共产品，具备非竞争性和非排他性，必然会导致供给的“外部性”，政府应创造公平有序的竞争与合作环境，弥补“市场失灵”的缺陷，鼓励各主体发挥自身优势，保证有效率和有效果地提供公共产品和私人产品，减少“搭便车”行为，实现资源最优组合。

2. 非政府组织在公共危机协同治理中的功能

非政府组织从广义上讲，是为执行一定的社会职能，实现特定的目标而有意识地组织起来的社会群体，具有一定的人口规模、明确的社会目标、相关的规范章程，包括政治组织、经济组织和除此之外的社会结社形成的“第三类组织”。从狭义来看，非政府组织指政治组织与经济组织之外的第三类组织，由于各国在文化传统和语言习惯上的差异，狭义的社会组织在不同国家有不同的称谓，比如“社会组织”“非营利组织”“第三部门”“志愿者组织”“慈善组织”等。非政府组织具有创新优势、贴近基层的优势、灵活优势以及效率优势，在现代公共管理的实践中发挥着举足轻重的作用。它有利于弥补市场失灵和政府失灵，加速社会转型，促进政府与社会的整合，形成对政府行为强有力的监督和制约。目前我国政府依据登记注册的形式，将非政府组织划分为社会团体、民办非企业和基金会三类。危机状态下，非政府组织一般情况下会主动承担社会责任，介入危机救助工作，发挥独特而专业的作用。

第一，非政府组织有助于整合资源，为居民提供更好的公共服务。社会上存在着大量的分散资源，如拥有各种技能和特长的人形成的人力资源、居民各自的闲置物品等物力资源等，这些资源在没有被集中整合时，处于零散、无效状态。在预防和应对危机时，非政府组织有能力迅速集中起所需资源，组织居民有序进行自救和互救，帮助弱势群体走出困境，凝聚民心。同时，还能通过机构的正式平台立刻展开募捐活动，为社会应对危机提供资金支持，充分调动民间资源，合理整合社会资源。

第二，非政府组织有助于丰富社会文化，促进危机文化的形成。社会精神文明建设是社会建设的重要内容，非政府组织具有民间性、自发性特点，可以以共同的兴趣爱好为纽带，开展丰富多彩的文化活动，居民在参与社会活动过程中，体现了自身价值，陶冶了道德情操，提高了公益意识和道德意识，同时也激发了居民参与社会建设的热情，推动了和谐社会文化形成。非政府组织动员居民主动学习危机知识，增强自我保护的能力，形成和谐的邻里关系，共同抵御危机、化解危机。

当然，非政府组织在危机协同治理中也面临一些困境。其一，“草根”组织合法身份缺乏。合法性反映的是一种被认可、被赞同的价值，它表明了某一主体具有被承认、被接受、被自愿服从的基础。对我国“草根”社会组织而言，合法性问题始终是一道难以逾越的障碍，表现在对社会组织的激励和保护不足，地位、职能、权利和义务不明确，参与危机治理时无章可循、无法可依、无例可循。其二，非政府组织公信力不高。我国提供服务的非政府组织普遍面临着公信力危机，具体表现在社会组织与政府的关系没有理顺，大部分社会组织在组织结构、管理体制、决策程序等方面都不健全。其三，非政府组织人才匮乏。萨拉蒙曾经提出慈善的业余主义来反映社会组织由于运作资金的限制，难以提供有竞争性和吸引力的薪酬及福利同企业竞争专业性人才，只能依靠具有奉献精神的志愿者，从而造成非政府组织服务的非专业性和业余性。而且有些非政府组织的志愿者来自五湖四海，流动性大，也制约了非政府组织的可持续发展。

3. 企业在公共危机协同治理中的地位

企业在常态环境下追求自身利益的最大化，但是在公共危机情境下，依然能基于对自身安全和利益的高度关注，主动参与到公共危机的治理中来。由于很多危机事件往往都源于企业的非理性行为，发生的地点也在企业运行的区域内，这时企业必须成为危机事件的第一目击者和第一应急者，尽力降低公共危机的威胁，保障自身的安全。同时，当重大公共危机暴发之后，企业也必然成为直接的利益相关者，其自身的危机管理素质的高低和抗逆水平的高低直接关系到能否实现对危机的有效治理。出于对承担社会责任和树立企业形象的考虑，它们也能积极通过各种方式为灾区提供资金、物资、技术设备、人员等援助。企业在突发危机事件协同治理中的角色主要包括：

第一，居民需求的提供者。现代城市中，居民的各种需求日益增长，从事不同行业的企业能有效提供各种产品和服务来满足居民多样化和差异化的要求，政府也可以通过购买的形式授权企业提供部分公共产品和服务，促进公共服务的第三方供给。同时，物业管理公司和商户也必须以居民的需求为主，提供更优质的物业服务和适合居民的产品，以获得更多的发展机会和更大的发展空间。

第二，危机技术的支撑者。企业是安全事故的危险源，当发生危机时必须要以专业的知识技能解决相关问题，而政府、非政府组织、公众等主体欠缺此类专业知识，如果不加注意，在救援时很可能引发更大的危机和灾难，所以必须要求企业参与危机治理。另外，在危机治理过程中需要通信、电力等企业的大力协助，使救援顺利进行，减少损失。

第三，社会发展的排头兵。企业蓬勃发展可以促进社会安全和发展，可以为社会提供资金、就业机会等，提升自主发展能力。企业在追求自身利益的同时，应兼顾社会责任，在危机状态下进行企业捐赠等志愿活动，承担相应的社会公益责任。

4. 居民在公共危机协同治理中的角色

在考量公共危机时，除了其本身的潜在危险，更需要关注社会公众的承受能力和抵御危机的能力，通常情况下，社会公众是公共危机直接威胁的对象，即“受灾体”。成功的危机治理无法离开公众的自我救治，公众自身的危机意识、危机防范能力和危机应对水平是公共危机治理的要件，因此必须将公众纳入突发危机事件协同治理系统。居民作为社会最重要的组成部分，要从被管理者转化为突发危机事件协同治理的主体之一，其作用表现为：

第一，提高居民参与度会有效降低危机带来的损害。居民一方面是公共危机事件的直接受害者，另一方面又是自救和互救的主力军。在专业救援力量到达之前，自救和邻里互救是最重要的救援方式，可以在黄金生存时间内降低人员伤亡和财产损失。在日常状态下，居民积极学习危机知识，培养应对危机的能力，也可以规避危险、保护自己。

第二，通过公共危机协同治理实现自我价值。根据马斯洛的需求层次理论，人们不仅要满足最基本的生存需要、安全需要等，也要满足更高层次的需求，如实现自我价值。调动居民参与危机治理，不仅增加了治理主体，而且有利于防范危机、应对危机，还使危机治理主体在治理过程中感受自身价值，实现人生目标。

5. 媒体在公共危机协同治理中的任务

媒体一直充当着政府与社会的中介角色，作为重要的信息通道，不仅起着信息沟通的作用，而且由于其社会影响的广泛性在公共危机治理中发挥着重要作用。互联网的广泛应用开启了新媒体时代，遵循开放、对话、共享的逻辑，强调个体或集体的主动参与，通过构建“小共同体”和多元共同体促进社会整合，鼓励自由发表意见和建议。媒体在危机中担负着沟通和传播的重要任务，往往会影响舆论和公众的情绪，良性的沟通促使协同治理机制更加有序、和谐地运行。媒体承担的角色如下：

第一，常态环境下危机知识的普及者。在日常生活中，政府或居委会通常会印发预防危机的宣传手册，组织防火逃生演习、地震演练等，通过媒体进行相关报道来扩大受众，提升危机知识普及的范围和影响力，使更多的群众能通过如广播、电视、报纸、互联网等不同的传播渠道，及时获取信息提高应对风险的能力。

第二，危机状态下信息沟通的调节者。危机发生后，媒体会对危机产生两种影响；一是收集和传播大量信息，为其他协同主体做出实时决策提供便利；二是放大信息或控制信息，阻碍有效信息的传播，渲染不利影响，造成民众的恐慌和不满等负面情绪，加大危机治理的难度。因此，政府应积极引导媒体发挥正面作用，运用立法和监督的方式来确保媒体在法律允许范围内，在考虑社会责任的情况下的独立运行。

公共危机的协同治理问题主要在于各参与主体角色和功能的差异，只有先确定其间界限，才能更好地进行权责划分，有序治理危机。目前，我国学术界关于公共危机治理主体问题的研究大多从以下两个方向开展：

一是，以政府为研究主体的关于各中央与地方、地方政府之间的府际协作治理等问题。鉴于公共危机事件的跨区域特性，其治理问题也必然会涉及各地方政府间的关系。我国在公共危机治理实践过程中，政府间的协作直接影响了危机治理的及时性和有效性，因此，能否建立科学合理的府际协作关系是危机治理成功与否的关键。府际关系指的是中央政府、地方政府之间存在的横向、纵向交叉的网络关系，纵向上表现为中央与地方之间的垂直关系，横向上体现为各级地方政府之间、政府各部门之间的关系。运用到公共危机事件治理中，就需要横纵交叉，形成府际间的协同治理。具体表现在两点，在横向府际关系上，地方政府间要树立府际协作理念，通过各地方政府的资源整合、权责划分等构建科学有效的府际协作机制，围着区域危机治理的最终目标进行分工合作，促进区域各地共同发展；在纵向府际关系上，要加强区域危机治理中的统一领导和综合协调，以国家应急管理部为核心，统一领导区域危机治理的总方向和总目标，各地区和部门积极响应配合，科学合理预防危机的发生，同时及时有效地处置危机及其善后工作。

二是，除了府际协作之外，社会主体参与突发危机事件治理也尤为重要。我国一直在鼓励和引导社会主体参与公共危机治理，并努力为其提供相应渠道，但受历史和现实因素的影响，其治理成效不尽人意。这凸显了我国公共危机治理实践上的不足，也不禁让我们思考如何使社会主体更好地主动参与危机治理，以及如何加强多元主体间的协同治理，尤其是政府与各社会主体间的协作。不可否认，政府作为我国危机治理的天然主体有一套较为完整的危机治理体系起着统筹主导的作用。各地方政府通过制定相关政策、签订合作协议、成立区域联合治理小组等方式，加强对公共危机的协同治理，以实现社会主体的有效参与，使得政府与社会主体间的协同治理落到细处、实处。

8.1.3 突发危机事件协同治理的动力来源

任何组织和个人参与突发危机协同治理都源于“利益”，可以是对个人利益的追求，也可以是对公共利益的追求。组织结构是为了实现权力设置的，反映各主体的权力和利益，因此要建立组织间良好的协同运行机制。应通过适当分权形成不同形式的权力结构，使之既相互制约又相互协调。了解权力机制内在的动力源泉，能帮助我们更好地建立有序的协同机制。

1. 利益驱动

社会的善治动力来源于多元主体对于自身利益的追求，在协同过程中实现自己的目标。个人或组织的生存发展需要通过追求利益来推动，揭示利益需求，有利于我们在公共危机治理的过程中更清晰地关注居民，做到以人为本，为居民着想；有利于规划决策重点，对社会资源进行科学的配置，为社会发展谋福利。协同治理中的多元主体为了满足自身利益，会促进利益协同机制的形成。而科学有效的激励手段可以大幅度调动各主体的积极性，释放其自身活力。政府顺应从一元到多元的分权趋势，跟随从管理向治理的改革脚步，重构政府与市场的关系，让市场在经济发展中起决定性作用，扩大多元异质性利益主体参与公共危机事件协同治理。

2. 政治动员

政治动员目前在公共危机动员中占主导地位。多样化的动员方式可以凝聚社会资源，号召多元主体参与行动，培育公共精神，实现政治和社会目标。通常采用宣传劝导方式进行意识形态教育，通过政策倡导完成特定指向的目的，拓宽参与渠道，以影响主体的价值理念来改变其行为。党和政府根据危机发生的规模和破坏性来决定政治动员的范围和强度，根据危机状态的阶段运用不同的手段对各治理主体进行引导。危机处置的全过程应与社会动员相结合，相互配合与补充。当然，政治动员和社会动员的作用既有建设性又有破坏性，应注意“度”的问题，如果政治动员强度过大、方式不当，则可能危及社会秩序和政治稳定；如果进行大规模的社会动员，很有可能引发社会不稳定因素，造成社会的紧张状态。

3. 社会认同

人不是孤立的个体，而是“社会人”，是处于群体之中，渴望受到关注和认可的人。从长远来看，目标感认同感价值感才能让人保持长期的工作热情。社会认同是形成团结和凝聚力的源泉，是自身的“内部激励机制”，社会认同感强会使各类组织和居民更有动力融入社会，从内心深处愿意加入公共危机协同治理，志愿为抵御和应对危机献出自己的一份力量。政治动员或者带有强制色彩的行政命令会使各主体在利益的支配下形成外部秩序，而各主体如果萌发了社会认同感，则会增进团结性和内在凝聚力。社会认同还可以促进多元主体融入新的群体和组织，有助于达成共识，为共同利益和社会利益奋斗，共享资源，使其获得成就感和良好的内心体验，体现自身价值。

8.1.4 网络结构塑造

旨在通过治理主体多元化来产生协同的效果不是必然的，即各主体简单相加并不能产生更为良好的效果，它需要整合各方面的资源，使其有机地联系在一起，产生共赢。这样多元治理的网络结构体系在治理主体、权力、决策、规律等方面都具有其特有的优势（如图 8-1 所示）。公共危机协同治理的网络关系是各个节点包括政府、公民、企业和非政府组织相互之间通过竞争、交流、互动长期以来形成的。塑造网络结构，需要各参与主体随环境的变化不断沟通、协调和互动，彼此协作达成共同目标。

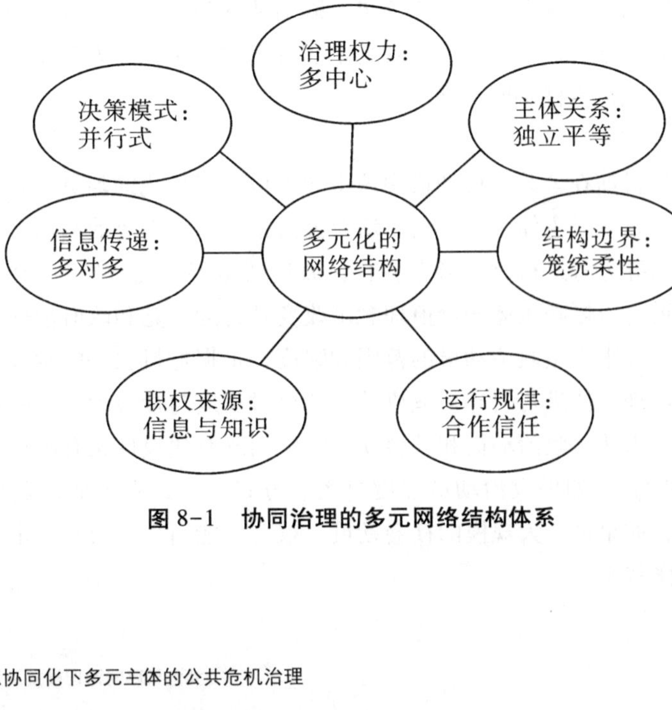

图 8-1 协同治理的多元网络结构体系

1. 各主体共同的目标

不同的协同主体具有不同的属性要求，也就决定了他们的利益诉求也具有差异性，很容易在结构内部产生分化行为，因此要树立共同的目标，保证网络结构的稳定性。各主体的首要目标就是要保障公民的生命财产安全，以公共利益为核心，这是公共危机治理的使命和责任；其次是要保证治理过程中资源利用的最大化，要积极引导各方资源实现有效整合，尽量避免资源浪费，保证所有的资源都能够在协同互动中创造应有的价值；最后就是要加强在组织结构中的综合协调，确保治理过程的绩效。公共危机的不确定性往往会使治理者措手不及，如何有效地进行综合协调，实现高效治理是公共危机治理的重要目标。

2. 政府权力的合理约束

网络结构中强调多元主体的平等性和公平性，但政府在多元主体中仍然居于主导地位，发挥着监督和管理的功能。尤其是在当前，我国正处在社会经济的转型期，政府的管理职能仍发挥着其他主体不可替代的作用。国家紧急权力是国家在发生突发公共事件下依法紧急改变权力与权利正常逻辑结构的法律制度。政府权力有时过于集中和强化，在公共危机事件治理过程中可能会存在侵害公民权益的现象。再加上当前我国针对政府权力运行的监督机制仍存在一定弊端，因此有必要对政府权力加以约束。公民、非政府组织要对政府权力进行有效监督，防止部分政府部门为实现自身部门绩效而滥用政府职权。政府权力的行使也必须是为了实现公共利益，实现公共危机事件的有效应对。

3. 治理手段的多样化

网络结构的多元化和层次化要求政府采用不同的治理手段，有针对性地协调利益相关者的关系，例如行政手段、法律手段以及经济和社会手段等。行政手段一般用于行政协调机制，行政协调能够协调部门内外部以及各部门之间的矛盾和冲突，减少由于各主体追求自身的利益而产生的内部损耗，进而使各主体相互协作，共同服务于社会安全目标的实现；法律手段是为了防止政府部门在公共危机事件治理中出现腐败、失职、越权等行为而对权力进行的约束和监督；经济手段主要是运用财政政策来整合社会资源；社会手段主要是为了稳定民心，提升公众的危机意识和承受能力。

4. 畅通的沟通渠道

每个节点要实现紧密衔接就要加强各节点之间的信息沟通和共享，创造多种渠道加深信任感，以此来缩小各方的利益差异，在彼此了解的基础上深化合作，实现良好互动。同时，当各个节点产生利益冲突时，利益主体要积极快速反馈，例如公共危机事件的治理结果与预期目标结果出现偏差甚至恶化时，以便在短时间内果断做出平衡，通过不断纠正偏差、解决矛盾，实现优化配置、强化协同。

8.1.5 治理主体行为互动

在网络组织结构中，各参与主体的积极参与和良好互动，不仅能够强化各主体的治理意愿，加深各主体合作，还能够促进治理规则的制定与实施，以及治理目标的实现，产生共治效应。在有效的网络结构中，各主体能与其他主体存在着很强的互动和依赖关系，社会资源和功能的集合需要各主体之间产生有效互动，实现收集、整合、提升、优化其他主体所特有的资源，促进治理能力的升级。从宏观上来看，主体互动的类型主要分为竞争型互动和合作性互动（如表 8-1 所示）；从微观上来看，主体互动的类型除了上述的冲突型和合作型以外，还包括沟通型、调试型和同化型等。公共危机协同治理主体互动主要从宏观角度出发实现各主体行为互动，要坚持公共利益目标原则、快速反应原则、地位平等原则以及弹性权变等原则。具体来看主要包括四个方面：一是政府要承担起公共危机治理的主导者责任；二是企业应承担起公共危机治理的推动者责任；三是公众应承担起公共危机治理的监督者责任；四是非政府组织要发挥公共危机治理的润滑剂作用。

表 8-1 突发危机事件协同治理多主体互动类型对照表

模式类别	对应关系	互动方式
竞争型互动	目标、利益的冲突和分离	通过阻断、调停、协商、妥协等方式，实现自上而下的协同
合作型互动	目标、利益的一致和耦合	政府通过组织、动员、示范等方式动员全社会力量，形成合力，且各方均愿意付出或交换一定的人员、信息与资源，进行长期稳定的合作

8.1.6 协同机制的内容

公共危机治理的协同机制是指政府和社会其他主体为提高社会治理的能力和效率，维护城市稳定，共同参与治理过程的多元化途径和沟通渠道、信息化平台和制度平台等。协同机制主要包括以下几个方面的内容：

1. 政府主导机制

相对于其他主体来说，政府拥有行政权力，具有统筹全局的能力和作用，因此应当建立以政府为主导的机制来合理分配社会资源。但政府主导并不是绝对性主导，政府要转变治理职能，为其他主体有效参与提供良好的制度环境，确保各主体地位平等，建立良好协作关系和平等协商机制，扮演好管理者和监督者角色。多元主体能够实现协同治理最关键的就是主体之间的地位平等，一方面要确定多元主体的协同关系，根据公共危机事件的性质，由政府主导，各主体积极参与，表达利益诉求、交换意见、交流协商，共同讨论事件的解决途径和方式，确定各自权利义务边界范围，形成统一意见；另一方面，在治理过程中，各主体根据事件发生的进程以及治理结果进行反馈，共同纠正偏差，化解矛盾，各主体互相尊重、平等交流，以实现社会安全为目标来促成合作。

2. 责任分担和利益平衡机制

在强调主体地位平等的同时，也应保证各主体权责一致，即政府积极规制、企业积极提供资源供给、公民积极参与公益服务活动、非政府组织积极承担政府适合外包的项目等，各相关主体各司其职，明确责任范围，形成良好互动。但我国长期受到传统社会治理模式和理念的影响，各主体协同意愿不足，是影响突发危机事件治理的一个重要因素。因此，应当建立能够激励协同主体合作的动力机制。一是通过提供一些诱导性的政策包括财政政策或者税收政策等来激励合作行为；二是建立绩效考核机制来提升各主体的竞争意识，促进协同。不同主体具有不同的利益追求，而社会资源的有限性则容易造成各主体治理过程中的矛盾和冲突。因此，还需要建立一个利益平衡机制使各主体在实现各方利益的同时达成有效合作。首先，在整体利益和主体自身利益之间要保持利益平衡，政府通过强制性手段进行法律规范和监督，以防止一些利益相关者为追求自身利益而忽略整体利益；其次，要保持各主体之间的利益平衡，除了通过一些法律手段维护各主体的权益之外，还要赋予各主体相互监督的权力，形成合作与制约相结合的关系，以保障自身利益免受侵害。

8.1.7 信息共享机制

信息的“碎片化”往往容易导致治理主体不能及时、有序地应对危机。因此，要建立信息共享平台，研究制定促进公共安全信息共享的政策法规，合力破解公共危机治理中面临的信息资源的分割障碍。以技术为支撑，建立信息联动平台，及时准确发布危机事件的动态信息，增强信息透明度，广泛吸纳、借鉴公众意见和建议，为公众提供一条参与治理的渠道。并对一些建议进行有效的回应和反馈，实现信息互动。畅通的交流渠道和完善的信息共享机制有利于提升公众对危机事件的参与度，让各参与主体更多地了解公共危机事件的运行状态，深化各主体协同，增强社会公众应对突发危机的信心，为公共危机协同治理的实现提供有力的保障。

8.2 公共危机协同治理策略

本节主要从强化治理主体协同、重塑协同治理网络结构、增进主体行为互动和科学完善公共安全协同机制四个方面提出实现突发危机事件协同治理模式的策略。

8.2.1 强化治理主体协同

1. 提升政府治理能力

（1）应急管理结构扁平化。

随着大数据技术的应用，传统的管理结构已经不能适应当前社会发展的需求，同时考虑到我国层级化的行政体制，在公共危机治理工作中应当充分利用高新技术和大数据技术，打破原有信息逐级传递的限制，实现安全信息高效传播和处理，增强政府安全治理效率。另外，要科学划分各个层级公共治理事权和资源：顶层层级从宏观角度出发，制定科学、全面的法律法规，适时发布安全政策，向中层层级提供充分的指导；中层层级应充分发挥承上启下作用，服从上层指导和安排，同时要做好对下层级别政策实施的监督；下层层级要实现社会安全点和面的实时管控，依靠大数据技术，准确掌握潜在风险因素和未知的安全问题，实现应急管理高效性和扁平化。

（2）明确安全治理责任。

完善的组织结构可以有效调动各种资源，迅速应对危机。分级管理、权责分明的组织结构体系包括三个管理层面：其一，公共危机治理决策层面，主要负责战略规划、制定策略、统一指挥、统一领导；其二，公共危机治理执行层面，主要负责协调各部门公共危机治理工作以及对各种应急信息上传下达；其三，公共危机治理的各职能部门，依据专业分工分别负责不同的安全领域，建立专属的应急系统和应急预案。三个层面各司其职，紧密结合形成合力。

（3）树立正确的安全意识。

政府要有计划地对各部门人员进行安全知识教育和培训，提高政府工作人员对公共危机的防范和应对能力。要加强政府工作人员的法治意识，定期进行法律教育和相关法律条文的解读，转变法律理念，深化地方政府和官员的法律观念，减少其在治理过程中的随意性。

2. 增强企业社会责任感

企业的生产经营活动对社会的稳定发展具有深远的影响。企业一方面谋求利益最大化，另一方面承担社会责任并追求公众认可度。虽然企业在承担社会责任方面存在一定被动性，但强烈的社会责任感不仅可以推进自身经营发展，还可以树立企业在公众中的良好形象，发挥社会效益。首先要加强对企业社会责任的培育，增加其履行社会责任的意识。政府要积极引导，使企业转变经营理念，形成安全生产意识和为社会服务的理念，树立企业作为公共危机治理主体的主人翁精神，使其把承担社会责任纳入企业的发展战略中，主动维护社会安全。其次，企业应该加大有关安全生产的机制建设。企业经营者作为整个企业的领导者，应当树立安全生产责任观念，在内部组织建立安全机制，在生产过程中使用高要求的安全质量标准，不定期评估标准落实情况，对于违规生产甚至造成安全威胁的人员要严格问责处罚，以防事态恶化。最后，政府要通过相关政策规范企业履行社会责任，加强对企业社会责任缺失的惩罚，建立一套专门的奖惩相结合的责任履行监管制度。政府作为规则制定者和供给者是企业社会责任推进中的首要角色。有效的制度约束和良好的制度环境是遏制群体性社会责任缺失和积极推动企业社会责任履行的基本组成部分。再加上我国社会治理的结构体系具有“强政府—弱社会”的明显特点，因此，政府对企业的监督成为企业履行社会责任最有效的手段。对于积极履行社会责任的企业通过新闻媒体公开宣传和表扬，并给予一定的税收优惠政策，对于失责的企业也应该通过媒体曝光，加大经济层面和行政层面的处罚。

3. 动员发展非政府组织队伍

非政府组织能够在公共危机治理中发挥独特的作用，降低公共危机的危害，维护社会稳定。一方面，非政府组织长期根植于社会大众，涉及的领域和部门比较广泛，在社会安全受到威胁时能够及时提供准确信息，弥补救援力量的不足；另一方面，其非营利性的属性能够将募集到的资源应用于应急处理中，减轻政府治理负担，降低危机管理成本，因此要培育非政府组织队伍。首先，政府在引导和帮助其树立服务意识同时，要提供良好的空间和环境，适当增加非政府组织的治理权限，降低其登记注册的门槛，使更多非政府组织合法化运行；其次，政府要加大对非政府组织的财政和政策支持，加大扶持培育力度，通过各种应急演练和实操训练来加强非政府组织的公共危机治理能力，增强自身建设；再次，要积极构建社会公众与非政府组织的信息交流平台，在宣传的同时增强人们参与公益活动的积极性，树立非政府组织的社会公信力；最后，要在法律上明确政府部门和非政府组织的权责划分，明确治理内容，使双方形成良性互动。

4. 加强公众危机意识

加强公众“生于忧患，死于安乐”的危机意识，有利于各主体在治理过程中抓住契机，临危不乱。近年来不管是地方政府、公众还是非政府组织，对公共危机治理的认识仍然不足。不少人认为这是属于专业部门的工作，对其存在一定的侥幸心理，对于自身所处的环境缺乏风险防范意识，当事件危害到自身时缺乏自救能力，因此，必须提高公民危机意识与应对能力。

第一，政府要发挥主导作用，加大资金投入，建立专门的安全教育研究机构和平台，打造并引进专业的危机管理人才，提高人才队伍素质。例如扬州市建立了安全教育馆，通过各种高新技术，为市民提供消防、地震、危险物品以及交通等方面的安全知识，让市民切实体验到安全知识的重要性。目前不少城市也通过对“5·12”防灾减灾日的宣传，提高居民的安全素质，普及安全知识。同时，政府部门要深入群众进行安全宣传教育工作，鼓励居民积极参加各部门组织的教育宣传活动。

第二，要加强学校公共安全教育。将危机教育作为学校必修课，加强青少年的安全教育，提升其自救能力；引入公共安全管理教学研究，并根据我国国情建立具有中国特色的公共危机管理学。同时也要加强公共安全演练，培训实战经验，将安全意识内化为全社会公民的基本素质，实现公共安全教育日常化、制度化，在全社会形成危机文化和“人人重视安全”的环境氛围。

第三，在法律层面，要明确公民在公共危机事件治理中的权利和义务。明确界定公民行为边界，在参与的程序、渠道等细微之处要有详细的说明，要积极搭建公民信息交流和参与平台来完善公民参与的制度建设，增设部门来保持公民、政府以及其他主体信息的畅通性，在法律规范的范围内最大限度地发挥协同效应，对公民参与行为进行引导和规范。

第四，在行为层面要加强公民应对突发危机事件的能力。这种能力不仅包括公民的自救能力、反应能力，还包括公民面对公共危机事件的抗压能力。它是公民在社会公共安全受到威胁时能够积极参与危机治理所掌握的知识能力和心理素质。公民应对技能的培育主要还是通过政府引导，政府要积极协同有关机构和组织，联合开展危机演练，增强公民心理承受能力，在增强公民治理能力的同时使其能更理性地面对突发危机事件。

5. 提升公民参与能力

首先，要明确公民在突发危机事件治理中的法律地位，保证公民参与治理的合法性和有序性，同时要明确规定公民危机治理的权利和义务，防止在公共危机事件治理中权利被侵犯；其次，政府要树立“以人为本”的理念，转变“官本位”思想，赋予公民同等的参与权，加强建立政府和公民以及其他主体之间的合作伙伴关系，吸纳更多的公众主体参与进来；最后，要加强公民安全知识培训。除了将安全知识教育纳入学校教育体系以外，还要加大对公共危机相关知识的宣传力度。通过网络平台宣传安全知识和应急技能，加强对各类应急知识的培训，提升公民参与能力，形成公民的主人翁意识。

8.2.2 重塑公共危机协同网络治理结构

1. 加强区域应急合作

第一，坚持合作原则，构建管理关系。上海交通大学刘震教授提出在公共危机治理中，政府应重新整合政府组织内部资源以及社会中先前支离破碎的部分资源，以发挥其在公共危机管理中的功能与效用，并将其嵌入公民社会中，实现从传统的强势国家政府单一治理主体向多元化的社会共同治理网络转变，从而构建起公民个人—社会群体—政府部门—整个国家一体化，点、线、面相结合的动态化、柔性化的公共管理体系。多元治理主体在不同的城市中责任、职能和义务也不尽相同，应坚持以下合作原则：一是自愿参与原则。各主体可以根据自身资源条件和权限自愿选择合作项目。二是权责对等原则。政府、企业、公众以及其他非政府组织等主体在享有权利的同时也必须要履行相应的义务，主体之间形成权责对等的合作机制，保持良性互动，责任共担。三是快速反应原则。各主体要坚持快速反应原则，在危机中迅速联合，及时采用紧急措施，防治事件进一步恶化。四是优势互补原则。各个区域由于地理位置、社会环境、文化背景不同导致的经济发展程度不同，掌握的资源也具有一定差异，各区域要积极合作，做到资源共享、优势互补、相互支援，共同应对危机事件。

第二，创新合作方式，增强协同程度。根据公共危机事件的治理流程来建立相应的合作方式。一是建立预警通报制度。在公共危机治理中，预警通报应是危机应对程序的第一步，通过收集信息、预测评估，分析判断事件紧急程度以及可能造成的影响，各区域之间及时通报，有利于整合职能和资源。二是优化协调应对制度方式。各区域协商制订不同的应对预案，根据事件性质以及影响程度启动不同的应对方案，相关主体要加强沟通与交流，以便在必要时获得支援。三是要因地制宜建立灾后恢复制度，共担损失，协商建立资料数据库，总结危机事件经验教训，积累经验，收集案例，提升科学应对能力。四是可以建立联合演练制度。定期举行集中训练，增加默契，提升协同水平。

2. 拓宽利益表达渠道

“和谐”“平等”是社会主义核心价值观的重要理念。“和谐”要求实现人与自然的和谐，人与人之间的和谐，人自身的和谐及社会内部和谐，等等。同时也要看到我国利益表达还存在许多不足，如广大农村进城务工人员在就业、教育、社会保障等方面由于处于弱势地位而享受不到失业救济和医疗保险；许多弱势群体利益表达意识低，认为“表达无用”，在遭遇利益损失或冲突时，采取非理智表达方式。

3. 强调部门协调和资源整合

第一，要坚持资源整合的原则。各管理部门资源整合程度越高，公共危机治理网络结构就越稳定，力度就越强。首先要坚持以人为本的原则，即要将公民的生命财产安全放在首位，不能舍本逐末，以牺牲公民财产为代价来达到资源整合的目的。其次，要坚持公平与效率相结合的原则。保证各部门资源使用的科学性和有效性，保证资源利用的最优化，同时还要注重资源整合的公平性，分清轻重缓急，抓住治理重点，实现资源合理配置。最后要坚持开放性原则。建立各部门信息交流渠道，提升资源流通的畅通性，实现内外流动。

第二，要增强资源整合力度。构建专门的资源利用渠道，科学整合交通、人力、卫生等方面资源，加强各部门治理的专业性；要丰富资源种类，除了保证急救物资包括药品、食物等的供应还要考虑治理人员所需要的防护物品的储备；要根据不同区域发展状况合理设立物资储备基地，保证危机事件发生时能便捷获取物资；各管理部门要综合协调，打破原物资储备分条分块管理的限制，部门管理人员作为应急救援重要的人力资源，加强人才交流、技术衔接，切实提升协同效率。

4. 加大资源投入

第一，加大财政资源保障力度。将公共危机治理预算纳入国家财政预算体系，建立专门的财政应急制度；建立危机发生之后的救济补偿金制度，对受到危害的公民进行一定的补偿，弥补其受到的创伤；要加大公共危机事后灾区重建的经费投入，减轻危机事件对社会秩序的影响。完善社会保险制度，设立多元化的社会保险种类，在保障公民基本生活的同时增强其抵御突发危机事件的能力。

第二，加大人才资源保障力度。在人力资源管理系统上建立各部门、各专业、各层级的人才资源储备库，在危机发生时可以第一时间选择调用；在评价体系上，建立相应的评价依据、评价方法、奖惩措施等制度；在管理机制上，要确保应急管理决策层专业技术人员结构的合理性与专业性，还要保证管理制度的科学性，新技术设备需要专业人员操作，这就需要建立包含专业人才的救援队伍。此外，建立专家智囊团，丰富专业人员的理论知识，为各项治理工作提供专业性指导意见。

第三，加大技术支持力度。公共危机网络治理结构需要高新技术作为支撑。在治理网络结构中，每个节点都能够在网络平台上实现动态反馈，实现全景式监控。例如“智慧城市”建设中将数字城市与物联网相结合，把城市中各种分散的信息、设施等转化为网络节点，达到对城市公共安全整体状况的把握，并且可以迅速获取危险源信息，更好地防范公共危机事件。增强技术治理在危机事件治理中的作用和比例，能够降低一般治理过程中的成本消耗，因此要加大安全技术支持，打造公共危机事件的技术治理模式。

8.2.3 增进多元主体互动

1. 加强政府协调能力

政府协调能力是应对公共危机不可或缺的因素之一，指的是政府通过法律、制度等手段调整自身以及政府以外的各方行为，通过信息交流、资源共享形成各主体有序应对公共危机的能力。要提升政府协调能力，主要从以下四个方面入手：

第一，加强政府制度协调。除了要建立详细的合作协议制度，还要设立决策参与机制，建立多元化公民参与渠道，增强社会公众参与度，提升政府透明度，有利于加强社会公众对政府的信任。要完善应急合作制度评价体系，对相关法律制度和合作协议进行全方位的分析评价，及时发现并且修正其中存在的冲突和矛盾，检验制度实施效果。要采用分级评价方式，在各级政府部门因地制宜建立评价机构。例如在各级人大常务委员会中设立评价机构，对本级以及本级以下的行政部门、市场、非政府组织等主体的制度实施情况进行评估。要保证评价内容和标准的科学性和合理性，设立灵活的评价周期制度，将评价工作日常化。要采用多元的评价方法，除了要采用专业人员的评价建议，还要重视社会公众的反馈，使协调制度更具有操作性。

第二，加强人员协调能力。人作为公共危机事件协调行为的执行者，是制度能否成功转化为良好治理行为的必要条件。首先要建立共同的价值理念和目标，以引导多元主体应对公共危机处置的协调性；其次，要明确各职能部门和主体的权责边界，通过制度界定来保持各方协调关系；最后，要充分发挥政府在社会公众中的激励引导作用，调动社会成员的参与积极性，在全社会形成一种协同氛围。

第三，强化政府信息协调。政府信息协调能力可以根据一般信息的处理过程划分为收集、分析、处理和反馈四个部分。信息收集完善与否主要取决于信息渠道是否完善，信息获取是否及时，要完善信息共享平台，优化共享体制，激发部门的信息需求，打破信息孤岛局面；信息分析处理能力主要取决于技术人员的鉴别能力和决策人员的专业水平，要尽量避免领导人的个人偏好影响，吸纳专家学者的分析意见，形成多元化决策机构，以做出科学决策；信息反馈能力能够反映出信息在发布后的影响力，因此要保证政府所发布信息的真实性和科学性，提升政府权威。

第四，转变政府治理观念。政府要改变原有的单一性治理理念，转变“官本位”思想，引入社会多主体共同参与公共危机治理，调整好政府与其他社会主体的关系，确立平等理念；要转变政府职能，明确政府自身所应当承担的权责任，转移应当由市场和公民承担的治理职能，提升自身以外的资源利用效率，在放权的同时扮演好监管角色；要制定相关的合作协议框架，建立详细的权力责任清单，为公共危机治理中上下级政府、政府与其他非政府主体等的主体划分、经费、权利义务、程序等提供可依据的制度保障，规范职能履行。

2. 完善互动的法律保障体系

为了提升公共危机协同治理中多元主体的互动效果，就必须要完善法律环境，为互动提供良好的保障。虽然目前我国已经出台多项有关应急管理和城市安全维护的法律法规，例如《中华人民共和国消防法》《中华人民共和国突发事件应对法》以及《关于城市安全发展意见》等文件，但整体来说这些制度相对分散，缺乏微观性的指导；因此，要建立一个完善的法律保障体系，为多元主体治理行为提供重要依据。

第一，要通过立法的方式明确多元主体的合法地位以及权利义务界限。加强政府的核心主导地位，打破壁垒，强化各部门的职能协作；明确非政府组织的主体地位，出台《中华人民共和国社会组织法》，以法律的手段约束和保障非政府组织和社会组织的治理行为；要保障公众媒体的独立性，通过完善《中华人民共和国突发事件应对法》促进公众和媒体宣传与政府政策保持一致。

第二，要将与城市安全有关的法律法规具体化、提高可操作性。目前不少行业领域的安全法律都缺乏操作规范，没有具体的实施细则，现实操作中存在一定的困难。例如《中华人民共和国交通法》《中华人民共和国防洪法》《中华人民共和国防震救灾法》等虽然规定了事故发生之后要根据实际情况组织救济和恢复重建，但对更细化的规定和实施措施缺乏明确的细则说明，在一定程度上使执行缺少依据，因此要更加注重相关法律法规的可操作性，防止法律的空泛化。

第三，要打破压力型管理体制，树立以人为本的治理理念，建立依法行政管理机制。目前不少执法部门对运动式的执法方式存在很大依赖，虽然这种执法方式能在短期内解决问题，但会影响公众对政府的信任，产生不可预期的后果。因此，要规范政府部门的执法行为，防止滥用权力，要加大对大暴力执法和滥用职权的执法人员的惩罚力度，使安全管理者切实履行维护治安的职权，保障公民利益。

3. 提高非政府组织参与规范性

非政府组织作为连接政府与民众的桥梁，是表达民意、传达民情的渠道，在一定程度上弥补了政府职能的不足。提高非政府组织参与公共危机治理积极性和规范性是多元主体协同治理的任务之一。

第一，要明确非政府组织参与危机治理的地位。采用立法的形式明确非政府组织在公共危机事件治理中的权利和义务，详细规范其在治理过程中的行为方式、具体操作、运行机制以及要求等，为非政府组织参与治理扫清障碍。采用平衡积分卡的方式科学评估非政府组织治理战略实施绩效，完善非政府组织财务预算和财务管理制度，提升社会捐款和政府财政支持的资金利用率，规范非政府组织的参与行为。

第二，政府要对非政府组织适当放权，给予非政府组织更多发展空间，充分信任非政府组织具备治理公共危机的能力，明确其独立性，切断与政府的附属关系。要做到社会事务真正放权由非政府组织治理，尤其是组织内部招聘时禁止接收政府委派的工作人员，做到由组织自身科学有序招聘和吸纳人才，形成政府对非政府组织逐步信任、逐步放权、共治共赢的公共危机事件治理格局。

第三，政府要与非政府组织形成良好的合作意识。政府应当积极主动为非政府组织制定合作方案，根据非政府组织的特点、类别、规模等有针对性地制定合作方案，达成稳定的合作关系。对于规模较大、治理能力较强的非政府组织可签订长期的合作合同，对于相对较弱的非政府组织应给予扶持，实现双方合作共赢，使非政府组织参与突发危机事件的治理具有可持续性。

8.2.4 科学完善公共安全治理协同机制

1. 打造信息共享机制

在公共危机治理中做到信息沟通渠道透明、信息交流顺畅，不仅能够有效避免公民对公共危机事件的主观臆断，减少社会恐慌；还能够推进安全治理顺利开展，形成政府、公民、企业和非政府组织等的良性互动。2013 年芦山地震期间，详细的灾情信息主要通过网络传播，相对于政府通过司法程序发布信息要更迅速，可见网络化信息交流平台的建立和完善是实现多元主体互动的必要前提。

要打造一个以技术为支撑的信息交流平台。首先政府要加大资金投入，不断发展专业人才和技术，尤其是检测技术、预警技术和分析技术等；其次，要明确信息交换的原则和条件标准，建立一个统一标准的数据库系统，各部门和各主体要加强互联互通，保证信息互动的规范化；最后，要实现交流方式的多元化，定期举行视频会议，咨询专家意见，灵活运用新闻媒体，设置直播网站，加强各主体之间的工作交流与沟通，打造一个全方位的信息共享机制。

2. 明晰多元主体参与规范机制

公共危机协同治理需要多元主体协同机制进行保障，而多元主体协同机制的推行和优化需要法律制度来规范保障。因此要建立健全的法制系统来规范各主体参与行为，维护公众利益。要建立一套有关多主体共同参与的法律规范制度，这不仅要求各主体要具有法治观念和参与意识，还要求保证多主体参与过程要实现“有法可依”“有法必依”“依法办事”，从制度层面上推动各主体参与治理，推进突发危机事件治理的法制化进程。

3. 优化激励约束机制

在公共危机治理中除了要实现主体之间的协同性，还要注重协同行为的持续性。能否实现持续性协同主要取决于组织是否具有健全的激励约束机制。奥尔森提出在集体行动中普遍存在的一个困境，即搭便车行为，因此，要有选择地刺激治理主体的利益需求，提高社会价值。第一，要坚持责任和利益并重的原则。公共危机治理是所有参与主体都应当承担的社会责任，是各主体按照程序要求所实施的负责任的行为，这是所有主体都必须要遵守的原则。第二，要完善激励机制。这主要体现在对社会公众的志愿精神激励。鼓励居民积极提供志愿服务，鼓励非政府组织参与应对公共危机事件志愿活动，同时政府部门应积极提供多样的志愿福利政策来补偿参与主体，减少各主体在治理过程中存在的各种潜在风险。

4. 建立利益平衡机制

与协同理论中的自组织系统和子系统性质无关的理论不同，公共危机治理中的政府与其他主体之间的利益诉求存在很大的差别。因此，为保障多元主体参加治理的效率、效果及协同效应，有必要建立一个完善的利益平衡机制。一是要考虑各参与主体的诉求。不同性质的主体具有不同的行为偏好，就会产生不同的利益诉求，在协同过程中不可避免会产生冲突。政府要充当协调者，保证多元主体的平等地位，维护协同治理中的有序性和公正性。二是要维护公共利益最大化。多元主体协同治理的最终目标是维护社会稳定和谐，实现社会公共利益最大化，因此，要严格禁止任何一方为实现私人利益而损害公共利益的行为。

5. 完善评估问责机制

第一，完善政府官员的绩效评估机制。明确在公共危机治理中各个部门的责任以及履职状况是进行行政问责的前提条件之一，这就需要一套科学完善的绩效评估体制来测评官员治理效果，进而对各领导部门的职能履行做出客观评价。当前我国对公共危机治理评估还没有形成一个完整的体系，需要建立一个科学全面的绩效评估机制。这不仅需要利用客观科学的方法，还要使用各种数据模型，同时要设置长期、短期指标，保证绩效和公平，防止政府官员在突发危机事件中的行为失范。

第二，完善并落实行政问责制度。行政问责制是一级政府对现任该级政府负责人所属各工作部门和下级政府主要负责人的问责，是内部监督和现任追究制度，实质就是规范政府官员行为，实现公共利益。在应对公共危机中实施行政问责制度，根本目的是提升工作人员的责任意识，提高其在公共危机事件发生之前对突发危机事件的预警能力，在发生过程中有效地处理危机并做好完善后工作。

第三，建立健全问责信息公开制度。问责机制中信息的及时公开不但有利于问责过程的公开透明，而且可以提高行政透明度，树立政府权威，在一定程度上有利于控制公共危机的走向。首先，要通过法律手段保证信息公开。其次，要加强信息公开的及时性，将行政问责程序及结果及时准确公之于众，有利于安定民心，减少公众不知情而造成的不必要误会。最后，要做好与新闻媒体的沟通对接，利用媒体做好舆论导向，避免信息沟通渠道的不畅加重突发危机。

6. 建立严格的监督机制

完善的监督机制一般包括两个部分：内部监督和外部监督。内部监督主要是由参与突发危机事件治理的多元主体共同合作，建立一个独立的监督系统来实现对自身以及其他主体的监督；外部监督主要通过司法监督、媒体监督和公众监督等方式实现。通过内部监督系统的信息反馈来判断治理主体的治理行为的合理性、及时性和效率的高低。外部监督司法监督指司法机关对于一些在公共危机事件治理中有失责行为的工作人员进行处罚；媒体监督指网络媒体工作者通过向公众发布最新的突发危机事件的处理信息来实现对安全治理工作人员的监督指公众监督：公民作为城市突发危机事件的直接受害者以及事后恢复的第一受益者，当其发现在治理行动中存在不当行为时，有权向政府部门反映等。因此，要建立多种的监督机制，建立并开展针对多主体的监督机制，通过内外监督来严格规范多元主体协同治理行为，落实监督责任。

第二部分

案例分析

中国对公共危机的研究始于2001年美国“9·11”事件。从国内的情况看，如何提升地方政府应对危机的能力逐渐成为一个广为关注的焦点问题。对地方政府危机应对能力建设的研究大都是从2003年非典疫情开始的，并且形成了一些比较有代表性的学术成果。如2006年，清华大学公共管理学院危机管理课题组公布了《中国城市居民危机意识网络调查报告》。报告显示，我国城市居民对各种危机在国际和国内的整体发展趋势表示不乐观，其中73.9%的公众认为全世界各种危机整体趋于恶化。对于恶化的原因，有近一半的调查对象将其归咎于政府的危机应对体制存在严重缺陷，缺乏完善的危机管理机制；有67.6%的人对政府的危机管理现状不满意，认为其投入不足、重视不够，急需提高。此外具有代表性的学术成果还有2011年葛红艳的《政府危机管理能力初探》，2010年戎向平、许倩、赵建辉合写的《提升政府危机管理能力 构建和谐社会》，2006年杨馨玫、罗序斌合著的《政府危机管理能力研究》，张玉华、王静的《新形势下提升我国政府危机管理能力的思考》，2003年唐铁汉的《不断提高危机管理的能力——由防治“非典”引发的深层思考》等。

从1996年颁布《中华人民共和国戒严法》至今，我国已经颁布了一系列与处理突发事件有关的法律法规，各地方根据这些法律、法规又颁布了适用于本行政区域的地方立法，从而初步构建了一个从中央到地方的突发事件应急处理法律法规体系。这主要包括：战争状态法律法规，例如《国防交通条例》《中华人民共和国人民防空法》等；灾害性突发事件法律法规，如地震灾害法律、洪灾法律、环境灾害法律、地质灾害法律；事故性突发事件法律法规，如交通事故法律、核事故法律、公共卫生事故法律等；骚乱性突发事件法律法规，如《中华人民共和国戒严法》《公安机关人民警察内部条令》第13条等；恐怖性突发事件法律法规，如2001年最高人民法院、最高人民检察院和公安部联合发布的《关于依法严厉打击恐怖犯罪活动的通知》，2015年第十二届全国人大常委会第十八次会议27日经表决通过的《中华人民共和国反恐怖主义法》，是在总结近年来我国防范和打击恐怖活动工作的经验，借鉴国外有效做法的基础上制定的，是一部规范政府和社会开展反恐怖工作的法律。

此外，随着公共危机事件频发和学术界相关研究的进步，国家关于公共危机事件的政策也在逐步完善。党的十六届五中全会通过了《中共中央关于制定国民经济和社会发展第十一个五年规划的建议》，明确提出要“建立健全社会预警体系和应急救援、社会动员机制，提高处置突发性事件能力”。党的十七大报告中进一步明确要完善突发事件应急管理机制。由此，不断探讨总结政府公共危机管理的经验教训，提高政府应对公共危机的能力，成为当代中国政府和学者普遍关注的问题，其重要性日益凸现。上述情况表明，总体上我国已经在构建突发事件应急法律体系方面具有一定基础，这主要表现在现行宪法、法律、法规中已建立一些应急法律规范，这为政府应对突发事件带来的公共危机，依法实施有效的危机管理，提供了一定的法律保障。

9 突发自然灾害危机

自然灾害是人类依赖的自然界中发生的异常现象，其对人类社会所造成的危害往往是触目惊心的。世界范围内重大的突发性自然灾害包括旱灾、洪涝、台风、风暴潮、冻害、雹灾、海啸、地震、火山、滑坡、泥石流、森林火灾、农林病虫害、宇宙辐射、赤潮（极少出现，出现了也影响小）等。我国国土空间上常见的自然灾害种类繁多，主要包括洪涝、干旱灾害，台风、冰雹、暴雪、沙尘暴等气象灾害，火山、地震灾害，山体崩塌、滑坡、泥石流等地质灾害，风暴潮、海啸等海洋灾害，森林草原火灾和重大生物灾害等。这些自然灾害和环境破坏之间又有着复杂的联系。人类要科学认识这些灾害的发生、发展以及尽可能减小它们所造成的危害，已是国际社会的一个共同主题。本章主要以自然灾害事件造成的突发环境危机事件为背景，总结其共性，然后详细分析具有典型性的、代表性的郑州“7·20”特大暴雨灾害事件，探究完善防范自然灾害危机的措施及处理方法。

9.1 自然灾害危机概述

自然灾害危机是公共危机中的一种，是指自然异常变化造成的人员伤亡、财产损失、社会失稳、资源破坏等现象或一系列事件。我国是世界上自然灾害种类最多的国家之一，国家科委国家计委国家经贸委自然灾害综合研究组将自然灾害分为八大类：气象灾害、海洋灾害、洪水灾害、地质灾害、地震灾害、农作物生物灾害、森林生物灾害和森林火灾。本节结合近十年自然灾害分析其现状和特点，简要介绍自然灾害应急管理经验。

9.1.1 我国自然灾害现状

中国特有的自然地理环境导致自然灾害呈现多发性与复杂性。我国是世界上人口最多的国家，但人口和经济密度区在地理分布上又很不均衡。从灾害区划看，全国有 74%的省会城市、62%的地级以上城市位于地震烈度Ⅶ度以上危险地区，70%以上的大城市、半数以上的人口、75%以上的工业产值分布在气象、海洋、地震等灾害严重的地区，灾害对社会发展的制约影响非常严重。十多年来，我国因自然灾害造成的死亡人数、农作物受灾情况、房屋受灾情况、直接经济损失如表 9-1 所示。

表 9-1　2012—2021 年我国自然灾害损失情况

年份	受灾人次/亿	死亡人数/人		紧急转移安置人次/万	农作物受灾情况/万公顷		房屋受灾情况/万间			直接经济损失/亿元
		死亡	失踪		受灾面积	其中：绝收	倒塌	严重损坏	一般损坏	
2012	2.9	1 338	192	1 109.6	2 496.2	182.6	90.6	145.5	282.4	4 185.5
2013	3.88	1 851	433	1 215	3 134.98	384.44	87.5	770.3		5 808.4
2014	2.4	1 583	235	601.7	2 489.07	309.03	45	354.2		3 373.8
2015	1.8	819	148	644.4	2 176.98	223.27	24.8	250.5		2 704.1
2016	1.9	1 432	274	910.1	2 622	290	52.1	334		5 032.9
2017	1.4	881	98	525.3	1 847.81	182.67	15.3	31.2	126.7	3 018.7
2018	1.3	589	46	524.5	2 081.43	258.5	9.7	23.1	120.8	2 644.6
2019	1.3	909		528.6	1 925.69	280.2	12.6	28.4	98.4	3 270.9
2020	1.38	591		589.1	1 995.77	270.61	10	30.3	145.7	3 701.5
2021	1.07	867					16.2			3 340.2

数据来源：中华人民共和国民政部（mca.gov.cn）。

许多自然灾害，特别是等级高、强度大的自然灾害，常常会诱发一系列其他灾害。由表 9-1 可知，一般年份，我国自然灾害的年受灾人次为 1 亿~2 亿左右，严重的接近 4 亿。其中因灾死亡人数在 1 000 人左右，需转移安置 500 万到 1 000 多万人不等；农作物受灾面积 2 000 万公顷左右，其中绝收的有 200 万公顷左右；房屋倒塌较为严重的有 90 万间；自然灾害造成的直接经济损失累计高达 3.7 万亿元。

9.1.2　自然灾害的特点

自然灾害的发生有以下几个特点：

1. 自然灾害具有不可避免性

人类与大自然始终充满着矛盾。由于人口的增长，人口密度不断增加、移民、未经规划的城市化、环境退化和可能的全球环境变化，人类的工农业活动增多，自然环境不断遭到破坏，从而导致自然灾害加剧。如表 9-2 所示，十多年来，我国每年都有自然灾害发生，以洪涝和地质灾害、风雹、台风、地震、低温雨雪冰冻灾害、森林火灾等为主，其造成了不同程度的人员伤亡和财物损失。

表 9-2　2012—2021 年我国因自然灾害死亡人数　　单位：人

年份	洪涝和地质灾害		风雹		台风		地震		低温雨雪冰冻灾害	森林火灾	总计	
	死亡	失踪	死亡	失踪	死亡	失踪	死亡	失踪	死亡	死亡	死亡	失踪
2012	—	—	—	—	—	—	—	—	—	13	1 338	192
2013	—	—	—	—	—	—	—	—	—	—	1 851	433
2014	—	—	—	—	—	—	—	—	—	—	1 583	235
2015	—	—	—	—	—	—	—	—	—	—	819	148
2016	968	214	251	6	174	24	1	—	—	—	1 432	274
2017	674	75	—	—	35	9	33	5	—	—	881	98
2018	338	42	—	—	80	3	0	0	23	—	589	46
2019	—	—	—	—	—	—	—	—	—	—	909	—
2020	279	93	—	—	—	—	—	—	591	—	—	—
2021	—	—	—	—	—	—	—	—	—	—	—	86

数据来源：中华人民共和国民政部。

2. 自然灾害的可预防性

自然灾害虽然是不可避免的，但是随着技术的发展、经验的积累以及国际交流的加深，可以在一定程度上根据预测做好预防，紧急转移灾区人民，减轻损失。如图 9-1 所示，我国近十年来自然灾害的受灾人次在逐年减少。

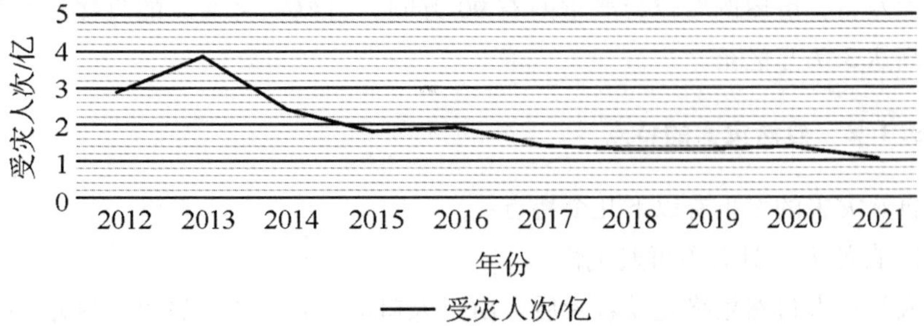

图 9-1　自然灾害的受灾人次统计

数据来源：中华人民共和国民政部。

3. 自然灾害具有突发且异常性

地球运动的不确定性，导致大的自然灾害往往是在很短的时间里发生的，有些危害仅在几分钟内就能造成巨大的危害。2012年5月10—11日甘肃岷县冰雹及强降雨引发特大冰雹山洪泥石流灾害；同年7月21—22日京津冀三地区域性大暴雨到特大暴雨引发百年一遇的特大暴雨洪涝和山洪泥石流灾害。2013年7月初至8月中旬，江南、江淮、江汉和西南地区东部遭遇历史罕见高温干旱；7月中旬，四川盆地、西北地区东部、华北南部及黄淮北部遭遇强降雨过程，多地降雨量超历史极值；7—8月，松花江、黑龙江发生流域性大洪水，辽河流域浑河上游发生超50年一遇特大洪水，东北地区出现1998年以来最严重洪涝灾害。2018年我国共出现39次强降水天气过程，西北、华北、内蒙古以及黑龙江部分地区降水较常年偏多3~8成，南方大部降水量较常年持平或偏少。2019年7—8月，西北、东北等地出现持续性较强降雨，黑龙江、松花江等多条河流超警戒水位，农作物大面积受灾。2021年华北、西北地区洪涝灾害严重。由此可见，自然灾害的突发性，导致我国北方旱灾频发的地区出现洪涝灾害大幅度上升的情形，洪涝灾害呈现“北增南减”态势，从而造成巨大危害。

4. 自然灾害具有区域性

一方面，自然灾害的分布范围很广。不管是海洋还是陆地，是地上还是地下，是城市还是农村，是平原、丘陵还是山地、高原，只要有人类活动，自然灾害就有可能发生；另一方面，自然地理环境的区域性又决定了自然灾害的区域性。从空间分布上看，2012—2021年救灾应急响应在空间上呈现“南多北少”的南北差异，其中东北、华北以及青藏地区应急响应次数均保持较低水平。从灾种上看，针对气象水文灾害启动的救灾应急响应分布广泛，主要集中在长江和珠江流域；针对地震地质灾害启动的救灾应急响应在空间上呈现出“西多东少”的分布。一级二级高级别的救灾应急响应在空间上呈现“西多东少”的格局，主要为地震地质灾害。

2012年，我国31个省（自治区、直辖市，不含港、澳、台数据，下同）的2 600余个县（区、市）不同程度受灾，占全国县（区、市）总数的90%以上。我国自然灾害以洪涝、地质灾害、台风、风雹为主，干旱、地震、低温冷冻、雪灾、沙尘暴、森林火灾等灾害也均有不同程度发生，灾情较常年偏轻，但局部地区受灾严重。其中，四川、云南、甘肃、河北、湖南等省灾情较为突出。

2014年，河北、内蒙古、辽宁、吉林、河南、湖北、陕西、宁夏8省

（自治区）灾情相对突出，农作物受灾和绝收面积均占全国6成以上。2015年南涝北旱格局显著，受灾地区较为集中。据统计，安徽、福建、江西、湖北、湖南、广西、四川、贵州和云南9省（自治区）洪涝和地质灾害损失较重，人员受灾和房屋倒损情况以及直接经济损失均占全国总数的60%以上。

2015年，31个省（自治区、直辖市）的近2 500个县（市、区）不同程度受到自然灾害影响，受灾县数约占全国县级行政区总数的90%；

2016年，31个省（自治区、直辖市）近90%的县级行政区不同程度受到自然灾害影响。其中，洪涝和地质灾害灾情与“十二五”时期均值相比明显偏重，紧急转移安置人口和直接经济损失均为最高值，河北、湖北、安徽、江西等省灾情突出。

2017年，31个省（自治区、直辖市）近2 400个县（市、区）不同程度受到自然灾害影响，占全国县级行政区总数的80%以上。从区域上看，灾情严重的省份主要为湖南、吉林、四川、广东、陕西、湖北、新疆、广西、江西等省（自治区），特别是湖南和吉林两省灾情较近年明显偏重，两省的因灾倒损房屋数量和直接经济损失均为2012年以来最高值。

2018年，从区域上看，灾情严重的省份为内蒙古、山东、广东、四川、云南和甘肃6个省（自治区），上述省份因灾死亡失踪人数、倒塌房屋数量和直接经济损失合计占全国总数的49%、63%和53%。

2020年，我国1 367个县（市、区）遭受风雹灾害，造成1 514万人次受灾、93人死亡失踪。灾害的影响南北差异大，主要表现为：北方主要以大风、冰雹等强对流灾害为主，集中发生在5—6月，对农作物造成重大损害；南方主要以连续、集中的短时强降雨、雷暴等强对流灾害为主。7—8月，四川盆地、长江流域等地雷暴大风次数为2011年以来最多，雷击造成人员死亡失踪事件多发频发。

2021年，灾害阶段性区域性特征明显，全年呈现“上轻下重、南轻北重”态势。上半年，云南漾濞6.4级地震和青海玛多7.4级地震相继发生，江苏、湖北等地龙卷风灾害突发，东北地区局部遭遇罕见汛情，灾情总体偏轻。下半年，河南、四川、山西、河北、湖北、陕西等地相继遭受严重暴雨洪涝灾害，四川泸县发生6.0级地震，四川天全县发生严重山洪泥石流灾害，山西、陕西、河南等地发生罕见秋汛，华北、东北等北方大部极端寒潮引发低温雨雪冰冻灾害。下半年灾情总体偏重，因灾死亡失踪人数、倒塌房屋数量和直接经济损失分别占全年总损失的82%、92%和88%。

9.1.3 我国自然灾害的应急管理

2008 年 5 月 12 日四川汶川发生 8.0 级特大地震，成为我国全面加强灾害应急管理工作的新起点。自此以后，我国自然灾害应急管理取得了长足发展，下面着重从预防与准备、监测预警、救援与处置三个方面简要介绍自然灾害应急管理经验。

1. 预防与准备

2016 年 12 月《中共中央 国务院关于推进防灾减灾救灾体制机制改革的意见》发布，明确提出“坚持以防为主、防抗救相结合，坚持常态减灾和非常态救灾相统一，努力实现从注重灾后救助向注重灾前预防转变，从应对单一灾种向综合减灾转变”。党的十九大报告把“防范化解重大风险”摆在必须打好的三大攻坚战首位，强调要增强驾驭风险本领，健全各方面风险防控机制。2018 年新成立的应急管理部确立了坚持以防为主、防抗救相结合，努力实现从注重灾后救助向注重灾前预防转变、从应对单一灾种向综合减灾转变、从减少灾害损失向减轻灾害风险转变的自然灾害防治理念，不断总结经验教训。伴随着经济社会发展，我国自然灾害应急管理工作理念从被动应对灾害转向主动应对灾害，从专项应对转向综合应对，从应急救援转向风险管理。在这一理念的指导下，我国从法律、制度、应急准备、人才建设、科普宣传、物资储备等方面不断强化自然灾害事前预防，火灾、水灾、地震等灾害执法监管、应急准备、物资储备不断加强；事前预防奖惩机制不断完善，宽容犯错机制受到探索；人才培养得到高度重视；公众地震、火灾、水灾等灾害应对素质明显得到提高；初步建成了中央和地方合理布局的救灾物资储备网络，中央救灾物资储备库 19 个、省级救灾物资储备库和省级分库 60 个、地级库 240 个、县级库 2 000余个，确保自然灾害发生 12 小时之内受灾群众基本生活得到初步救助，并有一套高效的物资调配机制。

2. 监测预警

自然灾害监测预警方面，建立了应急管理部门汇总分析研判、行业部门监测、信息互通、全国一张网的机制。应急管理部下设国家应急指挥中心，作为 7 天 24 小时全天候应急值守、事故灾害监测预警、应急指挥的组织协调中枢，以国家应急管理指挥平台为技术支撑，对信息进行收集管理、分析处理、信息指令发送，实现应急管理的专业化、信息化、智能化。自然资源部门负责地质灾害监测预警，在地质灾害隐患点设立监测预警岗，责任落实到具体单位和责任人。现阶段为应对地震这一不可提前预报的自然灾害，地震部门建立了由国家地震台网和 31 个区域地震台网组成的覆盖全国的地震监测台网，测震运行台站达到 1 021 个，这些台站全天候 24 小时监视着大地的“振动”。地震发生后计算机迅速处理地震台网的实时监测数据，快速定位和测震级定，然后地震台网第一时间通过自动速报机器人、网站、手机短信、微信、微博等渠道向全社会发布自动速报结果，向政府和社会提供时间、地点、震级等基本信息。在人工速报完成后，正式向政府和社会发布地震发生的时间、地点和震级。中央、省、市、县及各地方视震情、灾情，根据《地震应急预案》第一时间启动不同级别的应急响应，应急管理部门、抗震救灾指挥部成员单位及相关单位迅速按照应急预案开展抗震救灾工作。

3. 救援与处置

2018 年党和国家机构改革，对分散在 11 个部门的 13 项应急管理相关职责进行整合，组建应急管理部，负责应对自然灾害和事故灾难。应急管理部与 32 个部门和单位建立了会商研判和协同响应机制，与中央军委联合参谋部建立了军地应急救援联动机制，在应对诸多重大自然灾害和事故灾难的实践中不断探索，形成了一套行之有效的抢险救援技战术打法，显著提升了攻坚克难的应急能力，有力、有序、有效应对了一系列超强台风、严重洪涝灾害、重大堰塞湖、重大森林火灾、特大山体滑坡和严重地震灾害，最大限度减少了群众生命财产损失。应急管理部面对多发的重大灾害，积极发挥议事协调机构作用，第一时间牵头会商、第一时间调度指挥、第一时间派出工作组，实现了更快速地研判、更科学地决策，有效地解决了自然灾害应急管理职能的碎片化的问题，形成了统一指挥、专常兼备、反应灵敏、上下联动、平战结合的中国特色应急管理体制。

9.2 案例分析：郑州“7·20”特大暴雨灾害

特别重大气象灾害包括：①特大暴雨、大雪、龙卷风、沙尘暴、台风等极端天气气候事件影响重要城市和 50 平方公里以上较大区域，造成 30 人以上死亡，或 5 000 万元以上经济损失的气象灾害；②1 个或多个省（区、市）范围内将出现极端天气气候事件或极强灾害性天气过程，并会造成特大人员伤亡和巨大经济损失的气象灾害；③在其他国家和地区发生的可能对我国经济社会产生重大影响的极端天气气候事件。近几十年随着全球气候变暖，极端天气气候事件频发，暴雨、洪涝、台风、干旱，特别是这些灾害又与地震灾害交织起来，导致灾害多点并发，影响范围广、灾害强度大，部分地区重复受灾，损失严重。随着经济社会的快速发展和人口的日益增长，受这些灾害影响的人口总数大大增加，灾害的敏感区域和脆弱行业也越来越多。尤其是特别重大气象灾害对国家经济建设、生态建设和人民生命财产安全构成了越来越大的威胁。本部分就近几年发生的影响力较大且有一定代表性的特别重大气象灾害事件——2021 年河南郑州“7 · 20”特大暴雨灾害进行梳理。

9.2.1 事件背景

2021 年 7 月 17—23 日，河南省遭遇历史罕见特大暴雨，全省平均过程降雨量 223 毫米，有 285 个站超过 500 毫米，有 20 个国家级气象站日降水量突破建站以来历史极值，其中，郑州、新密、嵩山站均超其历史日极值 1 倍以上。

降雨过程 7 月 17 日至 18 日主要发生在豫北（焦作、新乡、鹤壁、安阳）；7 月 19 日至 20 日暴雨中心南移至郑州，发生长历时特大暴雨；7 月 21 日至 22 日暴雨中心再次北移，7 月 23 日逐渐减弱结束。

郑州市 17—21 日降雨情况：7 月 17 日 20 时到 20 日 20 时，三天的过程降雨量为 617.1 毫米，其中小时降水、单日降水均已突破自 1951 年郑州建站以来 60 年的历史记录。郑州常年平均全年降雨量为 640.8 毫米，相当于这三天下了以往一年的量。20 日 16—17 时的降雨量 201.9 毫米更是突破了我国有记录以来小时降雨量历史极值。

河南省 12 条河流发生超警以上洪水，郑州、新乡、鹤壁等多地遭受特大暴雨洪涝灾害，受灾范围广、灾害损失重、社会关注度高。灾害造成全省 16 市 150 个县（市、区）1 478.6 万人受灾，因灾死亡失踪 398 人，紧急转移安置 149 万人；倒塌房屋 3.9 万间，严重损坏 17.1 万间，一般损坏 61.6 万间；农作物受灾面积 873 500 公顷；直接经济损失 1 200.6 亿元，其中郑州 409 亿元，占全省的 34.1%。

2022 年 1 月，国家灾害调查组通过调查认定：河南郑州“7 · 20”特大暴雨强度和范围突破历史记录，远超出城乡防洪排涝能力，全市城乡大面积受淹，城镇街道洼地积涝严重，河流水库洪水短时猛涨，山丘区溪流沟道大量壅水，形成特别重大自然灾害。郑州市委市政府及有关区县（市）、部门和单位风险意识不强，对这场特大灾害认识准备不足，防范组织不力，应急处置不当，存在失职渎职行为。

9.2.2 事件原因

这次特大暴雨既是天灾又是人祸。说它是天灾，那是因为从大的背景来看，全球气候变暖导致极端天气气候事件发生的可能性增大，剧烈程度越来越强。这次特大暴雨从天气角度来看，具备了两个条件：一是大量水汽聚集。7月中旬河南正处于副热带高压的边缘，在西太平洋副热带高压异常偏北、夏季风偏强等气候背景下，同期形成的2个台风汇聚输送海上水汽，与河南上空对流系统叠加。二是河南省太行山区、伏牛山区特殊的地形，对于输送水汽的偏东气流起到了抬升辐合效应，使垂直上升运动更加剧烈，所以降雨也就更大更强。强降雨在郑州市自西向东移动加强，河流洪水汇集叠加，加之郑州地形西南高、东北低，属丘陵山区向平原过渡地带，造成外洪内涝并发，灾情极为严重。

人祸主要是案件造成了不少伤亡事件，特别是在地铁、隧道等发生了本不应该发生的伤亡事件。郑州市及有关区县（市）党委、政府主要负责人对此负有领导责任，其他有关负责人和相关部门、单位有关负责人负有领导责任或直接责任。调查报告显示，相关负责人的失职渎职主要体现在六个方面：郑州市一些领导干部特别是主要负责人缺乏风险意识和底线思维；市委市政府及有关区县（市）党委政府未能有效发挥统一领导作用；贯彻中央关于应急管理体制改革部署不坚决不到位；发展理念存在偏差，城市建设“重面子、轻里子”；应急管理体系和能力薄弱，预警与响应联动机制不健全等问题突出；干部群众应急能力和防灾避险自救知识严重不足①。

9.2.3 应急处置

1. 及时启动国家救灾应急响应

针对河南省暴雨洪涝灾害，国家防汛抗旱总指挥部（以下简称“国家防总”）第一时间启动了国家救灾应急响应，并且根据灾情的发展及时提升到Ⅲ级响应，加大对河南救灾的支持力度。河南省救灾响应是Ⅰ级响应。

郑州市气象台2021年07月19日21时59分发布暴雨红色预警信号。此后的18小时内，暴雨红色预警又发布了四次，分别在20日6时2分、9时8分、11时50分、16时1分。7月24日上午，河南省将自然灾害救助响应调整到Ⅰ级，河南省防汛抗旱指挥部（以下简称“省防指”）协调抗洪抢险救援力量11.6万余人、2 600余台（套）装备开展抢险救灾。其中，全省消防救援队伍共接警出动8 330起，出动指战员8.9万人次、舟艇1.6万艘次，营救被困人员3.1万人，疏散转移群众7.3万人，排涝118.4万方，转运物资144吨，清

① 河南郑州“7·20”特大暴雨灾害调查报告［R］. 中华人民共和国应急管理部，2021.

淤消杀 1.4 万平方米。

2. 迅速行动，周密部署，积极组织各有关部门开展灾区救助及灾后重建工作

7 月 21 日，习近平总书记对防汛救灾工作做出重要指示，要求各地区各有关部门要在做好防汛救灾工作的同时，尽快恢复生产生活秩序，扎实做好受灾群众帮扶救助和卫生防疫工作，防止因灾返贫和“大灾之后有大疫”。李克强总理多次做出重要批示，主持国务院常务会议、专题会议部署，深入河南灾区考察，要求抓实防汛救灾措施，加快恢复重建，严肃认真开展灾害调查工作。

国家防办、应急管理部坚决贯彻落实习近平总书记重要指示精神，加强统筹协调，全力组织做好防汛抢险救灾的各项工作。一是以解放军和武警部队协调联动，解放军和武警部队累计投入 4.6 万人次，民兵 6.1 万人次，参与河南抗洪抢险。二是火速调派消防救援力量，应急管理部分三批次从 12 个省份调派了消防救援力量约 4 000 人，携带了大量的设备，包括舟艇、排涝车、大中型的移动排水泵站等，紧急驰援河南。三是调派国家安全生产应急救援队伍 14 支 376 人，携带 82 台排水装备赶赴鹤壁市；从湖北、陕西、江西等地应急管理部门和相关企业抽调 22 支应急排涝队伍 500 人，携带 154 台（套）大流量的排水设备执行排涝抢险任务。四是协调央企，像中国安能、中国电建、中国能建、中国铁建等中央企业 1 800 多人第一时间投入抗洪抢险。其中，中国安能参与了郭家咀水库漫坝的抢险、新乡卫辉市被围困群众的救援，成功堵复了浚县卫河的决口等。五是调派了工作组来指导河南做好救灾工作。灾害发生以来，救灾工作组深入各地，实地走访集中安置点、灾害现场，了解受灾群众的急难愁盼问题，全力做好受灾群众的安置和生活保障工作。

国家相关部委和相关企业大力支持河南的抢险救援，国家发展改革委调派了 18 支专业抢险队伍到郑州参与救援，交通运输部抽调人员 252 人次，投入应急钢桥、长臂挖掘机等各类装备 147 台次抢通保通，调集 200 多人、50 台（套）大型专用设备支持郑州地铁全力做好排水清淤。国家电网调派 26 个省份 1 万多名电力抢修人员抢修电力设施。湖南、广东、重庆等省市应急部门也主动调集抢险力量和装备增援河南。

在常庄、郭家咀、五星水库出现险情，卫河、共产主义渠堤防出现决口，卫辉城区发生严重内涝等汛情后，河南省水利厅共派出 200 多名水利专家第一时间赶赴现场，制定抢险方案，现场指导实施，及时有效解决问题。郑州市委市政府及时组织处置常庄水库、郭家咀水库等重大险情，积极开展灾后救助和

恢复重建工作。

为了处理城市内涝问题，郑州市各单位部门积极响应，加强值班巡察，河道部门及时降坝，整改积水区域检查井，组织对收水井、排水管网、明沟暗渠进行疏挖，提高排水能力，排查危房、人防工程，制定“一点一方案”责任清单。很快，郑州市区内便无严重积水路段，市民出行几乎无影响。

3. 迅速下拨中央救灾资金，全力保障救灾物资供给

国家防总主动对接地方救灾工作需要，会同财政部及时向灾区提供了中央救灾资金支持。面对河南严重的汛情灾情，财政部下拨 1.8 亿元防汛抢险和救助资金。7 月 27 日，中央财政又拨付了河南省财力补助资金 30 亿元，支持河南灾后恢复重建工作。

根据河南省要求，7 月 23 日国家防总会同国家粮食和物资储备局向河南紧急调拨了 9 万件（套）中央救灾物资，25 日又向河南省紧急调拨了第二批 26 万件（套）中央救灾物资，加起来共 35 万件（套）中央救灾物资，包括衣被、折叠床、折叠桌椅等生活类救灾物资，用于妥善安置受灾群众，保障他们的基本生活。

4. 利用科技手段，提高应对灾难的能力和效率

在这次特大暴雨灾害中，郑州市西边 40 公里的米河镇断电、断网、断路，完全成了信息孤岛，应急管理部调动了应急无人机，搭建了空中基站应急通信，能够提供 50 平方公里范围的 4G 网络服务。另外，郑州市郭家咀水库大坝出现漫坝重大险情，水利专家携带无人机、全站仪、GPS 等仪器设备紧急赶赴现场，实时监测大坝水位情况，为水库抢险提供技术支撑。除了无人机，高分卫星、救生机器人、机器人水泵等高科技设备也在这次河南抢险救灾中发挥着重要作用。这体现了科技向上、向善的作用，是我国科技实力不断增强的结果，也见证着始终如一的坚守为民初心。

5. 紧急处置因洪水引发的突发事件，灾后排查污水处理设施的运行情况，避免次生环境灾害

7 月 20 日 6 时许，位于郑州登封的登电集团铝合金有限公司临近的颍河水位暴涨并超警戒水位，河水漫过河堤致围墙倒塌、厂区进水，洪水漫延到厂区内合金槽内高温溶液引发爆炸①。事件发生后，在生态环境部应急中心指导下，生态环境部黄河流域生态环境监督管理局、河南省生态环境厅、郑州市生

① 刘俊超、王令. 生态环保人全力奋战保障环境安全第一时间开展应急处置. 闻令而行赶赴一线防汛救灾 [N]. 中国环境报，2021-07-23 (01).

态环境局、登封分局相关工作人员第一时间赶赴现场，指导登封市进行应急处置。河南省生态环境厅应急处、南水北调处、监测中心工作人员等按照河南省生态环境厅要求，由总工程师带队赶赴事故一线，现场开展指导处置工作。总工程师到达现场后，进一步了解事故原因、现状，以及市县采取的应急措施，要求对下游的白沙水库加强监测频次，确保水质安全，避免发生次生环境灾害。环境监测人员于7月20日中午12时和16时左右，分别对白沙水库大坝、白沙水库上游取样监测，监测数值与历史监测数据比对基本一致。经对特征污染物监测和专家研判分析，本次事件对外环境未造成明显影响。针对此次事件，河南省生态环境厅紧急发出通知，要求各地务必高度重视，举一反三开展本辖区内重点环境风险源企业环境隐患排查整治，强化应急值守、应急准备、应急处置，全力保障汛期及强降雨不利天气环境安全。

面对暴雨带来的严峻形势，郑州市生态环境局新郑分局迅速安排部署，奔赴一线开展工作，对全市8家污水处理厂、6个河流水质自动监测站逐一进行查看。及时协调供电部门解决企业用电问题，确保污水处理设施正常运行，从而防止次生灾害发生，保障了水质安全不受影响。

9.2.4 案例启示

我国是世界上自然灾害最为严重的国家之一。灾害种类多、分布地域广、发生频率高、造成损失重，是我国的基本国情。各类事故隐患和安全风险交织叠加、易发多发，影响公共安全的因素日益增多。城市洪涝带来的灾害主要有三方面：一是危害群众生命财产安全。暴雨形成洪水，出现大面积内涝，导致房屋受损、财产损失，威胁居民生存。二是影响城市供水、供电及交通。城市洪水对供水、排水等市政设施，以及交通、道路、涵洞等基础设施都会带来很大的影响，进水导致部分变电所、水厂、通信设备障碍，大水还会淹没道路，冲垮桥梁，使城市供水、供电系统中断，交通瘫痪。三是扩大面源污染范围，带来水质污染和疫情。洪水含有大量未经处理的垃圾、废弃物，甚至有一些工矿废水、农药残留物等，这些污染物将会导致饮用水水源的污染，同时也可能会对地下水水质产生影响。案例中郑州环保局的应急制度极好，避免了水质污染和疫情，但是第一和第二方面的灾害较大。这反映出，一旦脆弱的城乡系统譬如供水、供电、通信、交通等基础设施受灾并与极端天气事件相叠加，其后果不堪设想，往往会形成复杂性巨灾。“备豫不虞，为国常道。”突发性危机早期的共同特征是不给决策者以足够的时间和充分的信息进行决策，机会稍纵即逝。因此，在突发性灾害危机中，保障人的生存权利既要求相关领导干部要具备临时应急能力，还需要建立坚实可靠的突发性灾害应对制度和相关设施保障。这是既是一项紧迫任务，又是一项长期任务。同时，必须创新发展新时代应急管理理念，坚持提前预防、科学治理，改变灾难推动型治理方式，从“防护策略”转向风险管理，方可构建保护家园的“铜墙铁壁”。

1. 展开专题培训，大力提高领导干部风险意识和应急处突能力

城市洪涝带来的灾害之一是危害群众生命财产安全。暴雨形成洪水，出现大面积内涝，导致房屋受损、财产损失，威胁居民生存。习近平总书记高度重视防灾减灾救灾工作，反复强调要“始终把保障人民群众生命财产安全放在第一位”，本着对人民极端负责的精神强化灾害防范。从灾害应对处置中吸取教训，改进灾害防治工作，更好地提升灾害防御应对能力，进一步推进国家治理体系和治理能力现代化，才能防范化解重大风险，切实保障好人民群众生命财产安全。

从调查情况看，郑州“7·20”特大暴雨强度和范围突破当地历史记录，远超出城乡防洪排涝能力。虽然郑州市委市政府做了大量工作，但灾害仍然造成了重大人员伤亡和财产损失。只有大力提高领导干部风险意识和应急处理能力，建立健全党政同责的地方防汛工作责任制，推进我国应急管理体系和能力现代化，整体提升城市防灾减灾水平，切实增强全社会风险意识和自救互救能力，才能把保障人民群众生命财产安全的要求落到实处。提高领导干部风险意识和应急处突能力的有效途径是通过对有关部门领导干部组织专题培训，从而牢固树立人民至上、生命至上的理念，统筹好经济发展和人民安全，守牢安全第一的底线，增强风险防范意识，提高防灾减灾救灾和应对灾害风险的反应能力。同时，把郑州“7·20”特大暴雨灾害作为案例纳入干部培训内容，开展实战化教学。对新调整上任的各级领导干部，要及时组织上岗前后专题培训，使其了解应对各类灾害的职责和要求，具备防灾减灾救灾和应急处置基本能力。

2. 评估修订预案，建立健全研判机制

此次极端暴雨远超郑州市现有排涝能力和规划排涝标准。郑州市主城区目前有38个排涝分区，只有1个达到了规划排涝标准，部分分区实际应对降雨能力不足5年一遇（24小时降水量127毫米），即使达到规划排涝标准也不能满足当天降雨排涝需要，因此，应在原有的预案上进行评估修订。预案评估修订要与健全制度相结合，实化细化指挥和各有关部门及相关单位的具体责任、应答机制、行动措施，强化演练磨合和日常检查，发布预警信息后依据预案和制度启动响应、落实措施，并及时向指挥部反馈行动进展情况，确保关键时刻

管用顶用。

另外，建立健全极端天气和重大风险研判机制，量化预警和应急响应启动标准，规范预报预警信息发布，建立健全预警与应急响应联动机制，量化气象预警和应急响应的启动标准，细化实化极端天气防范应对措施，提高应急预案的针对性、实用性和可操作性。按规定及时采取“三停”（停止集会、停课、停业）强制措施。加强预案内容审核和预案衔接把关，增强预案体系整体性、协调性、实效性。加快自然灾害防治相关法律法规制修订。

3. 采用新的治理理念，实现“防御体系有韧性、基础设施有韧性、极端暴雨少损失”三大目标①

任何防洪排涝体系都有设计标准，极端超标准暴雨产生的灾害是不可避免的。洪涝灾害不存在根治的说法，对类似郑州这样的极端暴雨，应当采用新的治理理念，实现“防御体系有韧性、基础设施有韧性、极端暴雨少损失”三大目标。

（1）提升城市防洪排涝工程体系防御能力和韧性。

高度城镇化背景下，提升城市洪涝防御能力受用地严重制约，河道扩宽无空间，管网扩容将严重影响城市正常运转。按传统洪涝分治的治理模式，城市内河提标只能通过加高堤防解决，一则严重影响城市风貌，二则壅高河道水位不利市政管网排水，三则防治手段单一，遭遇超标准暴雨洪涝时极有可能整体失效。

传统城市洪涝治理模式难以适应新时期的高密度城市洪涝治理需求，须基于流域系统整体观，以流域为单元，运用“统一目标、统一规划、多维共治、系统优化”的高密度城市暴雨洪涝治理规划设计方法：以流域相同频率设计暴雨条件下城市内河堤防保安全、地面积水不成灾作为城市洪涝治理的共同目标；小排水系统和大排水系统同步一体化规划，以避免各自为政导致的边界条件不衔接和工程规模不协调；在整个内河流域尺度充分挖潜治理空间和蓄排潜力，采用蓄排结合的多元措施、布局若干分散工程（如水库挖潜、利用下凹式广场和湿地公园、建设分散式雨水调蓄池、疏通河道、建设排涝泵站、构建路面行洪通道、建设深层隧道等），联动累加、形成合力，构建流域多维共治体系，共同消纳流域暴雨径流；通过流域洪涝耦合模型，对多维体系工程布局下的城市洪涝过程精细化模拟，系统优化工程布局及措施，确保各维度分散工

① 陈文龙，等. 高密度城市暴雨洪涝防御对策：郑州“7·20”特大暴雨启示［J］. 中国水利，2021（15）：18-20，23.

程的联动累加效应最优化。通过构建韧性城市洪涝防御工程体系，实现“鸡蛋装在一个篮子里”向“鸡蛋装在多个篮子里”转变，避免超标准暴雨洪水唯一依靠堤防的对抗性脆性防御。

（2）提高城市重大基础设施洪涝防御能力和韧性。

其一，进行综合的海绵化改造。长期以来，城市建设中存在“重地上轻地下”“重工程手段轻自然方法”的倾向，城市排水实行“以排为主”的模式，忽视了城市水生态系统应有的吸纳、渗透、滞蓄、净化等功能，城市排水设施标准不高、能力不足，不能应对超标准降雨和局部强降雨，造成城市内涝和初期雨水地表径流污染等问题，也浪费了宝贵的雨水资源。为转变城市规划建设理念，减少城市内涝，改善城市生态环境，我国提出建设海绵城市。海绵城市是新一代城市雨洪管理概念，是指城市在适应环境变化和应对雨水带来的自然灾害等方面具有良好的“弹性”，也可称之为“水弹性城市”。城市在下雨时可吸水、蓄水、渗水、净水，需要时可将蓄存的水“释放”并加以利用。海绵城市建设统筹发挥了自然生态功能和人工干预功能，可有效控制雨水径流，实现自然积存、自然渗透、自然净化的城市发展方式，有利于修复城市水生态、涵养水资源，增强城市防涝能力，也是提升城市建设品质、改善人居环境的重要措施。

其二，进行洪涝防治工程改造。海绵化改造不是万能的，其只适合对付5年一遇及以下的小雨。随着中国的城市化快速发展，人口、资源逐渐向城市聚集。截至2020年，中国人口密度最大的10座城市总面积仅占全国的0.51%，而人口和国民生产总值占比分别达到8.96%和16.99%。高密度城市人口、资源高度聚集，其社会经济地位决定其淹不起、涝不得，必须高标准设防，如深圳和广州城市内涝防治标准规划从20年一遇提升至100年一遇。郑州市这次特大暴雨导致城市发生严重内涝，地铁全线停运，大面积断电、停水，通信信号差，市民的生产生活受到了严重影响。郑西、郑太、郑徐及普速的陇海线、焦柳线、宁西线、京广线部分区段封锁或者限速运行，影响旅客列车186列，209、310国道交通中断。常庄、郭家咀水库险情危急郑州市城区和南水北调中线工程安全，人员伤亡及财产损失等情势依然十分严峻。郑州海绵城市设计过程中，《郑州都市区排水（雨水）防涝综合规划（2015—2030年）》提出，2030年要达到50年一遇的国家排涝标准（24小时降水量199毫米）。由此可见，要提高重要市政基础设施（如自来水厂、电厂、变电站等）、重要交通设施（如火车站、飞机场、地铁站等）等重要基础设施的防御能力，将郑州的排水系统改造为主要以洪涝防治工程设施建设为主，即“大排水系统”，包括河道、水利设施（防洪堤、坝、闸等）、蓄洪区、排水渠道（隧道）、排水泵站、大型调蓄设施、行泄通道等基础设施。这些设施是洪涝防治的“主力军”，必须夯实基础，加大投入，完善短板，按高标准和高质量要求建设和维护，只有这样才能确保城市防洪防涝安全。

综上所述，郑州市应明确重要基础设施项目控制性详细规划阶段必须开展洪涝安全评估，严控河湖水域蓝线、明确片区重要基础设施建设竖向高程及设防标准，充分落实海绵城市、防洪排涝相关规划及自身洪涝安全措施，从城市规划阶段落实洪涝“源头”安全管控，以有效提高城市基础设施洪涝防御韧性。

（3）协调各部门联动应急。

政府需要统一领导各方协作抗灾。合理安排紧急救援、饮食保障、物资供应、设备检修、医疗保障、信息沟通等各方的分工，做好不同地区之间的联通协作，避免重复调派、多头指挥等问题的发生，确保各部门各单位都能稳定、有效地做好各自的任务。同时协调好各部门、各企业以及民间救援力量，以最大限度地应用到救援行动中。征召广大市民参与，组成志愿者队伍，并根据需要分类组织，如信息组、交通组、医务组、市政组、后勤组、专家组、心理咨询组等。

本次郑州“7·20”特大暴雨灾害中，气象台是自然灾害应急处置最核心的单位。应急处置涉及当地各部门、各领域，而中国各地气象台都是清一色的气象、地震专业人员，他们很少与其他部门联合办公。气象台内缺乏各方面的专业人才，更缺乏与各应急单位协同会商的制度，导致气象专家根本无法设计全面、精准、有效的应急指南。因此，发生自然灾害时，政府部门应组织气象台与辖区内各主管部门联合办公，联合制定预案、联合发布预警、联合指挥应急、联合实施灾后调查，据此大大提高应急管理水平和质量。同时，预警信息发布必须对媒体及其渠道（微信、抖音、报刊、电视等）全覆盖，保证全体市民收到预警信息。这样的多方联动应急才能使灾害降到最小值。

（4）提高超标准暴雨应急管理能力。

超标准暴雨引起洪涝灾害是不可避免的，政府、社会应急管理能力是超标准极端暴雨条件下减少人员伤亡和经济损失的关键要素。需要加强“四预”（预报、预警、预演、预案）体系建设，加强会商研判，以提升超标准暴雨应急管理能力。

①预报。

在新一代天气雷达的强降雨监测预报基础上，建设城市暴雨洪涝全过程、全要素监测网，运用城市洪涝快速模拟技术，实时动态预测预报水淹位置、范围和过程，实现洪涝风险早期识别，合理指导人员转移、抢险布防、交通管制。

②预警。

完善城市洪涝灾害预警发布机制，做好预警发布工作，针对不同用户、不同场景、不同需求进行“实时响应、精准定位、风险分级”精准靶向预警，确保能够及时向责任人和受影响群众发布预警信息，及时启动避险转移、交通管制等。针对重大灾害性天气过程，滚动预测预报，及时发布预警，特别是要做好短临预报预警，确保预警信息到村、到社区、到户、到人。组织滚动联合会商，发挥气象、水利、自然资源等部门专业优势，精准研判风险，周密部署防范。

③预演。

在城市暴雨洪涝应对过程中，运用数字化、智慧化手段，对气象预报—洪涝预报—水工程调度—预警信息发布—多部门应急联动等洪涝应急响应全过程进行模拟预演，为政府各部门应急联动、协同抢险救灾提供科学决策支持。

④预案。

除了各级政府现行的防汛预案，需要重视超标准洪涝防御预案、城市重大基础设施洪涝防御专项预案。建立“政府统筹，应急主导，部门联动”的城市洪涝应急管理机制，强化洪涝风险隐患摸查及洪涝风险图在预案中的应用，针对城市更新情况及时修编洪涝风险图和预案，突出预案的实用性与可操作性。

（5）强化洪涝科普，提升公众应急避险能力。

外部的救援能力到达现场是需要时间的，要让群众了解身边的风险，掌握自救互救的基本技能，能够快速地建立起一个社区或者一个基层单元的自救组织。在当前技术条件下，短临暴雨预报、洪涝预报还存在误报和漏报，因此，在面临极端天气条件时，公众的洪涝灾害风险意识和自救能力极其重要。采用向社会公布洪涝风险图、线上线下普及暴雨洪涝风险源及避险常识、科普基地教育等措施，加强对群众的洪涝灾害应急避险培训，提高群众的防灾减灾意识，科学指导群众学会正确的自保方式，增强危险状态下的自救能力、互助能力和理智行为能力，提高恶劣环境下群众对洪涝灾害的适应性。

9.3 我国突发自然灾害危机治理方略

随着改革开放和社会主义现代化事业的发展，我国自然灾害治理体系不断完善，治理能力不断提高，拥有了更加坚实的经济基础和更加先进的现代化技术手段，形成了有效保护人民群众生命财产安全的防灾减灾体系，经受了各种自然灾害的重大考验。自然灾害治理体系成为国家应急治理体系的重要组成部分。通过分析郑州“7·20”特大暴雨事件，我们发现在突发自然灾害事件面前，我国仍然暴露出自然灾害危机治理方面的种种问题。

9.3.1 我国突发自然灾害危机应急管理机制

全球气候变化背景下，我国极端天气气候事件呈现出新的态势，全球气候变暖加剧了极端气象灾害发生的频率，气象灾害呈现出长期性、突发性、巨灾性和复杂性等特征。未来我国极端高温事件、极端降水量、受台风影响的高脆弱地区以及受干旱影响的农田面积都将有不同程度的增加。虽然我国在应对自然灾害挑战方面取得了重大成就，积累了丰富经验，形成了强大制度体系，但是仍然存在进一步完善的空间。

1. 地方政府灾害管理能力偏弱，灾害风险管理决策水平偏低

目前我国对自然灾害的应急管理较为被动，只有自然灾害发生了，才知道控制自然灾害的重要性，应急意识普遍偏低。随着我国自然灾害越来越多，越来越多的机关单位甚至是社会机构开始重视对自然灾害的预防和控制，虽然也做了不少的工作，但是基层在落实工作上还有很多的缺失。很多地方机关受旧式思想的影响，还是以经济增长为主要发展目标，对自然灾害没有产生足够的重视，使得对自然灾害的应急管理达不到想要的结果，而有些人员的不作为也导致了群众的自然灾害应急意识得不到提升。众所周知，日本是个海岛国家，所以地震等自然灾害发生的频率较高，日本政府早就出台了各种应对自然灾害的法律措施，在频发地震的居民住所旁，长期存有应急粮食等。而我国对自然灾害的重视程度却相对较低，一些地区对自然灾害的应急管理还停留在口号宣传上，并没有实际的行动。

2. 群众和社会普遍缺乏灾害应急意识，对即将乃至已经到来的灾害风险缺乏应有的感知和认识

在实际工作中，群众的灾害应急救护意识普遍较弱，甚至部分群众将灾害

的原因归集于封建迷信，从而导致缺乏自救行动。究其原因：一是风险安全教育难以实现从小做起。在学校教育过程中，部分学校应急救护等危机安全教育没有落到实处，致使幼儿和学生缺乏应急救护意识以及应急救护知识和技能。二是广泛的灾害危机应急救护氛围尚未形成。传统思维观念强调人们在讲话、做事时“图吉利”“讲彩头”等，导致许多群众不愿意直面风险灾害危机，同时对怀有忧患意识的人往往动辄扣以“悲观主义者”的“大帽子”，嘲讽其为“杞人忧天”，导致许多安全生产的措施与制度形同虚设，人们对许多安全隐患熟视无睹，心怀侥幸。三是由于长期缺乏系统的危机教育，公众难以形成对危机灾害知识和应急救护技能的自我意识。表现为不同的部门、行业及人群对行业外的应急救护培训的主动参与性不高；在应急救护培训过程中，缺乏必要的督查，部门之间缺少合作，资源无法共享；即使在举行防灾演练、预案演习的时候，主动参与避险逃生和自救互救训练的群众凤毛麟角，政府及有关职能部门只能硬性推动。

3. 制定的应急预案不全面

有些自然灾害应对预案与自然灾害的实际处置过程存在较大差异。主要表现在：应急行动与预警信息发布脱节，应急响应严重滞后，预警信息没有向全社会发布等。近年来，自然灾害频繁发生，特别是出现了城市暴雨、雨雪冰冻等危害影响较大的新型自然灾害。新时代“大应急”要求地方政府对自然灾害的预案进一步丰富，特别是要着眼于预警预防机制建设，全面提高相关自然灾害预案设计的科学性和针对性。

4. 高密度城市发展与自然灾害防治能力的脱节

首先，由于城市化进程加快，大中型城市开始盲目扩张。在城市规划中，城市建设面积不断扩大，辅助的基础设施建设却跟不上。其次，人口数量不断增加，导致城市负担不断加重，环境污染严重，生态平衡破坏，环境本身的蓄排水能力、自净能力等丧失。最后，维持城市生存功能系统和对国计民生有重大影响的生命线工程投入不足。一旦发生自然灾害，城市就会大面积停水停电，通信中断，甚至出现交通瘫痪，由此引发的医疗、救援、补给问题也接踵而至。

5. 自然灾害的应急管理体系不完善

我国重大自然灾害应急管理体系缺乏多灾种、全要素、全过程、全链条的系统综合，现有防治理论、技术、仪器装备与能力体系都存在亟须补齐的短板，防治核心技术与仪器设备依然依赖欧美发达国家，我国独有的重大自然灾害科技难题仍有许多科技瓶颈需要突破，当前科技能力难以支撑新时代重大自然灾害防治的需求。

9.3.2 学习借鉴国外应对突发自然灾害危机的经验

纵观世界各国，美国、德国、日本、俄罗斯等国都是自然灾害高发的国家，他们在长期的防灾减灾工作实践中积累了丰富的经验。从国际减灾实践来看，普遍采纳的减灾工具包括危险源分析与制图、土地使用规划、经济与保险手段、安全社区建设、结构控制等。当灾害影响超出自身应对能力或资源条件时，为了能够快速联合应对灾害和实现资源有效整合，许多国家往往会事先签订跨区域灾害防救相互支持协议。其中美国形成了联邦、区域、地方三重应急机制体系；英国调动全社会资源，架构应急管理体系；日本则建立了以预防为中心的应急管理体系。

有专家指出，可借鉴的经验如下：一是注重跨区域应急法治体系建设，美国以严苛的法律管理公共卫生突发事件，我国也应继续推动法治中国建设，做到法治内化于心、外化于行；二是重视对社会公开信息，英国通过媒体、政府热线和政府网站等向社会公布公共卫生事件的处理方式，值得借鉴，媒体监督和科普有助于缓解公众恐慌情绪，进而维护社会稳定；三是注重信息化建设，美国注重信息系统建设，我国在疫情中也充分应用了大数据手段；四是注重预防为主、快速反应，美国、日本等都建立了以预防为主的管理理念，应急处理机制反应较快；五是注重公众应急意识培养，借鉴英国、日本经验，通过科普推动公众的参与。

9.3.3 我国突发自然灾害危机的治理措施

尽管各国国情不同，在应对和处理突发公共事件上没有统一的标准，但不少欧美国家都建立了比较完善的应急管理模式，积累了很好的经验，值得我们学习和借鉴。结合我国实际，参考国外经验，提出如下治理措施：

1. 全面提高地方政府防灾减灾能力

加强各级政府部门防灾能力培训，培养底线思维，落实防大汛、抢大险、救大灾工作，开展全社会组织动员，广泛宣传防汛安全避险知识。在自然灾害治理中主要领导干部的灾害意识、知识和紧急应对技能非常重要。面对紧急复杂的汛情，政府作为总指挥，需要做出迅速、明确的指示，始终坚持“以人民安全为中心”，指挥各部门的防灾救灾行动，最大限度避免人员伤亡及财产损失。

2. 社区和基层群众自救互救能力建设是有效减轻灾害的关键保障

在当前技术水平条件下，自然灾害风险预测预警还存在误报和漏报。因此，在面临极端天气或其他自然灾害时，公众的灾害风险意识和自救能力极其重要。政府应采取多种形式向社会普及灾害及避险常识，有序规划建设科普教育基地，提高群众的防灾减灾意识，科学指导群众自保，增强危险状态下的自救能力、互助能力和理智行为能力，提高恶劣环境下公众自身对自然灾害的适应性，让人人都是安全员，人人都是第一响应人，人人都是指挥官，人人都具备一定的应急决策能力。这是当前和今后一段时期政府和社会的共同责任。

3. 切实理解“大应急”的时代需求，不断加强和完善应急预案管理

做好自然灾害综合风险监测预警，密切衔接风险监测预警与预案管理，需要大力强化风险预警和灾害响应一体化管理，“预字当头”，层层落实，环环相扣，将应急联动落实落地。

紧急事态下要统一信息发布。灾情后各大媒体、互联网公司、民间组织都纷纷建立起信息发布平台，但是整体上信息繁杂而且难以找到需要的内容，各部门的信息又不对公众开放，造成舆论混乱，这也进一步导致指挥调度不畅。建议统筹政府灾害信息管理和发布平台，统一各种信息，调整指令性或推荐性预警信息发布流程，大力推广政府统筹多部门协同联合发布机制，确保指令权威并能够及时落实到位，优化改进预警信息发布内容。

同时，一定要加强应急预案管理和实景推演。基层应急预案很多都是大块引用规范规定文件内容或上级预案以及其他单位预案，实际针对性不强。科学合理、有针对性地建设分级应急预案，加强必要的灾害风险推演和演练。尤其针对城市化和高技术发展带来的生命线工程、城市公共设施和地下空间等高危险区段，加强极端灾害场景推演和实景演练，对于最大限度保障城市运转基本正常，不造成重大财产损失和人员伤亡，具有重要意义。

4. 要站在系统科学和系统工程的角度，刻不容缓谋划自然灾害防治能力建设

按照地球系统科学思想，自然灾害防治是一个复杂的开放系统问题。2001年美国国家研究理事会从可持续发展的角度，正式提出“地球关键带”的概念，并将其定义为位于地球表层一个岩石与生命相遇、岩石—土壤—水—空气和有机生命相互作用的区域。这是一个充满活力、不断演化的混合圈层，绝大部分自然灾害和生态环境过程均发生其中。地球关键带的结构演化、物质与能量迁移转化、多过程耦合作用机制非常复杂，也是重特大自然灾害发生发展转化的动力来源和关键要素。加强地球关键带过程及复杂系统的模型模拟研究，

能有效提升我国自然灾害的理论支撑水平。

钱学森先生认为：开放的复杂巨系统机制模糊，结构复杂，变量众多。首先是系统本身与系统周围环境有物质、能量和信息交换，其次是包含成千上万个子系统，最后是子系统种类繁多。“研究复杂巨系统要吸取一切有用的东西。”城市灾害和复合链生自然灾害研究要深入学习系统科学和系统工程思想，把定性研究和定量研究结合起来，科学理论与经验知识结合起来，把对客观事物的星星点点知识综合集中起来，把多学科结合起来，把宏观和微观研究统一起来。要定性与定量结合，通过系统建模，将复杂的灾害系统的结构、功能、输入—输出关系用数学物理模型、逻辑模型等描述出来，发展灾害链形成演化及其致灾基础理论模型，提升全灾种、全要素、全过程与全链条灾害风险防控理论水平，推进综合立体观测和泛在感知集成创新，突破灾害链智能预警与精准阻断防控等关键技术，有效支撑国家自然灾害防治能力现代化建设和综合防灾减灾救灾工作。

5. 高度重视高技术和城市化发展给自然灾害防治带来的新课题

依靠科技，以信息化、智能化为抓手组建城市生命线工程安全监控网络，创建“前端感知—风险定位—专业评估—预警联动”的城市灾害治理模式，是解决城市安全运行状态动态监测、安全风险评估、风险预警防控、协同组织架构等问题的重要举措。

一是要提升城市生命线系统的韧性。尽快提高城市防灾减灾工程体系的防御能力，创新高密度城市和城市群灾害治理理论，构建多维城市自然灾害防御工程体系，提高防御韧性，提高重大基础设施（如自来水厂、电厂、变电站等）、重要交通设施（如火车站、飞机场、地铁站等）等的防御能力，并制定独立的应急预案。

二是要提高通信系统的冗余度，坚持底线思维，多种措施保障通信畅通。在灾害发生时，通畅的通信是有效救援的保证，本次郑州地铁中及时传出的求救信号为减少人员伤亡起到了重要作用。要深刻理解重特大自然灾害可能带来的极端环境条件约束，满脑子只装着5G、视频不能应急。在极端情况下，公网都断了，卫星电话也可能遭受强烈干扰，按照底线思维，有效配备北斗短报文终端、短波超短波自组网电台等保底通信系统，是确保应急通信的重要手段。

三是要理性看待新概念新技术对应急能力建设的实际支撑作用，做好基础工作是关键。郑州特大暴雨灾害过程中，郑州市“海绵城市”的建设可以减轻灾害程度，但无法独当一面。实际上，海绵城市总体目标是建成具有吸水、蓄、净、泄水功能的海绵体，提高城市防洪排涝减灾能力，改善城市生态环境，缓解城市水资源压力，但海绵城市、智慧城市的功能往往不足以面对重特大自然灾害。地方政府在推进当地经济技术发展过程中，也需要合理定位新技术新概念工程，透明、智能、智慧等现代化的概念和工程都必须建立在数据信息共享基础上，也必须以自然灾害防治理论和感知能力为依托。

6. 系统梳理城市灾害长链条、多复合的特点，加强综合风险监测预警能力建设

在城市灾害应对上，真正有效的做法是提前做好预警，让公众提前采取必要的响应措施。2008 年长江抗洪时，湖南、江西、湖北、安徽、江苏等省防指先后宣布进入紧急防汛期，从而依法采取了紧急组建抗洪抢险队伍、紧急调用抢险物资、实行交通管制等有力举措，极大避免了人员伤亡和经济损失。然而，“7・20” 特大暴雨灾害，大雨将至早在意料之中，但郑州雨势之大却在意料之外。自然灾害风险来自地球系统，耦合工程设施，影响人口经济，辐射链条漫长，科学的灾害风险预警仍然是一个技术难题。

当前，我国重大自然灾害应急管理体系缺乏多灾种、全要素、全过程、全链条的系统综合，现有防治理论、技术、仪器装备与能力体系都存在亟须补齐的短板，防治核心技术与仪器设备依然依赖欧美发达国家。我国独有的重大自然灾害科技难题仍有许多科技瓶颈需要突破，当前科技能力难以支撑新时代重大自然灾害防治的需求。

为此，迫切需要发展重大自然灾害致灾机理基础理论，发展全频段、智能化、高精度和高稳定性的监测预警技术系统，研发基于物理和数值预测模型，物联网、大数据、信息化高度融合的智能化高时空分辨率预报预警系统，研发基于灾变过程与致灾机理的风险识别和风险定量精细化评估技术，普及城市应急二、三维一张图，管网数据一张图和历史灾害模型数据一个库，破解灾害预警信息来源多元化、灾害监测预警指标多样化、风险研判单一性、资源共享机制不健全等难题，加快建立灾害链演化与耦合过程试验研究平台，开展灾害链孕育—发生—演化过程及其与成灾体耦合作用的试验研究，加快研究多灾种全链条自然灾害监测预警理论技术方法，搭建灾害链模型集成、信息融合、大数据与人工智能分析、AR/VR/MR 仿真推演等技术平台。

9.4 结束语

自然灾害是自然界中发生的异常现象，会造成人员伤亡、财产损失、社会失稳、资源破坏等现象或一系列事件。近些年来，随着全球气候变暖，极端天气气候事件发生的可能性增大，自然灾害危机有以下特点：不可避免性、可预防性、突发且异常性、区域性等。如何从科学的意义上认识这些灾害的发生、发展以及尽可能减小它们所造成的危害，已是国际社会的共同主题。本节从预防与准备、监测预警、救援与处置三个方面简要介绍了我国自然灾害应急管理经验，结合郑州“7·20”特大暴雨灾害案例分析我国突发自然灾害公共危机应急管理机制存在以下五个方面的问题：一是地方政府灾害管理能力偏弱，灾害风险管理决策水平偏低；二是群众和社会普遍缺乏灾害应急意识，对即将乃至已经到来的灾害风险缺乏应有的感知和认识；三是制定的应急预案不全面；四是高密度城市发展与自然灾害防疫能力脱节；五是自然灾害的应急管理体系不完善。本书借鉴国外应对自然灾害突发危机的办法，提出我国自然灾害的治理措施：一是全面提高地方政府防灾减灾能力；二是社区和基层群众自救互救能力建设是有效减轻危害的关键保障；三是切实理解“大应急”的时代需求，不断加强和完善应急预案管理；四是要站在系统科学和系统工程的角度，刻不容缓谋划自然灾害防治能力建设；五是高度重视高技术和城市化发展给自然灾害防治带来的新课题；六是系统梳理城市灾害长链条、多复合的特点，加强综合风险监测预警能力建设。

10 突发公共卫生事件

10.1 突发公共卫生事件概述

10.1.1 突发公共卫生事件的界定

对于危机的概念，国内外学者讨论得并不多。研究危机的先驱 C. F. 赫尔曼认为：“危机是威胁到决策集团优先目标的一种形势，在这种形势中，决策集团做出反应的时间非常有限，且形势常常向令决策集团惊奇的方向发展。”巴顿（Barton）（1993）认为危机是“一个会引起潜在负面影响具有不确定性的大事件，这种事件及其后果可能对组织及员工、产品、服务、资产和声誉造成巨大的损害”。我国学者高鹏程（2009）认为：“危机就是指相对于特定主体而言在特定时空条件下客观存在的、可能导向重大负面价值而必须加以认知并作出抉择的特定阶段。”在西语中，危机起源于对人的健康状况的描述，是指人体健康已经到了危急关头，甚至是生死关头。卫生是通过有意识的努力保持身体健康，进而使身体远离危机。公共卫生则是从社会层面避免作为社会成员的具体个人遭受集体性的、普遍的侵害，是通过评价、政策发展和保障来预防疾病、延长人的寿命、促进人的身心健康的一个科学领域。高鹏程（2009）认为：“公共卫生危机是指从社会层面而言社会成员以及相应的社会机制不能有效防止普遍性人身健康危机的发生。”公共卫生事件包括所有影响社会公共健康的事件，如重大传染病疫情、群体性不明原因疾病、重大中毒和放射性损伤等。

从经济状况和公共卫生事件的关系来看，一方面，经济的不断发展既为人们抵抗公共卫生事件创造了条件，同时也为公共卫生事件的不断发展提供了“土壤”；另一方面，公共卫生事件的发生将会制约经济发展，良好的公共卫生又能为经济发展保驾护航。从社会政治与公共卫生事件的关系来看，从传统社会到现代社会，防范和化解公共卫生事件逐渐成为政府公共管理的重要职能，成为政府管理社会的主要方面。从社会其他方面与公共卫生关系来看，社会文化、社区生活、公共场所、公共卫生教育以及公共卫生信息传播等都与公共卫生危机存在着密切的关系。

综上所述，公共卫生事件的发生与特定的经济状况、特定的政治状况和社会领域的其他特定状况都有着密不可分的联系。来自经济、政治和社会领域中其他部分的因素既可能对公共卫生事件起到促进作用，也可能诱发公共卫生事件的发生，扩展公共卫生事件的范围并可能导致严重的公共卫生危机。公共卫生危机大多数表现为突发性事故危机。

10.1.2 突发公共卫生事件的特点

突发公共卫生事件与其他突发公共事件具有以下共性：①不可预见性。公共卫生事件往往表现为事发突然、紧迫、非预期、意外。事件产生的诱因难以预测，不分时间、地点和环境，事件的发生、发展和造成的影响和后果也难以预测，是不以人的意志为转移的。1988 年上海市发生的甲肝疫情、2003 年的非典疫情都显示出其不确定性和不可预见性。②多发性、多样性和复杂性。首先，事件具有不同表现形式，呈现出多发性、多样性和复杂性的特点，从起因到对社会影响的范围，从处理的手段到产生的结果，不同的事件表现其差异性。③紧迫性。事件发生后，应当立即引起重视，尽快加以解决，消除各方面的影响。如果对事件认识不足、行动迟缓、处理不力，危机很有可能迅速扩散，由小范围扩大到大范围，由单一危机扩展为多危机同时发生，很难予以控制。④危害性。每个公共卫生事件都会产生不同的社会影响，只不过影响的大小、后果的严重程度不同。

除此之外，突发公共卫生事件危害重大，与其他公共事件相比，有其自身特点。

首先，突发公共卫生事件的成因具有多样性。大多数时候，突发公共卫生事件的暴发与各种烈性传染病有关，但一些公共卫生事件也与自然灾害有关，比如说地震、水灾、火灾等。此外，部分公共卫生事件与事故灾害也密切相关，比如环境污染、生态破坏、交通事故等。社会安全事件也是形成突发公共卫生事件的一个重要原因。

其次，突发公共卫生事件在分布上具有差异性。在时间分布差异上，不同季节传染病的发病率也会不同，比如一些传染病往往发生在冬、春季，而另一些则发生在夏季。此外，分布差异性还表现在空间分布上，如传染病的区域分布不一样等。

最后，突发公共卫生事件传播具有广泛性。在全球化时代，病毒可以通过现代交通工具实现无国界流动，一旦蔓延，必将成为全球性疾病。此外，突发公共卫生事件的危害相较普通卫生事件更严重。公共卫生事件不仅影响我们的健康，也影响社会和经济发展的稳定性。

10.1.3 突发公共卫生事件应急管理的必要性及基本原则

突发公共卫生事件具有高度不确定性，发生时间、范围、强度等不可完全预测。事件一旦发生，发展演变迅速，不仅会对人们的身心健康造成极大伤害，还会给当地的社会经济、政治等方面带来不利影响。应对突发公共事件时，若决策者缺少有价值的信息支持，就无法做出正确的决策，不利于对突发性公共卫生事件进行科学、有效的处置。因此，开展突发公共卫生事件的应急管理机制建设，阐明部分已知突发公共事件的基本状况、成因，有针对性地对公众进行防范突发公共卫生事件的宣传，及时控制突发公共卫生事件的发生和发展，具有重大的现实意义。

危机管理是公共管理部门为了应对突发的危机事件，通过采取一系列的措施，一步步防范并化解危机，恢复社会正常秩序，保障人们的正常生产和生活。危机管理的目的在于消除、降低危机所带来的威胁以及损失。危机管理本身就是专门的管理科学，是为了对社会生活中突发的危机事件做出反应，尽量使其损害降至最低，而专门事先建立的防范、处理体系以及采取的对应措施。有些学者认为，危机管理中必须遵循以下几个原则：①时间性原则。采取紧急处置手段，及时控制危机事态的发展是危机管理的第一原则。②效率性原则。公共危机蔓延速度很快，要求政府快速反应，有效动员社会资源。③协同性原则。参与危机应对的人员来自各行业，政府机关、电信业、消防、医疗服务等，协同一致动作特别重要。④科学性原则。应对因工业技术而引起的灾害以及由自然灾害而造成的危机事件时不可蛮干，必须注重科学性、技术性，多征求专家的意见。

10.2 案例概述

公共卫生事件主要指造成或者可能造成社会公众健康严重损害的重大传染病疫情、群体性不明原因疾病、重大食物和职业中毒以及其他严重影响公众健康的事件。2003 年非典疫情和 2020 年新型冠状病毒感染疫情，是目前在我国影响较大的公共卫生事件。

10.2.1 非典疫情

非典，又称为严重急性呼吸综合征，2003 年 3 月 15 日，世界卫生组织正式将该病命名为 SARS。患者主要以发热为首发症状，该病起病急、传染快，在我国造成了包括医务人员在内的 349 名患者死亡，于 2003 年中期被逐渐消灭。在该疫情发展期间，政府第一次采取隔离措施应对公共卫生事件，并在北京市设立小汤山医院作为临时性传染病医院专门治疗非典感染患者。

10.2.2 新型冠状病毒感染疫情

2020 年 1 月，新型冠状病毒感染疫情暴发。这次疫情是新中国成立以来发生的传播速度最快、感染范围最广、防控难度最大的一次重大突发公共卫生事件。新型冠状病毒感染患者以发热、干咳、乏力等为主要表现，少数患者伴有鼻塞、流涕、腹泻等上呼吸道和消化道症状。重症病例多在 1 周后出现呼吸困难的症状，严重者快速进展为急性呼吸窘迫综合征、脓毒症休克、难以纠正的代谢性酸中毒和出现凝血功能障碍及多器官功能衰竭等。新型冠状病毒疫情因传播速度快、波及范围广受到各国关注。在防治方面，我国政府及时响应、积极应对，研发疫苗、建立方舱，鼓励各组织、社会团体和个人积极参与，在全民抗疫下，至 2022 年年底，新型冠状病毒感染疫情在我国呈好转、可控状态。但新型冠状病毒疫情给人们的生活、经济发展带来了重大影响。

10.3 事件对比

2003 年非典疫情和 2020 年的新型冠状病毒感染作为 21 世纪发生的两起重大公共卫生事件，不仅给我国的公共卫生安全体系带来重大挑战，也导致全国人民的生命健康遭受重大威胁。两次公共卫生事件的暴发与特定的政治、经济、社会、技术环境等因素息息相关。

10.3.1 宏观环境对比

1. 政策环境不同

从 2003 年非典疫情到 2020 年的新型冠状病毒感染疫情，我国公共卫生应急管理的政策环境已经有了很大的改善。从提案到预案的具体要求，再到落实具体预案的实施指南，政府应对公共卫生突发事件预案的准备工作也日益清晰。针对具体类别的突发公共卫生事件，有关部门也出台了一系列的针对性文件，使得政府在公共卫生事件发生之时有章可循。这也是新型冠状病毒感染发生时政府能够迅速响应的原因。

2. 发展阶段不同

2003 年是党和国家发展史上非常重要的一年，国家内部经济增长动力充足，人均消费水平大大提升。长江三角洲城市群、珠江三角洲城市群、首都经济圈与环渤海经济圈的城市开发引发新一轮城市建设热潮，中国城市化进程进入加速发展阶段。2020 年新型冠状病毒感染疫情时期，我国社会主义市场经济改革进入深水区，经济增速放缓，从追求经济“总量”转换到追求经济“质量”。随着城市化建设高潮的过去、人口老龄化的加速到来，我国也面临着经济增速持续下行的压力。自 2016 年我国 GDP 增速首次“破 7”以后，经济增速始终处于下行期，GDP 增速由 2003 年的 10%降为 2020 年的 6.1%。两起公共卫生事件所处的经济环境大为不同，也使得两起事件所带来的经济影响差异尤为显著，新型冠状病毒感染疫情带来的经济负面影响远远大于非典疫情，影响也更加长远。国家统计局资料显示，受新型冠状病毒感染疫情打击最为严重的 2020 年第一季度国内生产总值为 206 504 亿元，同比下降 6.8%。

3. 文化环境不同

2003 年非典疫情时期，关于自然价值观的反思已经逐渐融入越来越多国人的自然价值判断中，但人与自然的关系仍然是人类为主导，自然次之。2020 年，尊重自然、敬畏自然价值观的提出，人与自然之间的关系被重新定位。人们更多地将自然放在与人类平等的地位上，与自然和谐相处，尊重自然、敬畏自然，人们更加清醒地认识到“绿水青山就是金山银山”的核心意义。与此同时，关于碳达峰、碳中和等绿色理论的讨论也愈加激烈。此外，近几年国家对于人类命运共同体的宣传更加丰富完善，对于社会主义核心价值观和国家文化自信方面的宣传也深入到每家每户，这也使得 2020 年新型冠状病毒感染疫情时期，人们能够做到积极响应国家号召自觉居家隔离，及时有效阻断病毒的传播链条。

4. 技术环境不同

随着社会的发展，新的技术层出不穷，2020 年新型冠状病毒感染疫情防控的技术条件相较于 2003 年非典疫情时期也有了较大的改善。其一是医疗技术的对比，2020 年新型冠状病毒感染时期，我国医疗技术相较于 2003 年非典时期，取得了巨大进步。2003 年，我国经济发展整体水平较低，专有的医疗区域、隔离病房等资源都极为紧张，部分地区医疗救治应急体系不完善，存在缺乏有效统一的调度机制、财政投入不足等多种问题；2020 年之后，我国的医院建设，特别是在关键医疗科室环境控制方面已经有了大量技术积累、丰硕的科技成果，在提高手术效率、改进手术方式、改变医疗模式等方面已经取得了突破性的进展。其二，近几年大数据、人工智能、物联网、云计算等数字化技术迅速发展，如今全产业全行业正如火如荼进行着数字化转型。可以说，正是数字化技术的深度发展，才使得人们能迅速适应疫情期间的办公方式，安心居家工作，保持经济不停摆。

10.3.2 疫情影响对比

1. 政治影响

（1）政府参与度。

根据相关数据，非典疫情期间有关社会组织参与公共治理的政策在数量上屈指可数，在内容上只停留在“鼓励”“支持”社会力量参与的层面，抗疫以政府为主体，社会组织实质参与有限。此外，当时我国社会组织的发展还处于起步阶段，缺乏应对突发公共卫生事件的经验，没有足够的号召力和社会信任度。但这一时期的经验和教训，对社会组织此次有效应对新型冠状病毒感染疫情提供了较大的帮助。疫情期间，国务院出台了一系列引导和鼓励社会组织参与疫情防控工作的政策和指示，支持社会多元力量参与疫情防控。除全国层面的政策外，在受疫情影响的各地，政府也积极出台鼓励地方性社会组织参与疫情防控的办法响应中央。如湖北省前后出台近十余项鼓励社会组织参与疫情防控的政策，广泛动员社会力量参与疫情防控；广东省也落实一级响应职责，积极动员全省各级社会组织参与疫情防控。可以发现，新型冠状病毒感染疫情防控时期鼓励社会组织参与疫情防控的政策数量大大超过了非典疫情时期，政策内容更具体、更完善，整体的联动性更好。

（2）社会机构关注度。

非典疫情期间，中国社会组织正处于萌芽阶段，企业、社区、媒体等各方社会关系处于初步建立阶段，各媒介积极搭建起信息沟通的桥梁；公众与媒体的交流也较为密切，主要通过媒体网络发布救助信息和反映问题，争取社会的关注。但由于当时社会组织的公众信任度不足，与社区难以建立有效联系。综合来看，这一时期的社会组织支持网络并未完全搭建起来，难以形成以社会组织为核心的救援支持网络。而新型冠状病毒感染疫情期间，截至 2021 年 1 月 20 日，我国社会组织登记总数已经突破 90 万家，各方社会关系网络形成了密切的联系。此外，政府部门积极与社会机构保持交流与联系，与其他社会组织的交流也有了质的飞跃。相关数据显示，网络媒体在 2020 年新型冠状病毒感染疫情期间发布相关抗疫救援短消息 596 条，累计阅读量 35.7 万人次。社交媒体的发达与公众观念的转变，使社会组织参与应对重大公共卫生事件的积极性更高，并逐渐得到多方信任，社会关注度广泛提升。

2. 经济影响

（1）外贸影响。

月度数据表明，2003 年中国货物贸易整体依旧保持前低后高的趋势，全年均匀稳定增长；农产品贸易波动较大，前 4 个月增长稳定，SARS 病毒最肆虐的 5 月和 6 月反而呈现暴发性增长，之后增长回落，11 月出现增长低谷。从服务贸易业来看，2003 年增长速度明显缓于其他年份，其中旅游服务贸易是负增长。拿春季广交会来说，2003 年春交会只有 23 128 位客商到会，这与 2002 年春交会到会客商逾 12 万人相比，其下滑幅度显而易见。随着疫情的消除，2004 年的旅游消费得以释放，来华游客增长迅速，带动与旅游相关的餐饮、酒店、景点和交通运输业暴发性增长。而 2020 年中国面临的外部贸易环境更加严峻。2003 年非典疫情时期尚有中国加入世界贸易组织带来的国际制度红利产生的贸易放大效应，而 2020 年中国外贸在此前面临中美贸易摩擦升级后又面临执行《中美第一阶段经贸协议》苛刻条款，很可能产生贸易抑制效应。另外，以美国为首的多个国家实施停止航空、禁止入境的条例，又将带来严重的贸易破坏效应。从对外贸易影响上来看，新型冠状病毒感染疫情带来的负面影响远大于非典时期。

（2）消费影响。

非典疫情和新型冠状病毒感染疫情都严重抑制我国消费需求增长。不同的是，新型冠状病毒感染疫情与 2003 年非典疫情相比，电子商务已在我国消费流通领域扮演了十分重要的角色，电商购物消费占全国商品零售总额的比重已达到 25%，这在很大程度上有助于缓解本次疫情对居民消费的冲击。因此，新型冠状病毒感染疫情对消费需求的负面影响可能更多地表现为对餐饮、旅游、娱乐、交通运输和教育培训等服务需求的冲击。

统计资料显示，新型冠状病毒感染疫情期间商品零售总额下降 17.6%。出行类商品零售额下滑明显，限额以上单位汽车类和石油类商品同比分别下降 37%和 26.2%；餐饮收入大幅下降 43.1%；限额以上住宿业客房收入下降近 50%。通过对比以上数据可知，新型冠状病毒感染疫情对行业的冲击力远大于非典疫情，且短时间来看疫情带来的冲击并不能被报复性消费弥补。一是因为疫情期间大量企业停工停产必然导致劳动力价格降低，人们收入变少就更倾向储蓄而不是消费。不能激发消费，无论采取怎样宽松的货币政策都无法刺激经济发展。二是疫情冲击的范围更广，短期内无法控制疫情，经济预期低迷，人们必然对手中的钱更加珍惜。国家统计局资料显示，自疫情发生以来社会消费品零售总额为 78 580 亿元，同比名义下降 19.0%。其中，除汽车以外的消费品零售额为 72 254 亿元，下降 17.7%。可见，新型冠状病毒感染疫情带来的冲击更大、范围更广，对经济的影响可能更为持久①。

3. 行业影响

与 2003 年的非典疫情相比，2020 年新型冠状病毒感染疫情在地域分布上更广，传播速度更快，对餐饮和旅游等行业的冲击更大。此外，新型冠状病毒感染疫情对交通运输业的影响也超过非典时期。以民航为例，根据各大航空公司网站公布的数据，各公司的客票收入和运营效率指标均呈断崖式下滑，传统的春运旺季消失。中国南方航空公司的数据显示，2020 年 1 月乘客数为 1 143.3万人次，同比下降4.61%；中国国际航空公司 1 月乘客数为 918.9 万人次，同比下降 4.1%。再加上国际疫情形势严峻，2020 年民航国际客流大幅锐减，国内各航空公司经营压力进一步加大。

与此同时，疫情也推动了部分产业发展。首先是物流行业。从 2003 年数据来看，非典减少了人口流动，但快递在特定的时期逆势暴发，国内快递业务量同比增长 23%，远高于其他年份。2020 年有相同趋势，根据国家邮政局的数据，2020 年，日均寄递和日均投递量都大幅攀升。从顺丰、菜鸟、申通、圆通等各大物流公司公布的数据来看，疫情期间物流呈爆炸式增长。其次是医疗行业。2003 年非典疫情时期，医疗保健类物价猛增；2020 年新型冠状病毒感染疫情期间，口罩、防护服、制氧机和呼吸机等都供不应求。对进口医疗用品的需求提高，一定程度上拉动了进口增长。最后，在线内容产业也得以大力发展。新冠疫情利好在线教育平台，学校由于疫情延迟开学，同时实行“停

① 该段中的数据均来源于国家统计局官网 2020 年、2021 年度数据（http：//data. stats. gov. cn/easyquery. htm？ cn=Col.）。

课不停学”的方针，许多在线教育平台受到家长们的青睐。游戏平台流量更是惊人。2020 年除夕当天，单日流水达 20 亿。从相关数据也可以看出，疫情大力推动了医疗、在线直播和在线教育等产业的发展。

4. 居民个人影响

（1）心理影响。

公共突发事件暴发时往往伴随着公众的担忧和恐惧。在疫情还未完全控制住时，人们产生担心、焦虑、恐慌的情绪都是正常的现象，也是人们面对现实生活中出现不可预见的威胁时会产生的正常应激反应。非典疫情与新型冠状病毒感染疫情间隔 17 年。同为突发公共卫生事件，疫情发生后，特别是暴发前期与中期，因为信息传播的原因，不少民众出现焦虑。但社会环境的变化、科学和医疗技术的进步，引起广大民众焦虑影响的因素也有了新的时代特点。

2003 年的非典疫情初期，当时的信息传播能力、人们的认知均与现在有很大不同，还存在信息接收滞后、信息不对称等现象。2020 年我国已进入移动互联网时代，人们接收信息的途径、方式、渠道更加多元化，网络平台、新兴媒体、自媒体已成为信息主要发布渠道和公众主要信息来源。信息发布时效性非常强，受众广，人们随时随地都可以接收到及时发布的各种有关新型冠状病毒感染疫情的信息。移动社交媒体在信息传播速度和效率上发挥了正面作用，但也加剧了公众焦虑。从 2019 年年底网络上开始出现零散信息，到 2020 年 1 月 20 日后的“信息爆炸”，大多数民众受到鱼龙混杂、真假难辨的各类信息冲击，产生焦虑。此外，疫情带给人们的心理影响不仅是对于死亡的恐惧，也会进一步引发人们对生存的忧虑，以及对外界和未来的不确定。面对疫情期间全国范围内的停工停产，消费者对未来的焦虑加深，生存危机感加强。

（2）生活方式影响。

生活方式是指一定的历史时期和社会条件制约下，不同国家、民族和社会群体的生活模式，涵盖了人们的衣、食、住、行、卫生、工作等方方面面。我国居民受传统文化影响，喜桌餐，逢年过节讲究团聚，在传染病暴发之际，这些行为会加速疫情传播。正是吸取了非典疫情的经验教训，新型冠状病毒感染疫情发生后国家才能快速采取措施，在公众场合采取限流、提前预约、设置明确的排队标识等多种方式防范大面积人口聚集。同时采取全民居家隔离、学校大型商场集体关闭、公共交通禁运等一系列防控措施有效阻断病毒传播。可以说，出行习惯的改变是防止病毒大范围传播的关键因素。再次，从卫生习惯来看，2003 年非典时期，许多卫生陋习对人们的身体健康带来了极大伤害，使得人们更加重视公众场合的卫生问题。2020 年新型冠状病毒感染疫情时期，随着疫情防控知识不断普及，人们的卫生习惯、消毒方法也更为科学，强制要求出门戴口罩等防护措施更是极大地防止了病菌的传播。此外，疫情使得人们降低了外出频率，也改变了办公模式，选择居家办公的人数剧增，这对人们的生活方式产生了巨大影响。

（3）居民消费行为的改变。

在两次疫情期间，消费者的安全意识空前增强，在日常生活中自觉避免聚集以及面对面的交往活动。这种安全意识在一定程度上影响了消费者对消费渠道的选择，疫情期间的消费行为多发生在互联网平台上。主要体现在两个方面：一方面是在疫情期间线下消费大幅度降低，二是互联网经济在这一阶段发展迅速。商场、大型超市、购物中心等线下消费场所，人流量较平常时期有大幅下降。与此同时，网购已经成为居民的日常消费模式。2020 年，新型冠状病毒感染疫情对在线民生服务的影响更加突出。美团外卖平台数据显示，2020 年 1 月 26 日至 2 月 8 日，采用“无接触配送”的订单占总订单量的 80%以上，且每一单外卖都使用“无接触配送”服务的用户占到 66%。

此外，这两次重大疫情期间，人们提高了对健康重要性的认知，维护健康成了社会共识。2020 年 1—2 月，对我国 70 个快消品类商品的销售数据分析发现，个人和家用的防疫相关用品销售额都有巨大涨幅，其中消毒除菌液增长 163%、衣物除菌液增长 238%。此外，大众对居家健身话题更加关注。截至 2020 年 3 月 18 日，新浪微博“宅家健身打卡”话题阅读量达到 4.3 亿，讨论数达到 134.5 万；此外，智能可穿戴设备销量猛增，健身环在中国市场的价格增加了 3 倍。疫情无疑带来了人们健康消费意识的转变，能够增强个人免疫力的在线消费成为人们追逐的热点。

5. 疫情期间采取的政策对比

新型冠状病毒感染和非典这两起重大疫情事件，在经济影响、市场表现以及政府处置等方面都有很多相通性，非典疫情在市场表现与政府处置方面为抗击新型冠状病毒感染疫情提供了重要的经验。

在非典时期，面对重大疫情中市场失灵和诸多挑战，党和政府积极作为，有效发挥职能进行宏观调控，有效遏制了市场乱象，促进市场秩序的恢复，但同时也暴露了政府在应对市场挑战方面的不足和市场经济体制自身的缺陷。其一是政府缺乏及时有效的监管和预警机制。面对重大疫情中出现的市场失灵问题，由于缺乏系统全面的价格监测预警机制，政府难以有效把握价格动态信息，导致政府行为滞后于市场状况，进而导致政府调控低效和被动。其二是行政审批手续冗杂，效率低下。非典时期，虽然许多地方的政府主管部门在第一时间考虑采取价格干预措施，但必须履行的层层报批手续，延误了采取紧急状态措施的最佳时机。其三是法律法规不完善。尽管面对市场失灵国家在短期内迅速出台价格干预政策，但其实践却有很多困难。例如究竟何种程度适用于此法规，在何种情况和何种原因下政府才应采取干预手段等，都有待完善。

而在新型冠状病毒感染疫情期间，政府采取的政策更加积极有效。首先，政府充分利用官方媒体推动信息公开、了解公众需求以及及时回应社会关注话题等。特别是在疫情防控期间，新兴媒体在公布疫情发展状况、市场供求信息以及市场整治等方面发挥了重要作用。此外，面对重大疫情的冲击，政府大力推进“平台经济”“无人经济”和“直播经济”等新兴经济模式，增加销路，加快推进市场经济的复苏。其次，积极做好引导和监管工作，推动疫情防护和市场恢复工作的顺利开展。据了解，受新型冠状病毒感染疫情的持续影响，我国企业特别是中小微企业和个体工商户普遍面临资金流转困难及开工不足等。为了尽可能降低企业运营压力，推动企业尽快实现复工复产，从中央到地方制定了一系列扶持政策，全方位保障企业渡过难关。此外，疫情期间政府还及时整治不良市场行为并进行信息公开。多媒体技术的发展既给市场信息的公开创造了条件，同时也给政府整治不良市场行为提供了全新平台。最后，政府还采取积极的财政政策，通过出台财政贴息、大规模减税降费以及缓缴税款等方式为企业减负；继续采取稳健的货币政策，灵活支持实体经济尽快实现复工复产；此外，国家还积极拓宽企业融资渠道，通过制定专项金融政策助力企业避免资金链断裂。

10.3.3 疫情带来的挑战

从非典时期的经济表现来看，疫情主要影响的是需求方面，对供给方面并未产生根本性影响。首先是信息披露不充分引发对政府的信任危机。非典暴发初期，医疗部门和地方政府部门对疫情信息公开不及时，造成公众的信息不对称以及对政府的信任危机，导致公众的恐慌。其次是公共物品短缺与市场乱象。医疗卫生和医药产品本属于政府调控的公共物品，但是长期以来一直处于短缺状态，从而使原本不具备弹性的公共产品需求猛增。最后是市场经济体制不健全。改革开放后市场经济体制虽然逐步完善，但是在一些方面仍然存在漏洞。疫情初期出现商品脱销、抢购和价格暴涨等市场失灵现象，主要原因就在于市场机制不完善，不能有效应对突发状况。

10.4 政策建议

新型冠状病毒感染疫情和非典疫情不仅威胁到公众健康和安全，同时也严重阻碍了经济发展。疫情终会过去，如何实施疫情后经济复苏是关键问题。下面将具体阐述疫情防控常态化管理后经济恢复的应对办法。

10.4.1 宏观经济层面

1. 加大宏观政策调节和实施力度，实行积极的财政政策

综合来看，疫情的短期影响远大于中长期影响。当前，旅游、住宿、餐饮、线下零售等服务行业受到较大冲击，市场需求萎缩，而一些相关行业如农业养殖、蔬菜供应等也会受到直接影响。除此以外，疫情导致企业难以正常复工，经营困难，在没有正常收入的情况下还要支出房租、水电费等固定成本，对企业现金流无疑会造成巨大影响。除了疫情对实体经济带来的影响外，虚拟经济遭受打击也不小。在疫情对经济的双重打击下，中央应实施更加积极稳健的财政政策。适当提高财政赤字率，发行特别国债，增加地方政府专项债券规模，同时落实各项减税免税政策，稳步推进各类商场、企业复工复产，同时通过发放消费券等方式加快释放国内市场需求，保持疫情过后居民消费热度，推进经济平稳向好发展。

2. 放宽货币政策，释放流动资金，帮助中小企业渡过难关

疫情冲击之下，无数中小企业处于水深火热之中。国家统计局数据显示，疫情影响之下企业工业生产水平明显下降。2020 年 1—2 月，全国规模以上工业增加值同比下降 13.5%，在 41 个工业大类行业中，39 个行业同比下降，受疫情影响较重的东中部地区下降明显。截至 2020 年底，中小企业户数占比 95H68%①，一旦企业长时间停工停产，对我国经济无疑是致命一击。央行可通过准确的公开市场操作和定向降准来提供短期和中长期的流动性，保持银行体系流动性合理充裕。及时设立企业专项再贷款和增加再贷款再贴现额度，有力、精准地支持疫情防控和复工复产，帮助企业保持现金流的稳定，渡过难关。同时积极引导市场利率下行，切实降低实体经济的融资成本，鼓励各大银

---

① 融资服务处. 第三届小微经济发展论坛发布《中小微企业创新发展报告》[EB/OL]. [2022-01-17].gxt.shaanxi.gov.cn/rzfwgzdt/70321.html.

行以低利率向中小企业贷款，帮助众多民营企业渡过现金流难关。

3. 注重新基建，加快经济结构转型

在新型冠状病毒感染疫情全球蔓延的情况下，经济呈明显下行趋势，拉动经济增长的投资、消费、出口三驾马车均遭受重创。统计数据显示，投资方面，2020 年 1—2 月份全国固定资产投资（不含农户）33 323 亿元，同比下降 24.5%，其中，民间固定资产投资 18 938 亿元，同比下降 26.4%。从环比速度看，2 月份固定资产投资（不含农户）下降 27.38%。居民消费方面，2020 年 1—2 月份，社会消费品零售总额 52 130 亿元，同比名义下降 20.5%。其中，除汽车以外的消费品零售额 48 476 亿元，下降 18.9%。进出口方面，与同期相比贸易增速明显下降。总体来看，以上数据均显示经济现状不容乐观。

对冲经济下行最简单有效的方法就是新基建，即推动新一轮基础设施建设。新基建关键在于“新”，用改革创新的方式推动基础设施建设，而不是重走老路。比如将 5G 技术、人工智能、数据中心、互联网等科技创新领域结合教育、医疗等民生行业，推动数字经济新业态发展。新基建有助于稳增长、稳就业，加快释放中国经济增长潜力，提升中国经济长期竞争力。

4. 建设高质量的市场环境

新型冠状病毒感染疫情对国家经济发展的冲击是短期的，长期来看国家经济的健康发展必然需要一个高质量的市场环境，只有在这样的环境中，价格机制对竞争的促进作用才能得到充分发挥。首先，要提高市场运行的法制化水平，建立稳定的法治保障环境，进一步深化国有经济改革。其次，资源向“卡脖子”核心技术、关键设备、基础设施、生态建设等公共领域集中。再次，促进不同所有制企业公平竞争。按照行业、规模、技术等技术经济维度分类，所有市场主体公平使用各类生产要素。最后，要下大力气进行生产要素市场改革。当前市场运行的一个显著短板在于生产要素还不能充分自由地流动，如部分领域还存在较大程度的行政垄断，城乡之间生产要素不能双向高速流动，流动人口难以扎根城市，能源、物流、土地和融资等成本偏高。下一步要以要素市场化为重点，全面破除阻碍要素自由流动的制度藩篱，促进要素资源在不同产业、不同区域和不同主体之间的高速流动与集聚。

10.4.2 宏观政策层面

1. 完善就业保障制度，降低失业率

调查显示，2020年1月和2月份，全国城镇调查失业率分别为5.3%和6.2%，环比分别上升0.1和0.9个百分点。1月份，失业率受春节因素影响略有上升。2月份，受新型冠状病毒感染疫情影响，企业停工停产增多，用工减少，就业人数下降，失业率明显上升。其中，批发和零售业、住宿和餐饮业、交通运输仓储和邮政业、文化体育和娱乐业等服务行业就业人数减少较多；农民工就业稳定性较低，灵活就业人员比重高，受疫情影响也十分明显。与此同时，疫情期间企业招聘活动减少，市场就业机会不足，部分有意愿的求职者就业暂时较困难；一部分人就业意愿下降，不愿工作或不能工作，暂时退出劳动力市场。

就业是最大的民生，联系着千家万户。虽然就业还是有压力，但一方面中央会努力稳住企业，特别是用工需求大的中小企业。稳住企业、稳住经济运行也就稳住了就业。另一方面，增加对就业人员、转岗人员和农民工的就业培训。加大对重点人群，包括大学生、农民工的就业帮扶等。除此以外，对因疫情被解雇的失业人员，应充分做好对应的失业保障工作，避免引起不必要的社会恐慌。

2. 注重对公共卫生事业的投资，加大公共卫生安全宣传力度

与人民群众日益增长的医疗卫生保健需求相比，我国医疗卫生服务的供给明显不足。据卫生部门统计，目前我国尚有近1亿人口得不到必要的医疗服务。在世界卫生组织对其成员国的卫生体系绩效的评估排序中，目前我国在世界191个国家中位居第144位，其中“用于卫生体系的财务负担在国民中的分布状况”指标一项，我国名列第180位，近乎末尾。经历了这场灾难，国家更应意识到在发展经济的同时，应加大对卫生等社会公共事业的投资力度，让绝大多数中国人有病可医。只有在人民健康得到充分保障的情况下，经济才能实现可持续发展。吸取此次疫情的经验教训，政府可采取一系列强制措施以加强公共卫生管理工作：要求在人流密集区域人人佩戴口罩，切断病毒传播途径；外出聚餐一律使用公筷，避免细菌通过唾液传染；加大有关个人健康管理的宣传的投放力度，督促人人在家勤洗手，注意个人卫生。疫情之后，有必要继续加强对公民的健康管理、卫生习惯的教育，使我国的现代化在各个层面同步进行。

3. 加大税收优惠力度，推进税收治理现代化

为做好疫情防控工作，助力经济社会发展，税务部门应全面落实疫情期间的税收优惠政策，切实降低各企业税收负担，增强税收在国家治理中的保障作用。就企业而言，对于受疫情影响较大的初创企业和中小微企业，亏损最长结转年限可适当延长，尤其是交通运输、餐饮、住宿、旅游等困难行业企业。此外，对为疫情防控和医疗救治做出巨大贡献的企业，可通过全面减免税款和给予适当财政补贴等方式提供帮助；就个人而言，对于参与抗疫的医护人员和其他各类人士，可通过免征个人所得税和降低社保费率等政策为其提供税收优惠。此外，疫情防控期间可全面开展“非接触式”办税缴费服务，充分运用信息技术提供办税缴费服务，切实降低疫情传播风险。据统计，我国大部分地区企业纳税人、缴费人90%以上的业务可网上办理，其中企业申报纳税业务网上办理率达99%。

4. 维护市场经济稳定运行

从中央层面来看，国家可采取积极的财政政策，通过出台财政贴息、大规模减税降费以及缓缴税款等方式为企业减负；继续采取稳健的货币政策，灵活支持实体经济尽快实现复工复产；积极拓宽企业融资渠道，通过制定专项金融政策帮助企业避免资金链断裂。此外，应加强应急物资的统一收储和调配。面对重大疫情带来的暴发式需求，产品供应很难在短期内迅速增加，很容易造成哄抢、哄抬物价、以次充好等不良市场行为。政府一方面可积极组织恢复生产以及鼓励有能力的企业跨界生产；另一方面可采取应急物资的统一收储和调配政策，对应急物资进行全程统一调拨，最大限度保证物资价格稳定。统一收储和调配既有利于最大限度满足抗疫一线的物资需求，也有利于降低生产成本，可保证市场价格趋于合理，促进市场经济体制平稳运行。

5. 加速优化营商环境，完成全球产业链集群建设

目前，中国疫情防控取得重大胜利，成为生产能力最稳定的地区，是现阶段世界制造业的避风港，因此也必将获得更多的发展机会。更多的外商将看到中国产业链市场的发展前景，愿意将资金投入中国市场，这将极大增加我国流动性资金。流动性涌入既是机遇，也是挑战。政府应该抓住此次机会打造全球产业链，加速完成中国的产业链集群建设。从金融市场来看，通过合理利用外资激发金融市场活力，为中国上市公司带来资金支持；实体经济方面，推动现代服务业、先进制造业、现代农业等高端产业全方位对外开放，吸引外资控股、吸引更多全球产业链相关企业落户中国；基础建设方面推动信息数字化和智能化，确保我国在5G技术、大数据、人工智能等方面处于全球领先地位。

6. 协调公共物资，合理引导公众购买行为

疫情暴发时，一些民众受到谣言影响会提升购买频率、增加购买数量，抢购甚至成为部分民众缓解焦虑的方式。因此，政府应合理指导民众购买行为，避免形成过度、从众式抢购物品行为。在疫情暴发期间，政府应要求各大电商平台、购物网站将社会利益放在首位，加强对用户购买行为的指导，对入驻商家不合适的营销手法进行监督和处罚。有关部门除了关注哄抬物价、囤积物资的行为外，还要重点关注网络上少数营销公众号、短视频号，避免出现夸大其词、危言耸听的营销用语，防止加剧社会紧张情绪和恐慌行为；同时，采取措施做好相关物资协调供应，满足市场需求。

10.4.3 企业发展层面

1. 树立风险管理意识，加强企业流动性管理

吸取此次疫情的经验教训，为确保风险条件下的商品供应，对企业而言一个简单易行的办法就是提高流动资产管理能力。流动性管理主要包括流动资产管理和流动负债管理。流动资产管理就是在宏观环境稳定的情况下保持必要的资金流动性，同时充分预期未来可能发生的宏观环境波动引起的企业风险，保证企业有足够的流动资产以应对未知风险；流动负债管理是指将企业债务水平维持在经营性现金流水平以下，不至于陷入资不抵债的窘境，导致破产。只有将企业流动资产和流动负债保持在一个相对稳定的水平上，才能有效提高企业的风险承受能力，保障企业的长期稳定发展。

2. 加大科学技术投入力度，实现产业融合发展

与疫情对线下实体经济带来的打击相反，新型冠状病毒感染疫情在客观上促进了部分新兴业态的快速发展，使其成为消费市场增长的重要推动力。近年来，随着互联网特别是移动互联网普及率日益提高以及网购用户数量的持续增多，我国网络零售规模稳步扩大，对零售市场的拉动作用不断增强。2020 年1—2 月份，全国实物商品网上零售额同比增长 3.0%，实现逆势增长，占社会消费品零售总额的比重为 21.5%，比上年同期提高 5 个百分点。与此同时，1—2 月份，信息传输、软件和信息技术服务业生产指数增长 3.8%；智能手表、智能手环、半导体分立器件产量同比分别增长 119.7%、45.1%和 31.4%。可见，大数据、云计算、智能制造、数字经济展现出强大潜力和良好发展势头。以上可见，互联网经济或将成为经济新常态。企业经营须将线上与线下紧密结合，调整传统经济结构，形成线上与线下相结合的数字经济体系，推动经济发展更加快速，实现产业融合发展。

3. 建立有效的危机处理系统

资金充足的大型企业完全可以借鉴此次抗击疫情的经验建立一套与企业发展相适应的危机处理方案。比如在日常管理中尽可能扩大产能，以便在紧急情况下需求大涨也能保证供应，创收的同时也赢得了民心；建立互联网式企业管理机制，即时更新机器设备，充分利用互联网资源，制定企业线上经营管理方案，保证即使在员工不能到岗的情况下也能在家正常办公；建立有效的危机处理系统，设立应急基金，以形成信息准确、预警及时、指挥运转高效的危机处理体系。注重企业对突发事件影响的研究工作，提高分析预警的能力。

10.4.4 个人层面

1. 稳定公众情绪，消除焦虑心理

抗击新型冠状病毒感染疫情以来，人们更加注重心理健康和情绪管理。疫情防控一开始，全国众多心理工作者、高校心理健康教育工作者就及时行动起来。在国家卫健委的组织动员下，全国逾 150 万心理医生、二级心理师和部分高校老师全面响应，在各大互联网平台上为全国民众提供心理危机援助。结合网络时代情况，可以进一步拓宽在线援助的形式，比如上线一对多的心理援助辅导工具、程序等，或者建立辅助聊天群，加强对公众的心理辅导。此外，对参与疫情防控的一线工作人员如基层公务员、警察、社区工作者、商超工作人员等，也应开展心理辅导。通过心理援助，让更多人缓解心理压力，以更积极的心态面对疫情，避免形成集体性焦虑。此外，正确引导公众开展合适的居家活动，不仅对避免人群聚集，做好自我预防有重要作用，还能形成对民众个体的心理支持。有关部门、企事业单位、学校、社区可以利用网络虚拟空间推出更多安全健康的在线活动，引导民众应对居家隔离生活，这也是缓解公众情绪焦虑的重要方式。

2. 提高专业水平，培养核心竞争力

当前不可忽视疫情对劳动力市场的影响。疫情必然影响应届毕业生的就业形势和就业方向。就业方向而言，相信目前很多人都看到了网络行业蓬勃发展的趋势，未来必将会有更多的人才涌进互联网行业；与此同时，医疗行业也会通过此次疫情快速发展革新，或许未来在线诊断的机会将大大增加。更好的机会必然意味着更激烈的竞争。未来劳动力市场对高精尖人才的需求将大大增加，一些重复性的机械工作必然会被机器取代。这在一定程度上促进了社会的进步，当然也给我国教育业提出了更高的要求。只有以更高的标准严格要求，不断提升专业水平和业务能力，才能拥有更加广阔的发展前景。

3. 树立个人健康管理意识

病毒传播的三大条件是传播源头、传播介质和传播对象，阻断病毒传播最重要的就是切断传染源，从源头上抑制病毒的广泛传播。从传染源头看，居民个人可通过在家勤洗手、注意个人卫生等方面入手；从传播介质来看，传播介质包括身体接触、唾液、血液等，可通过佩戴口罩、人与人之间保持适当距离等方式切断传染途径；疫情的传播对象是人，可通过尽量少出门、避免去人流聚集的地方等方式避免被传染。增强个人健康管理意识，加强个人有效防护，能在很大程度上抑制病毒传播。

4. 加强学生教育

高校在重大疫情应对中，除了要采取措施防止大学生受到身体伤害，同时也要根据疫情实际，发掘疫情防控中蕴含的宝贵精神和教育价值。加强青少年爱国主义教育。社会主义最大的优势在于集中力量办大事，面对突如其来的非典疫情和新型冠状病毒感染疫情，国家迅速调集各种物资，集中各方资源，快速应对和解决各种问题。其次，加强青少年社会责任感教育。社会整体由千千万万个个体组成，每个社会成员都肩负着社会责任。青少年面对重大疫情更应承担起自己的责任，这一场疫情没有旁观者和局外人。在抗击重大疫情的过程中，集体主义精神、参与意识和奉献精神是社会责任感的集中体现，它们是战胜病魔、克服困难的精神保障。最后，大学生成长最快、收益最大的方式是亲自参与社会实践，其影响也将更深刻、更持久。重大疫情应对过程中，高校一方面可以鼓励学生积极参与疫情防控志愿服务；另一方面，给学生布置向亲人和朋友宣传疫情防控知识的实践任务，帮助大学生通过所做、所思、所感，加深对新型冠状病毒感染疫情的认识理解。

10.5 结束语

综上，本节对 2020 年新冠疫情和 2003 年非典疫情事件做了对比分析，并从疫情对个人生活、政治、经济的影响等方面入手，对疫情显示出的问题进行总结，进而提出针对性的解决方案。通过以上分析我们可以看到，突发公共卫生事件短期影响巨大，长期影响有限。在公共卫生事件应对过程中，从国家到政府，再到新闻媒体和居民个人，大家都积极响应国家政策。正是大家多方面协同使得危机能够快速解除。此外，民族的凝聚力和体制优势也在危机应对中发挥了关键作用。正是国家的体制和协同优势，才能维持国家在危机之下的平稳状态，保持经济的平稳增长，真正化解公共危机。

11 突发生产安全事件

目前，我国突发事件中，与突发公共卫生事件、突发自然灾害事件等相比，突发生产安全事件具有发生概率高、发展迅速、造成人员伤亡严重、财产损失惨重、环境高度污染等特点。相比其他突发危机事件，这类事件也具有人为性、容易控制、易于防备和预防等特点。党的十八大以来习近平总书记一直强调要把生态环境放在更加突出的位置，像保护眼睛一样保护生态环境。要按照绿色发展理念，把生态文明建设融入各方面建设的全过程，建设美丽中国，努力开创社会主义生态文明新时代。可见，环境保护已经上升到国家战略高度。而环境保护部统计数据显示，约40%的突发环境事件由生产安全事故引发，生产安全事故已成为引发突发环境危机事件的首要因素。海南省作为以旅游、养老产业为主体的亚热带、热带地区，环境保护更不能以发展经济、提高GDP为由被忽视。本章主要以安全生产事件造成突发环境危机事件为背景，梳理近几年典型的、具有代表性的事件的共性，然后详细剖析伤亡最为惨重，损失最为巨大的大连港事件，希望可以抛砖引玉，对海南自贸港建设中可能发生的突发安全生产事故引发的环境危机事件有借鉴意义。

11.1 突发生产安全事件综述

生产安全事故是引发突发环境事件的首要因素。我国金属冶炼行业、矿山采掘业、石油化工行业存在安全隐患多、防范措施不力、应急演练和应急预案不足等问题，一旦发生事故将对企业员工、财产造成惨重的损失，对周边环境形成严重污染，甚至威胁周边群众的生命健康和安全。本节对不同省市近几年发生的重大安全生产事故进行了梳理，按发生的原因、采取的措施、责任追查、教训和启示罗列，希望能找出一些共性的原因和必要的措施，对海南省防范生产安全引发的突发事故有所帮助。

11.1.1 发生的原因

千里之堤溃于蚁穴，只有找出原因、分析问题，才能防患于未然。安全生产引起的突发危机事件发生的原因主要包括工作人员责任意识淡薄、企业内部控制失效、企业和政府部门相应应急能力不强、物资准备不充分、相关设施年久老化等。

1. 责任意识淡薄，工作人员失职、渎职

山西某股份公司“12·31”苯胺泄漏事件中，由于当班人员未按规定定时巡逻，导致公司苯胺储罐进料时进料金属管破裂苯胺泄漏未被及时发现，苯胺总泄漏时长 18.5 小时，泄漏总量 319.87 吨。

2. 企业内部风险防范制度形同虚设，不能有效预防偷盗，相关制度不能有效向全体员传递，执行落实不到位

大多企业内部都有相关的风险防控制度，但是传达和执行不到位，导致制度流于形式。

江西某公司成品油泄漏事件和某公司柴油泄漏事件也是由盗油分子预先埋设盗油阀门卡盗油所致，这都说明企业内部风险控制做得不如人意。

在对湖南某公司柴油泄漏事件调查中发现，企业目前的“防止环境污染事故应急预案”仍为老版本的环境风险预案，没有及时修订编制环境应急预案，更没有任何关于石油类泄漏的环境事故应急内容。

3. 政府应急预案有待完善，相关部门应急能力不强，应急物资准备不充分

环境污染比较严重的溢油事件中，有部分政府部门在应急处置时物资严重缺乏，应急预案可操作性较差，且未进行实操演练，政府各部门缺乏统一调度而延误了最好处理时机。

4. 上报迟缓、通报不及时

上报不及时、隐报、瞒报是大多数生产安全事故事态扩大的原因。山西某股份公司“12·31”苯胺泄漏事件中相关人员没有第一时间上报、第一时间通报，使事态不断扩大，最后失控造成重大损失。

5. 不懂业务，疏于防范

无论是企业还是相应应急管理部门，相关负责人对业务流程不熟悉、关键控制点把握不好都会导致疏于预防。山西某公司“12.31”苯胺泄漏事件中，分管部门领导对具体工作了解不深入，延误了危机处理的黄金时机。

6. 突发危机事故叠加极端天气

突发危机事故如果不能得到及时控制和处置，如遇到极端天气极易造成事态的严峻和危机的扩大。广东某公司火灾事故中油塔底泵因机械密封不当，导致泄漏着火，在灭火的过程中消防废水通过雨水沟流入事故应急池，在应急池的污水没有得到及时处置的情况下连续的暴雨导致应急池水位上涨，最终消防废水及污水通过雨水沟外溢出厂，导致河流被污染，造成鱼类死亡。

7. 设备老化、部件更新不及时

湖南某公司柴油泄漏事件是由于输送柴油管道密封圈破裂导致油库供油泵A轴承接处漏油，泄漏的柴油进入隔油池，并超过了规定高度而溢出造成污染。

11.1.2 应急措施

1. 政府相关职能部门积极配合，迅速做出应急响应

政府作为突发公共危机事件的治理主体，肩负着维护社会安全稳定、保障公司权利义务的职责，各部门的合作与响应是应对突发危机的基石。湖南某公司柴油泄漏事件中，邵阳市委、市政府高度重视，迅速启动应急预案，成立以市委常委、副市长为指挥长，联合经信、环保、海事、水利、宣传、应急办等相关部门组成的应急指挥部，分工协作开展应急处置工作。由环保部门负责查明并切断污染源，加强水质监测；海事部门负责打捞油污；公用事业局增加桂花渡水厂供水量，发布暂时停水公告；水利部门负责水源调节；宣传部门负责舆论发布及社会稳控工作。

2. 截流降污，封堵污染源

由于安全生产事故一般都有具体的触发点，这也是引起事故的核心和关键，因此在危机处理中切断源头是第一步。

山西某公司苯胺泄漏事件中，山西省责令企业立即停产，同时相邻三省对浊漳河流域沿线企业开始深入排查，防止新的污染源产生。同时山西省、河南省、河北省对涉及的河流通过活性炭池过滤、活性炭吸附，拦截吸附污染物，对已进入饮用水库的水进行回抽及对超标污水进行稀释等方法把危机降到最低程度。广东某公司火灾事故中，为防止二次污染环保部门果断做出决策，对雨水沟采取上下游截断的措施，对雨水沟中的液体，采用吸油毡清除表面污垢后再运灌装车运送至污水处置厂处置，对使用后的吸油毡按危险废物妥善处理。

湖南某公司柴油泄漏事件中，由海事部门组织人员截留打捞油污，防止污染进一步扩大。

江西某公司成品油泄漏事件发生后在应急指挥部的统一领导下，该公司采用设置刮油栏、隔离清理冲洗、人工打捞等措施把污染程度降到最低。

3. 引导舆论，维持社会稳定，安抚好民心

安全生产事故对员工及周围的群众及会有不同程度的身心伤害，而民心不稳又会造成不同程度的社会动荡，这时政府除了做好应急处理，还应通过媒体干预舆论。

山西某公司苯胺泄漏事件中，三省统一发布口径，先后召开新闻发布会社会公布事件处理情况，在受污地区竖立警示标牌，工作人员深入企业、农村宣传不要饮用河水、不要吃鱼等，各政府通过公告、短信等向市民通报信息，避免引起恐慌。

湖南某公司柴油泄漏事件中，相关区域停水后，当地政府及时通过电视、广播等媒体公开事件情况，解释原因，预计供水恢复时间。整个处理过程仅两小时，群众生活未受太大影响。

11.1.3 相关启示

1. 企业作为生产经营的主体，要强化环境安全责任意识，增强环保责任，提高突发危机应对能力

李克强在第七次全国环保大会上提出“隐患于事故，防范胜过救灾”的思想；在《国务院关于加强环境保护重点工作的意见》中提出完善“以预防为主的环境风险管理制度”的要求，强化企业环境风险管理，对存在的风险进行识别和评估，及时发现和排查隐患，降低发生突发环境事件的风险；要进一步完善突发环境事件应急预案，加强培训、演练，做好应急物资储备，提高应急处置能力。

2. 政府及环保部门要切实提高应急处置的能力

政府及环保部门要增强责任意识、忧患意识和大局意识，切实重视环境应急管理工作，设立专门的应急机构，强化全过程管理；同时定期组织演练，提高响应处置能力；与舆论媒体有效对接，及时做好信息发布和通报，使民心稳定。

3. 跨区域协同处理

跨区域、跨流域的突发事件涉及的政府要树立全局意识，加强区域协同，实现信息共享、资源共享，才能形成应急管理的合力、高效完成危机应对工作。

11.2 案例剖析：天津港爆炸事件

本节以天津港爆炸事件作为典型案例从原因、措施、启示等方面进行深入剖析，以期对如火如荼建设中的海南自贸港有所借鉴，防止类似事件的发生。

11.2.1 案例背景

2015 年 8 月 12 日 23：30 左右，位于天津市塘沽开发区的天津东疆保税港区的某公司所属危险品仓库发生爆炸事故，造成重大人员伤亡和财产损失。在对此次公共危机的处置中，各级政府的危机管理能力受到了层层考验，尤其对政府在危机中的控制能力有更高的要求。天津市委、市政府与党中央国务院协同配合，较为出色地处置了这起重大的事故灾难型危机。

11.2.2 应急处置过程

2015 年 8 月 12 日 22 时 50 分，天津消防总队接到报警：天津滨海新区某公司危化品堆垛发生火灾。天津公安消防总队派出消防四支队现场侦查。消防侦查情况表明现场火势凶猛，消防通道已被堵塞，消防车无法靠近，起火物质不明，于是消防员利用消防枪、车载炮冷却保护毗邻集装箱堆垛防止火势蔓延，撤出运抵区的同时向天津市公安消防支队请求增援，消防五队和一队到达现场后对集装箱堆垛进行射水冷却和泡沫覆盖保护。在这个过程中同时疏散该公司工作人员、附近企业人员、周围群众。这期间发生两次剧烈爆炸，伤亡惨重。2015 年 8 月 13 日，中共中央总书记、国家主席、中央军委主席习近平立即做出重要指示，要求天津市组织强有力力量，全力救治伤员，搜救失踪人员；尽快控制消除火情，查明事故原因，严肃查处事故责任人；做好遇难人员亲属和伤者安抚工作，维护好社会治安，稳定社会情绪；注意科学施救，切实保护救援人员安全。国务院速派工作组前往指导救援和事故处理。各地要吸取此次事故的沉痛教训，坚持人民利益至上，认真进行安全隐患排查，全面加强危险品管理，切实搞好安全生产，确保人民生命财产安全。从事故发生到 2015 年 8 月 19 日 16 时共召开了十场发布会，随时通报事件的进展情况。

11.2.3 事件原因

1. 直接原因

事发当日，在该公司物流危险品仓库里一共储存了 7 大类、111 种、11 300 多吨危险货物。其中，硝酸铵属于危险性极高的物质，是造成这起重大人员伤亡事故的主要危险物。经查明，事故直接原因是该公司物流危险品仓库运抵区南侧集装箱内硝化棉由于湿润剂散失出现局部干燥，在高温（天气）等因素的作用下加速分解放热，积热自燃；引起相邻集装箱内硝化棉和其他危险化学品长时间大面积燃烧，从而导致堆放于运抵区的硝酸铵等危险品发生爆炸。

2. 间接原因

（1）企业内部原因。

第一，违法违规生产经营，以不正当手段获取经营批复。

该公司未批先建，边建设边经营危险货物堆放。企业在未取得立项备案、规划许可，消防设计审核、安全评估审批、环境影响评价审批、施工许可等必需的手续的情况下，在现代物流和普通仓储区域违法违规自行开工建设危险货物堆放改造项目。企业在未经许可的情况下违法经营、违规操作，以不正当手段获取经营许可，没有政府相关部分的监督，这是事故发生的根本原因。

第二，危化品管理不到位，员工安全意识薄弱。

在本事故中，爆炸发生主要是因为企业违规将大量各类危化品混合储存，且存放距离不符合安全距离的要求，致使火源蔓延至硝酸铵等危化品集装箱将其引爆。该公司严重超负荷经营、超量存储备，2015 年月周转货物约 6 万吨，是批准周转量的 14 倍多，事发时硝酸钾存储量 1 342.8 吨，超过设计最大储存量 53.7 倍；硫化钠存储量 484 吨，超过设计最大储量 19.4 倍，氰化钠存储量 680.5 吨，超过设计最大储存量 42.5 倍。同时，一线员工在装卸易燃易爆危险物品作业中操作叉车不当，使用普通非防爆叉车，将装有硝化棉的集装箱插破，致使湿润剂散失；管理人员擅自离岗，未对存储硝化棉的仓库进行时时监管，与整个事故的发生也有直接关系。同时存在部分员工安全心理、生理状态不佳，产生不安全动作或者激活不安全物态；也存在员工确实具备相应安全知识，但安全意识低下，知法犯法。

第三，日常安全管理不到位，缺乏权威性的常设应急管理部门及相应演练。

就我国情况来看，应急管理以相应的政府职能部门为依托，各部门各自处理管辖领域的应急事务，再经过省、市、县等多层次的“块块”切割，使得横向上管理分散，缺乏统一、稳定的指挥和协调机制，无法使整个应急管理系统形成有机的整体。而且我国现行的应急管理组织体系是树形的垂直架构，一旦发生突发公共事件，突发信息需要在这种层级式的组织体系中自下而上地传输，再到命令自上而下地传达，需要经过很多层级花费大量时间，贻误应对和处置突发事件的最佳时期。同样对企业而言，若缺少专业的应急管理部门，面对重大突发事件很难迅速准确应对。临时成立的领导小组或指挥部没有常设机构，松散且缺乏协调合作的经验，难以进行复杂的应急管理和指挥。可以说，缺少专门的应急机构已极大地限制了我国整个应急管理体系的运作效率和进一步的发展完善。

本次事故中，该公司部分装卸管理人员没有取得港口相关部门颁发的从业资格证书，无法上岗；部分叉车司机没有危险货物岸上作业资格证书，没有经过相关危险货物作业安全知识培训，对危险品防护知识的了解有很大局限性，不了解危险物隔离要求、事故应急处置方法。该公司日常应急管理中未按照规定组织员工进行应急演练，同时未履行与周边企业签订的安全告知书和安全互保协议。事故发生后没有立即通知周边企业采取安全撤离等相应措施，致使周围群众不能在第一时间撤离，造成人员伤亡惨重。

2. 政府方面。

天津港“8·12”爆炸事故之所以发生，一方面是事故的主要责任方某公司存在着大量的安全问题，而另一方面则与地方政府违规审批许可、日常监管缺失、玩忽职守有着很大的关系，为事故灾难型危机的暴发埋下隐患。有些事故灾难型危机发生后，地方政府缺乏危机管理意识导致对公共危机的处置方式不当，对灾害处置程序考虑欠妥，促使了事故进一步的发展和恶化，甚至引起民众对政府的信任危机，各地政府应当引以为戒。

第一，政府相关部门对危险品储存场地设立审批把关不严。

根据《危险化学品安全管理条例》第十一条，“地方人民政府组织编制城乡规划，应当根据本地区的实际情况，按照确保安全的原则，规划适当区域专门用于危险化学品的生产、存储”。中国社科院研究生院城市发展系主任傅崇兰介绍，滨海新区发展非常快，规划上混乱，把本应分开的办公楼、住宅楼、危险品仓库、仓储货运码头拧在一起。此次事故的发生与政府规划不合理息息相关，相关的安监部门、环保部门、消防部门、交管部门也难辞其咎。

规划审批方面：该公司改建过程中，项目建设首先由天津港规建部审批，然后再经滨海新区规划局审批。天津港是行政事业单位转制的国企，从法律上讲不具有审批权，因此对该公司的规划建设的审批属于违法审批。

安全审批方面：该公司远离港口，按照《港口危险货物安全管理规定》应属于当地安监局管辖，但其安全与经营审批却由交通管理部门完成。这样该公司取得了天津交管局的安评等相关审批，通过了安全条件审查，取得了危险品周转资格。

环评审批方面：该公司公示的环评文件中说明，对公众发放 130 份调查问卷，收回 128 份，调查结果表明“百分之百的公众认为项目选址合适”，而周围小区居民一直认为事故单位是普通物流仓库，环评公众参与流于形式。环评风险分析结论部分指出，经营环境风险预测，本项目危险货物泄漏事故和火灾事故在采取相应的预防和应急措施后，不会对环境和周边人员产生显著影响，对照事故结果，环境分析结论存在明显不足。

运营审批方面：该公司于 2014 年 8 月获得安全竣工验收批复，2014 年 9 月获得环保验收批复，2014 年 5 月，天津港口管理局发出该公司试运营期间涵盖危险口仓储经营资质的批复。负责办理港口经营管理许可证的业内人士表示，从来没见过类似的行政许可。

第二，政府对危险品日常经营管理监督不严。

《危险化学品安全管理条例》第六条规定，对危险化学品的生产、储存、使用、经营、运输实施安全监督管理的有关部门，应当履行如下职责：安监管理部门负责危险化学品案例监督管理综合工作，交通管理主管部门负责危险化学品道路运输、水路运输的许可及运输工具的安全管理，对危险化学品水路运输安全实施监督。第八条规定负有危险化学品安全监督管理职责的部门应当相互配合、密切协作，依法加强对危化品的安全监督管理。《港口危险货物安全管理规定》第二条说明在海口内进行拆卸、过驳、储存、包装危险化物或对危险货物集装箱进行装拆箱等作业活动适用此规定。该公司堆放地远离港口，应属于当地安监局管辖范围。官网公开资料显示该公司试营运资质于 2014 年 10 月 16 日到期，但于 2015 年 6 月才获得《港口经营许可证》和《港口危险品货物作业附证》，有 8 个月在非法运营危险品，却没有受到监管部门的警告和处罚。

可见，本次事故中由安监部门牵头，规划、交通、公安等多部门配合协作的危险化学品管理模式在有些环节存在漏洞和短板，不能达到全流程涵盖的专业性监管标准。同时监管部门对危险品化学品企业的日常监管在专业深度和仔细程度上存在不足，未能有效识别全运营空间和时间上的不合规项，督促与指导其整改、验收完成。

第三，危机预防能力较低。

天津市地方政府对事故灾难型危机的预防能力较低，在应对这起严重的火灾爆炸事故中思想准备、工作准备、能力准备明显不足。危机预警机制没有发挥其应有的作用，导致消防力量对现场危险品储存情况不明，没有及时采取适当措施疏散群众、采用不当的方式处置现场危险化学品，最终火势失控引发两次大规模爆炸造成了重大的人员伤亡。天津市政府的公共危机预防能力有待提升。

第四，信息公开的延迟与不透明。

政府信息公开方面存在着三个问题：其一，一些政府部门对上、对下都不能迅速反映情况和披露信息。信息的不对称不仅表现在政府与社会公众之间，有时也表现在下级政府和上级政府之间。政府与公众的信息不对称使政府的公信力下降，下级政府与上级政府之间的信息不对称，极可能使上级政府不能及时掌握下级政府全面而真实的信息，导致重大决策失误。其二，发生公共安全问题时，一些地方政府存在瞒报行为。其三，社会公众对政府的监督缺失。

11.2.4　事件启示与教训

在对危机管理的研究过程中，我国学者一直在找寻适用于我国的公共危机管理模式。目前学者们主要从三个角度来探讨公共危机管理模式，包括电子政务的角度、知识管理的角度以及协同治理的角度。本部分从信息化管理、政务管理及企业内部管理出发，分析公共危机突发事件应急管理模式。

1. 信息化管理模式

（1）做好网络法制化管理。

在网络迅速发展的今天，任何一件公共突发事件通过移动网络都能快速传播。微信、微博凭借其庞大的用户基础，成为信息获取的重要渠道之一。但社交平台是一把双刃剑，它可以让正确的信息快速传播，也可能让错误的信息、危言耸听的谣言、极端情绪迅速扩散。通过互联网，舆论放大了其威力，能在短时间内高度影响社会风气。对此，政府更应加强网络信息管理，开诚布公；在公共突发重大事件发生后通过网络及时发布有效信息，与民众高效互动，疏导公众情绪；同时培养发展官方媒体，增强其专业能力，发挥政府官方舆论的正面效应，同时加大对不良信息散播者的打击力度，不能让互联网成为部分不法分子的法外逍遥之地。

（2）加强舆论与舆情控制。

在此次天津港爆炸事件中，微博、微信以其信息多样度、传播速度、信源广度成为各大媒体抢占一手新闻线索、公众获取首发讯息的主要阵地，成为危机事件中的主导舆论场。而微博、微信根据各自特点各有分工，在内容上实现功能互补。微博因其“广场”效应往往是第一现场信息渠道，有利于在第一时间快速传播扩散公众观点、官方信息，具有时效性优势；微信则因其“圈层”效应更注重将微博的碎片化信息整合加工、深度讨论分析，由用户依兴趣分享到朋友圈，具深度化优势。微博的时效性与微信的深度化使“双微”传播实现信息与功能的互补，能在广度、强度与深度上较以往媒体更显著地影响社会舆论舆情。

舆论主体通过各类社交媒体影响社会心理。舆论主体包括跟帖者、转发者、引导者及水军等。社交媒体包括微博、微信、论坛、博客等舆论形成过程中的重要载体，是信息和观点得以传播的渠道和平台，当今社会的舆情多借社交类媒体而形成。洞悉事件舆情背后的社会心理并有效地引导舆论、缓解舆情，是舆情研判的要旨所在。谣传信息引发社会恐慌，社会恐慌加大谣传信息的传播范围和传播速度。谣传信息是重大公共危机事件中的另类灾难，特别是在突发重大事件后，做好舆论管理，避免谣言疯传，对于稳定民心尤为重要。

天津港爆炸事件发生后的几分钟内，事发现场周围的居民捕捉到的爆炸场面就被朋友圈、微博等自媒体疯狂转发。这时政府没有及时做出回应，公众只能通过视频猜想事件发生的原因、死伤程度等，无法从官方媒体得到准确的信息，此时舆论开始迅速发酵。13 日微博的话题指数达到最高峰，关注方向主要集中在爆炸产生的人员伤亡，14 日事件微博点击量突破 16 亿次，成为热搜榜首，人们讨论的方向主要是事故发生的原因和相关负责人的责任追究问题，话题热度一直持续了 3、4 天；18 日该公司的安全评价报告、事故的责任划分问题再一次引起人们的关注，截至 19 日下午 5 时，涉及此次事故的文章及帖子突破了 40 万篇。虽然短短一周的时间天津市政府一共召开了 4 次新闻发布会，但是在发布会中并没有针对公众关心的问题做出相应回应，反而在新闻发布会上发言人对提问出现“不清楚”“这不是我的职责”等言论让公众对政府产生了信任危机。直到 9 月 11 日，随着对相关单位和责任人的追责处置，事故调查报告的出具，公众的疑问得到解答，谣言才渐渐消失。

此次事故中政府在 12 天连续召开了 14 场新闻发布会，说明政府意识到事故的严重程度及网络舆情的社会压力，在新闻发布会的次数和间隔时间上都有了很大提升，但是效果却不及预期，特别是前 6 场如前所述，并没有起到安抚民心、消除顾虑的效果，反而因发言人推诿、回避的态度引发了更大范围的网络舆情和质疑。后 6 场发布会由于政府工作人员对提问不再回避，表现出真诚的态度，公众的不满情绪和疑虑才逐渐淡去。政府在危机面前利用媒体、微信微博处理舆情的态度和做法体现了政府的公信力。

（3）建立大数据应急管理体系。

将大数据应用到突发事件网络舆情分析中的主要目的在于通过大数据的分析以及应用，得到更为客观的结果，继而做出相应的抉择，避免抉择失误带来的损失，同时又可将突发事件的网络舆情控制在合理范围，营造出更为健康的网络环境，从而为社会稳定、经济增长、人民生活提供更为健康的环境。基于此，应从技术角度将大数据引入其中，构建基于网络的管控系统，并将其分为识别板块、监视板块、管控板块以及事后处理板块。除了建立管控系统外，还需要建立信息披露制度，其目的在于引导网民的言论实现其相关权利，也可由官方披露突发事件进展情况。

值得注意的是，实施上述方案需要政策的支持，也需要相关法律的保障，更需要一个与之相匹配的管理体系。在大数据的分析中，也需考虑网民的心理、感情以及精神等因素，方可全面地管控突发事件网络舆情。

（4）及时披露危机信息。

研究表明，目前政府危机治理过程中存在着明显的信息不对称问题或信息披露机制上的缺陷。政府在危机处理中，如果能抢占先机，及时吸引受众的注意力，让大众在第一时间内获取信息，了解真相，将有利于从一开始就把握危机处理的主动权。因此，在危机发生时，政府需要第一时间搜集资料、发布危机信息、组建危机攻关小组并制定好应对策略。在披露危机信息时，要特别注重协同运作、追求效率。实践证明，在突发事件中，分散的部门化管理模式是不能适应紧急情况的，这就需要及时组建一个高效的指挥机构来进行快速决策和调动社会资源。只有建立一个统一的指挥机构来协调不同的机构和人员，使不同部门、单位和个人按照各自职责要求，既分工又相互配合，才能做到有序高效，把个体的力量转化为整体力量，从而发挥整体的最大优势，最大限度减少危机损失。

在天津港爆炸事件中，如果政府相关部门能在第一时间如实报道，说明情况，把公众的注意力从“小道消息”引向政府报道；那么不但可以缓解公众的紧张情绪，还能增强政府的公信力。

2. 强化突发危机内部指挥协调体系

（1）加强部门责任管理，完善突发事件应对问责制。

“突发事件应对问责制”简称“应对问责制”，与突发事件问责制不同，应对问责制主要关注的是突发事件应对过程中的责任，即监督突发事件应对过程中的责任是否落实，职责是否履行的一种制度。完善应对问责制可加强对党政领导干部的管理和监督，增强党政领导干部的责任意识和大局意识；促进深入贯彻落实科学发展观，提高政府部门执政能力和执政水平。当然，问责还具有其他政治意义，比如防止渎职侵权和政治腐败；遏制特大事故频发，真正体现社会主义国家本质；促进依法行政，加快法治国家建设等。

在天津港爆炸事故案中，天津港（集团）有限公司安监部副部长独占危险品储存仓库的安全信息。在重大安全事件发生后应及时披露相关产品信息，做到信息公开透明，减少信息不对称问题；天津港（集团）有限公司总裁助理分管安全监察部、业务部等部门，在涉及重大安全问题的经营领域应当严格遵守有关行政法规的规定，对储存危险货物的地域和方式进行严格监察，积极履行自己的义务；政天津港集团党委副书记、总裁更应对公司日常生产经营活动负责，组织好公司的正常运转。

（2）明确规划员工思想教育，加强员工安全意识培训。

不安全动作是导致事故发生的直接原因，因此控制和消除不安全动作十分重要。控制和消除不安全动作主要有两种途径：第一种是通过增加员工的安全知识、提高员工的安全意识、培养员工的安全习惯来实现对不安全动作的控制。因为不安全动作是由不充足的知识和不安全的意识及习惯引起的，所以改善员工知识体系、重塑安全意识、培养安全习惯很重要。第二种是运用行为安全方法，即安排专职人员对员工的操作行为进行反复观察，纠正不安全动作，培养员工安全操作的习惯。这种方法在西方国家得到了广泛应用，但在我国的应用还不是很普遍。此外，还可通过事故案例安全培训、作业行为规范化、设置标志提醒等方式加强员工安全意识，做好安全培训。

以事故案例安全培训为例，作为预防事故的重要手段，企业应定期进行培训，选取实际案例进行分析讲解，帮助员工理解事故发生的原因、特点及规律，使员工知道不安全动作的危害性，增加员工事故预防的知识和安全意识，并教授安全的动作方式，使员工有效地将理论知识与实践技能相结合，养成良好的安全习惯。经过大量事故案例的培训，最终综合提高员工行为的安全性，控制不安全动作的产生，实现自主预防。目前，事故案例培训的方法各式各样，有利用幻灯片课件展示的方式，也有利用三维动画等动作演示的方式，但一般应用较多的是将这两种方式相结合的案例培训系统。

（3）强化危化品应急管理体系。

有效的事故预防与准备能够促进应急响应与处置。危化品企业、有关政府部门、技术服务机构应强化危化品事故预防与应急准备，做好危化品事故的应急响应与处置工作。应急准备工作包括准备充足的应急物资，加强对应急管理人员的救援技能培训，做好应急预案及管理，以便在事件发生后最大限度降低伤亡人数及经济损失。

传统的应急管理生命周期包括预防、准备、响应及恢复四个阶段。预防主要针对不同类型的突发事件，在事件发生之前采取一系列防控技术与管理手段；准备主要是为应对突发事件所采取的系列安全生产培训、应急预案制定与培训、应急物资储备等工作；响应主要针对特定突发事件的应急救援与处置工作；恢复则主要针对突发事件产生的破坏所采取的修复措施。天津港爆炸事故调查表明某公司危化品预防工作不足、消防支队日常消防监督检查流于形式、企业缺乏安全教育等问题。基于此，应该全方位提升事故应急救援能力。在事故预防阶段，对危化品的监测与管理是重点，有关政府部门应加强对危化品企业的监督管理，及时发现危化品企业运营过程中的违法违规行为，避免发生事故。应急管理阶段如图 11-1 所示。

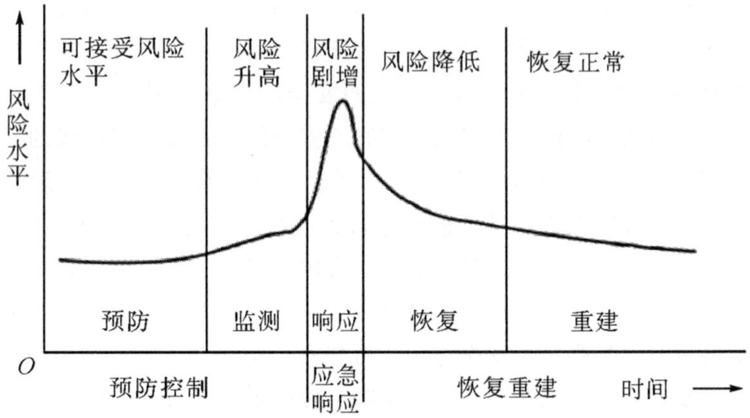

图 11-1　应急管理阶段

3. 重塑突发危机公共管理体系

（1）加强公共管理过程中的风险管控。

风险管控是一种科学的管理理念和工具，包括必要的组织结构、责任制度落实措施和程序，是为实现目标而确立的组织机构、职责、规则、措施、程序等管理要素组成的一个整体。从风险管控的程序上看，风险管控包括风险识别、风险评估、风险控制、风险管控效能评价等步骤，形成一个周而复始的闭环管理流程。其中，风险识别是风险管控的切入点。风险管控效能评价既是前次风险管控的终点，也是再次启动风险管控程序的起点。风险管控效能评价是对风险识别是否全面，是否有遗漏，风险控制措施是否充分、有效，是否将风险降到可接受水平，是否需要补充完善控制措施等进行分析与评价。根据评定的危害程度和影响范围，再次划分风险等级，确定优先控制顺序。

天津港爆炸事故中，天津港有限公司作为天津港这一公共基础设施的管理者，其相关人员因履行公共管理等职责的失职被追究了刑事责任。基于此，公共管理机构在实施管理过程中应加强风险管控，以管理机构自身、公共管理行为、使用人的风险为识别范围，对风险发生的可能性、风险发生的后果、社会敏感度等进行分析，并对风险进行排序，制定应对策略和计划，实施闭环管理。与此同时，从管理机构自身及公共管理履职风险出发，应加强管理机构公共管理及风险管控人员的队伍建设，优化公共管理及风险管控流程与资源配置，持续推进风险管理文化的落地。

（2）加强公寓人员应急疏散能力。

天津经济技术开发区是中国首批国家级开发区。区内现有从业人员 56 万人，常住人口约 23 万人，建有 11 处可容纳 8 万余人的职工公寓。在天津港爆炸事故中，开发区职工公寓及时安全疏散和安置全体居住人员，整个过程未发生二次伤害，没有遗留不稳定因素，受到了区内企业和居住人员的一致好评，得到了各级领导的肯定。在整个应急疏散过程中，该单位应急管理中良好的自动自发能力、自组织能力以及临时安置中的自管理能力都得到了较好体现，也为应对重大灾害事件提供了有益借鉴。在应急疏散过程中，找准症结、对症下药，切实提升公寓应急管理能力是至关重要的。

（3）加强环境及公共卫生安全治理。

天津港爆炸事故不仅严重危害了我国自然生态环境，也威胁到了民众的生命健康，对公共安全和社会秩序都产生了严重破坏。目前，由环境污染和环境危害引发的各类公共危机问题已经成为影响社会稳定的亟待解决的社会问题。一些环境事故或危险不但会在暴发的瞬间对居民人身安全和自然生态环境产生严重破坏，而且会在很长一段时间内对公共安全和社会秩序产生负面影响，严重情况下还会演变成为环境群体性事件，导致环境污染与社会失序的双重破坏。当前学术界对于环境问题治理的研究可谓层出不穷。但归纳起来，相关研究主要是从危机出现的原因、反映的现象和治理的手段等入手。彭小兵和王霄鹤（2019）指出环境公共危机有效治理的根本出路是优化信息披露机制，改善信息不对称的情势与条件，促进环境信息有效、充分披露。可建立大数据信息披露平台，保证数据可以得到有效筛选、分类与处理，也使得环境信息的需求方能够及时获取充分有效的数据信息。

4. 推进突发危机国家治理体系建设

（1）推动制度变迁、技术进步。

可持续性已经成为人类发展的共识，但随着人类社会系统制度、技术的复杂程度的提高，脆弱性问题使系统可持续性面临巨大挑战。脆弱性下的自然灾害、事故灾难、公共卫生、社会安全类突发事件将有增无减。人类无法彻底根除系统脆弱性，但可以通过制度变迁、技术进步去减少脆弱性。突发事件不仅是制度变迁、技术进步的推动力量，而且决定了制度变迁、技术进步的发展方向、地点和时机。反过来，突发事件中暴露出来的制度、技术缺陷，也应通过制度变迁、技术进步来弥补。突发事件后形成的新制度和采用的新技术，减少了同类突发事件的产生，对难以避免的突发事件起到了减少损失的作用。

在以往研究的基础上，政府应当主动反思各类突发事件中暴露的系统脆弱性，有针对性地推动制度创新；完善政府管理体系，减少地方政府管理、技术进步中的问题，降低发生经济和社会风险的可能性；完善突发事件评估机制，查找制度及技术漏洞，同时增强公共管理激励机制，强化细节管理。

（2）完善灾后重建体系。

公共危机造成组织或社会整体或某一局部的失衡和混乱，导致一定范围内的人群失去了和谐安定的社会环境，生活在高度的不稳定中。特别是一些由自然灾害造成的危机事件和因工业技术衰败而造成的突发危机事件，在造成重大人员伤亡的同时还会造成社会基础设施的破坏，使正常的生产、生活无法进行。因此，政府在危机管理的后期要采取多种措施，尽快恢复社会秩序。第一，开展生产自救，如对受灾企业减免税收，弥补其在危机中的损失，对受影响严重的旅游、餐饮行业减免半年税收，以帮助其减少损失。第二，建立和健全灾害心理援助制度，稳定民众心理。“一朝被蛇咬，十年怕井绳。”人们对危机的体验会诱发复合性情绪焦虑。因此，危机后社会公众情绪往往处于低落的状态。所以在恢复生产、生活秩序的同时还要尽快调整人们的心理，使其树立重新面对危机的信心。

（3）通过再保险业务进行风险分散。

再保险，即将高层风险通过再保险的形式分散到其他有能力承担的经营单位、地区或者国家中去，避免风险堆积在单一经营单位、区域或国家，达到转移分散风险的目的。随着社会科技、人文科学的不断进步，对于某个保险公司来说，其偿付准备金相对以前下降，自身承担的风险也大幅度上升。2015 年 8 月 12 日发生在天津港的爆炸事故更是成为 2015 年保险市场的最大赔案，中国、韩国、日本等国的再保险公司遭受了巨额亏损。由此可见通过再保险业务进行风险分散，保障人们受灾后迅速恢复基本生活状态是未来的发展趋势。再保险是人类文明史发展的一种必然产物，也可以说是人们的生活必需品。但当前我国再保险业务比较缺乏，银行资本不足，承保能力较差；从事再保险业务的人才比较匮乏，尚未形成合理化的业务结构，也缺少专业化的再保险金融中介业务。因此，国家应该大力发展银行再保险业务，完善保险市场；保障投保人利益，遵守诚信原则，使得“一人受险，万人分担”不只是一个口号。

（4）建立健全国家应急管理现代化体系。

国家应急管理现代化，就是国家应急管理体系和国家应急管理能力排斥滞后约束元素、不断调整优化适应现实应急管理需要和未来应急管理发展趋势的过程。在这个过程中，国家应急管理体系和国家应急管理能力应当能够体现出与国家发展不同时期和不同阶段的应急管理需求适应的状态。当前的多数研究将应急管理体系和应急管理能力分立进行，国家应急管理现代化借用国家治理现代化的意涵建构方式，将应急管理体系和应急管理能力整合进同一研究框架，以便在国家应急管理现代化建设的过程中将两者相提并论，共同推进。

国家应急管理现代化是一个没有终点的进程。在不同的时期，现代化的内容和方式都不相同，其路径设计必须着眼于现代应急管理理念的树立及现代化进程障碍的排除。基于我国当前的应急管理现实，国家应急管理现代化体系建设应从多方面努力，包括树立现代化的应急管理理念、建构政府主导的“多中心”应急管理主体体系。不论是公共部门还是私人部门，没有一个个体行动者能够拥有解决综合、动态、多样化问题所需要的全部知识和信息；也没有一个个体行动者有足够的知识和能力去运用所有有效的工具。同理，应急管理不可能仅仅依靠政府的力量。因此，鼓励非政府组织、企业及公民积极合作参与从而形成“多中心”的应急管理主体体系，是现代应急管理的基本要求。要注重充分发挥非政府组织、企事业单位等在应急管理中的领导作用。

优化“碎片化”的政府应急管理体制。我国的各类突发事件关系到国土、地震、公安等20多个职能部门，还关系到从中央到省市到县乡的各个层级的政府，总体上形成了一种“碎片化”的治理格局，增加了协调的成本，影响了突发事件的防治效率和效果。目前学术界和实务界优化应急管理体制的呼声越来越高。借鉴国外及国内学者的建议，我国“碎片化”政府应急管理体制的优化可以采取如下措施：一是深化大部门制改革，将当前国土部门、公安部门、地震部门等的规章起草、标准制定、资源配置等职能划入国务院应急管理办公室，并将当前的国务院应急办升格为国家应急管理署，强化其权力及权威；二是对各个垂直部署在一线的应急管理人员进行整合，推动权责综合化改革，将各种职责归合到少数岗位，由综合性应急管理机构统一管理，打破互不隶属、各自为政的局面；三是强化不同部门的“部门间主义”，进一步明确突发事件处置的权力和责任，建立规范化的突发事件联合响应机制。

此外，加强应急预案体系的效能化建设、健全应急管理的非流程机制、持续改进多元主体的应急能力成熟度等都是树立应急管理现代化体系的方法。可通过系统培训、资金扶持、资源协助等方式提升各类社会组织的应急管理能力，以便逐渐地让各类社会组织在应急管理过程中发挥更大的作用。要加大现代科技在突发事件管理过程中的运用力度，提升应急管理处置的专业能力。大数据、云计算、卫星遥感、智能制造等现代科学技术为应急管理提供了强大的智力和工具支持，要加大对应急技术和应急产业的发展支持力度，促进应急管理的现代技术和装备的研发及现实应用，提升应急管理的专业化水平。

11.3　我国突发生产安全事件治理方略

通过分析天津港爆炸事件我们发现，尽管随着社会的进步、网络的发达、人们安全意识的提高，应对突发危机事件已经取得了一些成效，但在频发的突发事件面前，我国地方政府仍然暴露出在责任方面的种种问题。

11.3.1　我国突发生产安全事件公共危机应急管理机制

1. 应对突发生产安全事件的保障体系不健全

（1）缺乏危机意识。

在我国，无论是政府还是公众，都缺乏足够的危机预防意识，危机教育几乎处于空白状态。目前各地开展的危机管理教育培训存在应付检查、流于形式等诸多问题。

（2）缺乏科学研究和专业人才。

受环境、条件和财政资金等多方面因素的制约，我国对应急管理的研究投入还不够，缺乏相关的技术设备及相应的专业技术人才，没有形成专业负责的救援队伍，对化学危险品的应对处置也缺乏专业化的指导和科学的方法。

（3）缺乏物质保障。

目前，我国实行救灾物资储备多部门管理制度，这种分散储备的管理机制会使救灾物资不能适时、合理地储备，造成救灾物资储备失衡，使应急物资得不到优化配置；而且极易造成应急管理过程中救灾物资需求信息传递慢、物资供应调度难、救灾成本高等问题，影响灾害救援的时效。

（4）缺乏法律保障。

我国在突发公共事件应急管理方面的法制建设还相对滞后，在执行时缺乏相应的标准和依据。

2. 政府及其相关部门责任监督机制落实不力

我国目前的应急管理责任机制尚不健全，关于应急管理工作应承担的责任，缺乏明确、具体的分级分类责任标准，对最后责任的追究存在很大的不确定性。同时，还存在问责滞后问题，在突发事件发生且造成危害后，才启动问责程序。现阶段应急管理监督机制也尚未建立，没能形成制度化的监督工作体系。一些领导干部受政绩考核体制的影响，不能正确处理加快发展与安全发展的关系，对企业必须承担的公共安全责任监管不到位。政府只在突发事件发生后，才以领导莅临检查，或派出检查组的形式进行监督检查。监督仍然是亡羊补牢的行为，不能真正解决应急过程中的预防及处置问题。

3. 良性应急管理机制缺失

风险社会与频频发生的公共突发危机为现代国家和政府管理机制带来了新的挑战，从风险预警机制到各种公共危机应急机制、应急法案的出台，各国都在寻求公共危机的应对之道。当前我国应急机制存在如下问题：

（1）预警机制不健全。

目前我国没有真正意义上的突发事件预测预警机制，缺乏科学系统的预测预警信息和决策咨询网络，很难在突发事件发生前期做出科学的预测预警，也就很难在初期采取有针对性的应对措施，不能及时避免突发事件发生。

（2）应急预案不健全。

我国各地各部门基本都制定了比较全面的应急预案，但很大一部分都是“照葫芦画瓢”，只是为了应付检查需要，缺乏思想上、技术上、物质上的准备，也未经实际演练的检验，当突发事件发生后，其可实施性有限。

（3）缺乏多元参与机制。

政府从应急管理力量的组织动员，到各种资源的协调提供，始终处于绝对的主导地位，几乎包揽了一切与应急管理相关的工作，致使突发公共事件处置的参与主体过于单一，过于倚重政府。这种政府主导的模式大大降低了政府应急管理能力，管理效果也不突出，管理成本却随之增加。

（4）缺乏善后总结评估机制。

任何突发公共事件的应对和处置都有其开始、发展和结束的过程。善后工作是处置突发事件的尾声，是评价应急管理工作优劣成败的关键环节。做好这一阶段的工作，对于防止次生灾害的发生、总结经验、吸取教育都有重大意义。应急管理作为非常态下的非程序性决策过程，需要积累经验，而目前我国在这方面的工作显然做得还不够到位，需要进一步改善。

11.3.2 国外应对突发危机的经验借鉴

过去一百多年，美国政府和民众经历了很多突发性事件，如1906年旧金山大地震、2001年“9·11”事件、2005年“卡特里娜”飓风等，都给美国造成了很大的经济损失。每次灾难都会引起美国应急管理体制、机制和法制等领域的变革。在不断变革和发展过程中，美国的突发事件应急管理取得不少值得借鉴的经验，形成了自己鲜明的特点。在突发事件的发生过程中，美国政府不断完善其应急管理体制、提高应急指挥效率、完备应急管理法制、充分储备应急物资、建立专业化的应急队伍以及向公民深入普及应急教育知识。我国理应借鉴其先进的应急管理思路，建立符合我国国情的应急管理体制。

“波士顿马拉松爆炸”事件作为一个具有重大国际影响的公共危机事件，当时美国地方政府官方媒体对该突发危机事件的应对是一个值得借鉴的成功范例。事件发生后，官方Twitter第一时间发布了“波士顿警察局确认马拉松终点线发生爆炸并伴有伤亡”的消息，这条推文转发436条。在危机暴发的第一阶段，初步满足了危机事件暴发后观众对信息时效性与权威性的急切需求。

第二阶段，与危机事件相伴随的谣言危机暴发，波士顿警察局指定公共信息部主管、律师、前电视记者Cheryl Fiandac对事件信息发布进行全方位审核，同时及时纠正网络上的各种误导性信息，及时辟谣，积极主动地回应媒体的报道和公众的质疑。波士顿警察局长还发布慰问信以消除公众恐惧。

第三阶段，在案件侦破过程中，警察局利用监控，尤其是现场公众提供的大量视频、照片，找出了目标嫌疑人。媒体关系办公室在Twitter上公布了疑犯信息与照片，转发量高达5 413次。在疑犯全部落网后，官方通过社交媒体发布了抓获信息。这一阶段，警局的官方Twitter充分发挥了社交媒体“放大”“参与”与“监控”的特点，用Twitter发来的各类信息为执法部门抓获嫌犯提供更多便利。

第四阶段，对该事件处置过程进行全面分析、总结。联邦警察局长Ed Davis发表了多篇关于通过社交媒体应对爆炸案的研究论文，将事件信息处置过程分为快速发布、澄清谣言、嫌犯落网、分析总结四个阶段。经过该事件，波士顿警察局声誉日增，其官方Twitter粉丝量也从原有的5.4万上升至4 900万。社交媒体充分发挥了良好的危机信息处理优势。这次事件不仅为政府媒体的危机应对提供了范例，而且为政府媒体应对危机的理论添砖加瓦。

尽管各国国情不同，在应对和处理突发公共事件上没有统一的标准，但不少欧美国家都建立了比较完善的应急管理模式，积累了很好的经验，值得我们学习和借鉴。现将经验总结如下：

（1）建立综合、立体的应急管理组织体系。

在应急组织机构方面，尽管各国国情不同，但发达国家都建立了以政府主要负责人为首的突发事件应对机构，与其他应急部门形成网络体系，也就是中央应急管理系统与地方应急管理系统纵向对接，本地、本部门应急管理系统与其他部门应急管理系统横向联动。

（2）培养公众的危机意识，重视应急管理研究和专业人才培养。

发达国家极为重视应急理论和技术的研究，在应急人才培养方面，都形成了比较成熟的体系；在应急相关专业部门设置方面，各国都已拥有了一套包括消防、警察、医疗以及交通、通信、环保等部门在内的门类齐全、覆盖面广的机构体系。民防专业队伍是完成应急反应的主要力量，一般按照专业对口、便于领导、便于训练、便于执行任务的原则组建，采取军地结合，以民间专业组织为主的形式。

（3）组织社会力量，实现协同管理。

美国和俄罗斯等都注重利用社会力量来处理应对突发事件，非政府组织、企业和社会民众都积极参与应急管理。这不仅可以充分调动民间力量，而且民间力量的参与也是对政府权责落实情况的有力监督，有利于提高政府应对突发事件的水平与能力。因此，多元主体参与危机治理实现协同效应成为危机治理体系的一部分。

（4）完备的法律体系为突发公共事件应对提供法律支持。

发达国家十分重视应急管理法律体系建设。立法可以统一规定政府在应急管理中的职权和职责，确定依法对抗紧急状态和紧急情境的原则；授予政府充分的权力又对其权力的行使加以严格限制，防止政府滥用权力，保护公民权利；有效控制突发事件造成的危害，恢复正常的生产、生活秩序和法律秩序，维护社会公共利益和公民的合法权益。

11.4 结束语

本章总结了突发环境危机事件发生的原因、采取的应急处理措施，然后以天津港爆炸事件为例说明我国在应对突发危机事件中存在的问题和可能的建设方略，以期对海南省自贸港建设中应对类似突发事件有所裨益。

应急管理是一个内涵和外延都十分广泛的综合性概念，具有涉及领域广、环节链条长、社会期望高、工作难度大等特点。健全国家应急管理体系是当前的一项紧迫任务，也是一项需从长计议的大事。不同类别突发事件应对方法在构建和完善应急管理体系时需要考虑的对象、目标、责任主体、运行机制和保障条件等均存在不同。但无论是自然灾害、事故灾难、公共卫生事件还是社会安全事件，从宏观风险水平的角度，都有风险较低的正常状态、风险升高的示警阶段、风险居高不下的危急阶段、风险逐步下降的恢复阶段。对于不同的事件来说，有些阶段时间长，有些阶段时间短。但总体而言，都有这样一个演变和应对的基本过程。正是由于具有这样相似的基本过程，现代应急管理才有了一个基本的理论框架，应急管理框架构建也才有迹可循。

频频发生的突发公共事件已成为世界各国政府都必须认真对待的重大问题，也是我国政府公共管理不可回避的重大挑战。当前，我国经济社会发展进入特殊历史阶段，面临的发展机遇增多，面对的困难挑战也在增加。随着经济全球化和信息多元化，特别是在改革开放力度不断加大，经济技术快速发展的背景下，人民群众对公共安全的要求也越来越高。这些因素交叉发生作用，使我国的突发公共事件呈现出高发、多发、频发的态势。面对复杂多变的国际形势和艰巨繁重的国内改革发展稳定任务，我们一定要居安思危，增强忧患意识、风险意识、责任意识。应急管理体系是国家治理体系的重要组成部分，健全应急管理体系并没有现成的模式或最优的方案。只有根据实际情况，深入研究和妥善解决应急管理体系的对象、目标、责任主体、运行机制和保障条件等方面的问题，才能构建起符合国情的应急管理体系。同时，必须通过持续的应急能力建设做好应急准备，从而最终达成国家应急管理体系和能力现代化的目标。

在发达国家，对突发公共事件应急管理的研究早已得到普遍关注，建立了相关理论体系，并形成了比较成熟的应急管理系统。国外成功的经验包括：建立综合、立体的应急管理组织体系；培养公众的危机意识，重视应急管理研究和专业人才培养；组织社会力量，实现协同管理；完善法律体系，提供法律支持；完善信息管理系统，提高突发事件预防能力；等等。但我国与发达国家相比，在这一领域起步较晚，突发公共事件应急管理体系建设相对滞后，在应对处置方面还存在很多不足。

政府是应对突发事件的主导者，依法、科学、有效地处置突发公共事件是政府的职责。我国政府要积极学习借鉴发达国家的研究成果和实践经验，结合我国实际情况，遵循“预防为主、预防与应急相结合”的方针，贯彻“统一领导、综合协调、分类管理、分级负责”的原则，建立健全“统一指挥、功能齐全、反应灵敏、运转高效”的应急机制，切实提高对应急管理工作重要性的认识，进一步完善中国特色应急管理体系，全面提高我国对突发公共事件的应急管理水平。

12 突发社会安全事件

突发社会安全事件属于公共危机之一，指因人民内部矛盾而引发，或因人民内部矛盾处理不当而积累、激发，由部分公众参与，有一定组织和目的，采取围堵党政机关、静坐请愿、阻塞交通、集会、聚众闹事、群体上访等行为，并对政府管理和社会秩序造成影响甚至使社会在一定范围内陷入一定强度对峙状态的群体性事件。突发社会安全事件一般包括重大刑事案件、重特大火灾事件、恐怖袭击事件、涉外突发事件、金融安全事件、规模较大的群体性事件、民族宗教突发群体事件、学校安全事件以及其他社会影响严重的突发性社会安全事件。

目前，我国突发事件中，与突发公共卫生事件、突发自然灾害事件、突发生产事故等相比，突发社会安全事件具有区域性特征，大多是有组织有目的的人为事件。这类事件成因复杂、影响恶劣，虽然在很大程度上可进行防范，并在事件发生后能够紧急处理，但事件处置不当易导致事件发生衍变从而产生衍生灾害。近几年来，社会安全事件中重大刑事案件、重特大火灾事件、规模较大群体性事件、学校安全事件在我国时有发生，但其起因差异性较大，故需要有针对性地进行防范；民族宗教突发群体事件在西方国家较为突出。因此，本章主要以突发社会安全事件为讨论对象，梳理近几年的典型案例，并详细剖析影响大、损失惨重、性质恶劣、具有代表性的案例，希望可以防微杜渐，提前防范海南自由贸易港建设中可能存在的社会安全隐患，为未来可能会发生的社会安全事件做好应急管理准备，从而为岛民和游客打造安全、舒适、宜居的生活环境，为投资者提供安全、便捷、有保障的营商环境。

突发社会安全事件的发生会影响居民生活安全，使居民生命、财产受到威胁，进而引发居民心理不安和社会恐慌。突发社会安全事件包含范围广，复杂程度高，防范、处理突发社会安全事件需要小到家庭，大到国家的通力配合，涉及家庭、学校、政府、各企事业单位、社区等多个部门组织，教育、司法、社会保障等多个领域。本章对我国近几年发生的突发社会安全事件进行梳理，通过梳理不同类型突发社会安全事件的背景、起因、处理措施、事件结果、启示等内容，总结其共性，发现其问题，探究完善防范突发社会安全事件的措施及处理方法，以期对海南省防范该类事件有所借鉴，进而打造安全、有保障的居住、营商环境。所梳理案例内容大多来自网络资料。对于不同类型突发社会安全事件的梳理由于在我国发生率不同、社会影响有所差异、所能获得资料详尽程度不一，故所引用案例个数、案例篇幅有所差异。

12.1　重大刑事案件

12.1.1　重大刑事案件界定

重大刑事案件是刑事案件分类的一种，指犯罪情节严重的案件。如杀人致死或重伤的；爆炸、放火、决水、投毒致人重伤、死亡或造成财产损失严重的；强奸妇女已遂或奸淫幼女的；故意伤害他人造成死亡的；残害妇女的；拐卖人口情节和后果严重的；制造贩卖毒品的；以及使华侨、港澳同胞、来华外国人遭受人身伤害或者财物损失较大的；等等。

重大刑事案件的认定标准主要遵循以下六点：由中级以上（含中级）人民法院管辖的一审诉讼案件；引起社会普遍关注、具有较大社会影响的案件；新类型案件；具有较大社会影响的涉港澳台或涉外案件；办案机关决定需要其他专业人士参与的案件；案情复杂、涉及三个以上（含三个）法律关系的案件。一般情况下对于刑事案件的划分主要考虑案件标的额的大小、影响是否重大、涉案人数是否众多。由此看来，凡界定为重大刑事案件的事件，至少符合以下三方面之一：涉案金额巨大、影响重大、涉案人数众多。鉴于此，重大刑事案件对人身安全、财产安全和心理健康会造成重大影响和伤害。

12.1.2　重大刑事案件梳理

2021 年 4 月 15 日，公安部召开新闻发布会，发布会上称自 2015 年至 2020 年，全国刑事案件立案总量已连续 5 年下降。这与居民文明水平、教育水平、生活水平的提高密不可分，同时也体现了公安机关维护国家政治安全和社会稳定的工作成效。以下就近几年发生的影响较大且有一定代表性的重大刑事案件——孙某杀医案进行梳理。

12 月 24 日，北京市朝阳区民航总医院急诊科副主任医师杨某，在工作期间遭到患者家属孙某残忍杀害。该案因其医患刑事案件的性质、社会广泛的热议和争议程度、案件影响之广泛入选 2019 年人民法院审结的涉医犯罪典型案例。

1. 事件概述

2019 年 12 月 4 日，北京市朝阳区孙某将其因脑梗死后遗症长期卧床的母亲送至民航总医院治疗。后因对接诊医生杨某的治疗过程、用药效果不满，且沟通不畅，孙某对医护人员进行辱骂、威胁，并采用极端手段致杨某身亡。后经中级人民法院判决、高级人民法院核准，2020 年 4 月 3 日，依法对孙某执行死刑。

2. 事件影响

孙某杀医案自发生之日起就受到了社会各界人士的广泛关注。除北京市朝阳区民航总医院急诊科门庭若市外，互联网上该事件也引起了热议，“白大褂不是铠甲，对暴力伤医说不”的话题被明星艺人、网络“大 V”、热心网友纷纷跟帖，截至 12 月 30 日 4 时，该话题讨论量已达 1.4 万，直至 2022 年 18 日，仍有业内相关人员关注发声。该案件因其性质恶劣、影响广泛，于 2020 年 5 月，入选 2019 年人民法院审结的涉医犯罪典型案例。该事件之所以引起广泛关注，主要原因有以下几点：

其一，该事件涉及医患关系。医疗卫生事业是关系人民健康和家庭幸福的重大民生问题。医患关系一直以来都是社会关注的热点之一。目前虽然我国从政府、医院、患者、媒体等多个层面努力改善医患关系，但在逐步向好的大趋势下仍存在医患关系紧张的现象。患者本应对救死扶伤、辛勤耕耘的广大医护人员报以感激和敬畏之情，却大打出手伤其性命，其中原委受人关注。

其二，该事件性质恶劣。案件为故意杀人案，且案犯被判处死刑。从法理来看，故意杀人案件的案犯不一定都被判处死刑，在孙某主动投案供述案件事实的情况下，依旧被执行死刑，可见其犯罪手法之残忍、行为之恶劣。

该案件的发生对医护人员心理造成了很大影响。有网媒报道，受害人杨文的同事在案件发生后第一时间接受了心理咨询梳理，即便如此案件发生几日后再回顾起来都不愿提及此事。通过大量对事件的评论也不难看出，此次事件再一次引起了医护人员的恐慌，很多人将医护工作视为高危职业，诸多在职医护人员也表示一面救死扶伤，一面为当前的医患关系心寒。在医疗资源仍大量短缺的时代，医患恶性事件必将导致医患关系更加紧张，形成恶性循环。改善医患关系，营造和谐、健康、互信的医疗环境是我们每个人努力的目标。

12.1.3 案例启示

探究孙某杀医案的细节我们不难发现，事件的发生虽是偶然的、突发的，但也存在一定的必然性。

首先，孙某家庭生活背景是该事件发生的潜在因素。初中文化水平，在家里排行老幺，从事过多种工作，大多以失败告终，一事无成，处于离婚状态育有 子，生活状况拮据，虽跟母亲一同生活，但经常靠其长兄长姐帮衬，这是孙某犯案前生活的真实写照。文化水平低加之从事过兽医工作，使得孙某对医药一知半解，在其母亲救治过程中，孙某对医生给母亲的用药以及用药后的治疗效果提出质疑，进而引发争吵等一系列过激行为。文化素质低下使得孙某遇到问题没能第一时间考虑用文明行为、合法方式进行处理，携刀具进入医院说明该事件并非在其冲动下发生的，而是有一定预谋，侧面体现了孙某生活环境对其为人处世的影响。

其次，医疗资源短缺是引发该事件的重要导火索。有媒体采访后报道，一位医生回忆，孙某氏因病情较重，收治当天本应由急诊科转入肿瘤科病房，但住院部肿瘤科重症监护室床位已满，留在了急诊科的重症监护室。虽然未能转科室不能成为惨案发生的理由，但作为常识我们都知道，急诊科只做紧急处理并非专科医治，医疗资源的短缺使得患者不能得到专业人员及时有效救治，因此引发各种医患矛盾。

再次，社会保障不足、社保参与意识淡薄是催化事件发生的助燃剂。在诸多医患关系冲突中，医疗负担是医患关系紧张的重要原因，医保、医院的考核制度以及医院的薪资制度更加加剧了医患间的紧张关系，导致患者怀疑医生多开药、开贵药、做没必要的检查等。孙某与杨医生最初的矛盾在于其母亲输液后病情并无明显好转，在医生面对 95 岁高龄且全身重度感染加之各类基础病的患者孙某氏，再三建议对其进行各项检查时，孙某略懂医药的情况下拒绝任何检查并怀疑医生用错药，并通过威胁表示不接受患者死亡。有评论者猜测，虽孙某氏是超转人员，有补助和医疗报销，但正因如此，若孙某氏死亡会触动孙某的既得利益，导致孙某无业拮据的生活雪上加霜。综合多方面因素，不论是医疗带来的经济负担，还是社会保障不足导致孙某生活无望都侧面体现了我国目前社会保障、医疗保障的欠缺，以及社会民众参保意识淡薄。

最后，医患之间沟通不畅是导致该事件发生的直接助推力。在此次事件中，有媒体报道，据一位医生回忆，杨医生就孙某氏的病情等相关情况与家属沟通，但完全无法沟通。没有有效沟通是因为医患之间缺乏信任，由于医生是有偿服务，在经济层面医患是对立关系。除此之外，医药属于专业领域，医患对医药信息获取、理解和掌握程度不同，沟通中信息不对称、不透明、隐瞒、夸大、歧义理解信息使得医患沟通越发困难。医护人员虽经历了多年的专业学习训练，但在沟通技巧和方式方面的学习和实践远远不足，加之高强度的工作，不能苛求每一位医护人员在任何状态下都保持温柔、和蔼、面带微笑的姿态和采取平易近人的沟通方式。患者忍受病痛折磨，承受经济压力，面对同样有情绪、有压力的医护人员缺乏应有的换位思考和理解。改善医患关系需要医生和患者共同努力，基于一致的目标共同对抗疾病。

12.2 重特大火灾事件

12.2.1 重特大火灾事件界定

根据 2007 年 6 月 26 日公安部下发的《关于调整火灾等级标准的通知》，现火灾等级划分为特别重大火灾、重大火灾、较大火灾和一般火灾四个等级，具体划分标准如下：

特别重大火灾：造成 30 人以上（包含 30 人）死亡，或者 100 人以上重伤，或者 1 亿元以上直接财产损失的火灾。

重大火灾：造成 10 人以上 30 人以下（不包含 30 人）死亡，或者 50 人以上 100 人以下重伤，或者 5 000 万元以上 1 亿元以下直接财产损失的火灾；

较大火灾：造成 3 人以上 10 人以下死亡，或者 10 人以上 50 人以下重伤，或者 1 000 万元以上 5 000 万元以下直接财产损失的火灾；

一般火灾：造成 3 人以下死亡，或者 10 人以下重伤，或者 1 000 万元以下直接财产损失的火灾。

根据以上标准划分，特别重大火灾和重大火灾均属于突发社会安全事件范畴。

12.2.2 重特大火灾事件梳理

在国务院新闻办公室于 2020 年 4 月 9 日举行的新闻发布会上，时任应急管理部副部长周学文指出，自 2015 年以来，我国重特大火灾多发于春季，第一季度平均年森林火灾达 1 035 起，占全年火灾的 40%，火灾发生率有逐年减少的趋势。除森林火灾外，根据火灾发生的直接原因，电气、生活用火引发火灾比例较大，生产作业不慎引发火灾虽所占比例不大，但损失较为严重。初步统计，2021 年全国接到火灾报警 74.8 万起，火灾导致死亡人数 1 987 人，受伤人数达 2 225 人，导致直接财产损失达 67.5 亿元。我国虽已连续 6 年没有发生特别重大火灾，但 2021 年相较于 2020 年，增加火灾 6.61 万起，死亡人数增加 386 人，财产损失增加 14.9 亿元。2021 年虽无特别重大火灾，但重大火灾发生 2 起，较 2020 年增加 1 起。由此可见，火灾伤亡人数多、财产损失严重、影响大，火灾防范仍是突发社会安全事件关注的重点。

本节对 2015 年以来我国各地区发生多起重大火灾事件进行了梳理，资料大多来源于中华人民共和国应急管理部官网。

2021 年 7 月 24 日，吉林省长春市某婚纱城发生火灾事故，直接原因为工作区照明线路漏电，引燃周围可燃物引起火灾，事故造成 15 人死亡，25 人受伤，过火面积 6 200 平方米，直接经济损失达 3 700 余万元。间接原因主要是违规违建且管理缺失。

2020 年 9 月 27 日，重庆某能源公司松藻煤矿发生重大火灾事故，直接原因为作业过程中设备磨损在摩擦中引起火灾，事故造成 16 人死亡，42 人受伤，直接经济损失达 2 501 万元。间接原因主要有生产方对生产安全重视程度不够，管理、监督、执行不到位，生产设备不合格等。该事故被认定为一起生产安全责任事故。

2018 年 8 月 25 日，黑龙江哈尔滨市某酒店发生火灾，直接原因为电气线路短路形成高温电弧引燃易燃物，造成 20 人死亡，23 人受伤，直接经济损失达 2 508.4 万元，过火面积约 400 平方米。间接原因有管理人员消防安全意识不强，经营场所存在消防隐患等。该事件被认定为一起生产安全责任事故。

2017 年 2 月 25 日，南昌市某会所发生火灾，直接原因为装修过程中高温金属熔渣引燃未及时清理助燃物，事故造成 10 人死亡，13 人受伤，过火面积约 1 500 平方米。间接原因主要是违规施工，政府及有关部门把关不严。事故主要责任人被判处 1 年 8 个月至 4 年不等有期徒刑。该事件被认定为一起生产安全责任事故。

2017 年 11 月 18 日，北京市大兴区红门镇新建村发生火灾事故，直接原因为埋在聚氨酯保温材料内的电气线路故障，事故造成 19 人死亡，8 人受伤，直接经济损失不详。间接原因主要是违规违建、违法设计施工且管理缺失。

2017 年 12 月 1 日，天津市某大厦发生火灾，直接原因为烟蒂等遗留火源引燃可燃物，事故导致 10 人死亡，5 人受伤。间接原因为大厦管理人员安全意识不强，管理、监督、排查工作不到位。在该事故处理中，17 人被司法机关处理，16 人受党政纪处理。该事件被认定为一起安全责任事故。

2016 年 8 月 16 日，甘肃某矿场发生重大火灾事故，直接原因为施工作业过程中不慎引燃助燃物，产生大量有害气体，事故导致 12 人死亡，17 人受伤，直接经济损失达 1 970 万元。间接原因主要有操作安全规章制度缺失，未对相关人员进行安全培训，未经审批进行作业，管理人员安全意识淡薄等。该事件被认定为一起生产安全责任事故。

2015 年 12 月 17 日，辽宁省葫芦岛市某公司发生火灾，直接原因为工作人员电焊作业操作不当引发火灾，事故导致 17 人死亡，17 人受伤，直接经济损失达 2 199.1 万元。间接原因主要有企业安全管理混乱，安全监督、检查、指导不力，生产组织无序等。该事件被认定为一起生产安全责任事故。

2015 年 11 月 20 日，黑龙江省某煤矿发生火灾，直接原因为皮带道皮带着火，产生有害气体，事故导致 21 人死亡，1 人下落不明。间接原因主要有安全管理薄弱，安全意识不强，安全隐患治理不到位等。该事件被认定为一起生产安全责任事故。

2015 年 8 月 12 日，天津市某公司危险品仓库发生特别重大火灾爆炸事故，直接原因为硝化棉高温下发生自燃，随后火势蔓延至硝酸铵进而引起爆炸，事故造成 165 人死亡，8 人失踪，798 人受伤，304 幢建筑物、12 428 辆商品汽车、7 533 个集装箱受损，直接损失达 68.66 亿元。除此之外，事故残留的化学品与产生的二次污染物对局部区域的大气环境、水环境和土壤造成了不同程度的污染。间接原因主要是违规违建，无证违法经营，违规存放硝酸铵、违规作业，管理部门玩忽职守、违规审批等。该事件被认定为一起特大生产安全责任事故。

2015 年 5 月 25 日，河南省平顶山市某公寓发生火灾事故，直接原因可能是电路老化，事故造成 38 人死亡，6 人受伤，直接经济损失达 2 064.5 万元。经查明，间接原因主要有违规建设、运营，管理不规范。该事件被认定为一起生产安全责任事故。

12.2.3 案例启示及措施

通过对 2015 年以来的特重大火灾事故的梳理不难看出，绝大部分特重大火灾事故是在生产过程中安全意识淡薄，管理、防范、监督、执行过程不规范等导致作业过程中突发火灾事故，造成重大人员伤亡和财产损失。以上梳理的十余件特重大火灾事故均被定性为生产安全责任事故，对于该类事故的具体分析在上一章突发生产安全事件部分以 2015 年天津港爆炸事件为例详细展开。

对于各类火灾，我们要做好防范工作。时任应急管理部副部长周学文曾表示，要积极推进《中华人民共和国森林防火条例》《中华人民共和国草原防火条例》的修订工作，制定《国家森林草原火灾应急预案》，加快标准体系建设，推动森林草原防灭火工作步入法治化、规范化轨道。同时，积极推进森林草原防灭火规划落实，协调推动防灭火基础设施建设，强化防灭火应急物资储备。开展防灭火重大理论课题攻关，构建不同区域的战法体系，探索运用人工智能技术，以先进的理论和信息技术运用推动防灭火工作创新发展。

此外，对于如何进一步防范火灾事故，应急管理部消防救援局副局长魏捍东表示，为有效防范和坚决遏制重特大火灾事故发生，国务院安委会办公室自2021年11月至2022年3月，部署在全国集中开展冬春火灾防控工作。重点从隐患治理、监督执法、消防宣传三个方面推进工作落实：

在隐患整治方面，突出抓好“五项工作”，即攻坚完成三年行动重点任务，有效整治高层建筑火灾隐患，持续深化电动自行车治理，主动防范新兴领域安全风险，配合开展燃气安全专项整治。

在监督执法方面，坚持内外发力，用足用好法律、经济、行政手段，严格落实“六个一批”措施，即问责处罚一批，查封关停一批，挂牌督办一批，联合惩戒一批，打造提升一批，内部通报一批。

在消防宣传方面，推动党委宣传部门专门部署，广泛发动主流媒体及新媒体，多渠道、多平台组织开展消防宣传月活动，重点抓好“七项活动”，即举行启动仪式，曝光突出隐患，开展集中宣讲，用好学习平台，遴选志愿项目，策划网络直播，组织舆情研判。

12.3　规模较大的群体性事件

12.3.1　规模较大的群体性事件界定

群体性事件是一个法律概念，但至今没有被确切地界定。诸多研究学者因其研究目的、研究侧重点不同，对群体性事件的界定存在很大分歧。郑旭涛通过梳理群体性事件的概念源流指出：群体性事件是指一群人公开在现实空间中做出了某种没有法律依据的行为，并影响了社会秩序、使得公共权力机构卷入其中的集体抗争。

群体性事件具有群体性、组织性、效仿性、破坏性、反复性等特征，一般规模大、参与人数多，是由一定的矛盾激发进而引起打、砸、抢、烧、破坏公共设施、静坐、游行或群体性械斗等冲突事件。一般认为，满足以下条件之一即可认定该事件为重大群体性事件：参与人数在1 000人以上、5 000人以下，影响较大的非法集会、游行示威、上访、罢工等；造成3人以上、10人以下死亡，或者10人以上、30人以下受伤的；参与人数200人以上、500人以下全体冲突事件；其他视发生情形需要作为重大群体性事件对待的事件。

12. 3. 2 规模较大的群体性事件梳理

据上海交通大学韩志明的研究，我国群体性事件得到有效治理的同时又导致其衰变，由“粗糙的摆平”到“精致的治理”。自 20 世纪 90 年代以来，我国群体性事件经历了从多发到少见、从普遍到局部、从庞大到小众、由激烈到温和的转变。近些年各级政府抱着客观、理性的态度，采用主动防范、协商对话的方式，依托各级政策制度的支持，加强信息监管力度，联合社会群体、各类媒体等多元力量，共同应对群体性事件，将群体性事件消化于萌芽阶段。

我国群体性事件暴发的主要矛盾点多集中于社会贫富差距、职工经济利益和民主权利受到侵犯、法制不健全等，局部性群体性事件矛盾触发点多由于经济利益和民主权利受到侵犯，其中环境抗争案例在 2016 年至 2021 年发生率较高。因此，本节选用 2016 年受广泛关注且影响较大的污染类群体性事件江苏常州某学校污染事件为例进行案件梳理，案件资料来源大多来源于《第一财经》报道内容。

江苏常州某学校选址搬迁后，493 名学生身体健康出现异常，家长怀疑学生身体健康异常与学校新址旁土地被污染有关，经反映协商无果，家长们发起了主题为“远离毒地，救救常州外国语学校的孩子们!”联名上书活动。活动要求政府解决污染物对孩子健康产生影响的问题，要求学校搬迁过渡。该事件经过媒体报道，受到广大群众关注和各级政府高度重视，最终事件得以解决。

从多方记者采访看，直接引发“常州外国语学校污染事件”的原因是被污染土地在修复污染过程中，土地开挖引发有毒土壤暴露，散发异味。事件发生后各政府部门及相关负责人及时、积极、公开进行事件调查及处理，虽然事件调查结果显示污染状况已基本消除，但考虑到涉案地块周边环境以及敏感目标的变化，最终拟将该块土地利用性质变更为绿化及公共设施用地。对涉案相关干部给予党纪、政纪处分，对事发地政府进行通报批评并要求其加强对污染地块的环境监管，加快落实生态公园等绿化及公共设施建设。

12. 3. 3 案例启示

该事件受到广泛关注主要有以下几个原因：

首先，该事件属于局部事件，矛盾突出，涉及政府部门和人民大众之间的矛盾。随着经济技术的快速发展，各种环境问题凸显出来，自 2000 年以后，我国各地区陆续对重污染企业进行整治，在环境污染处理过程中，管理监督不到位遗留了诸多问题。该事件发生于常州市，涉事主体为学校校方、学生及家长、当地政府，事件主要矛盾点在于学校新址设于化工类企业旧址附近，化工类企业旧址土壤、地下水资源受到污染引发学生突发身体疾病。梳理该事件不难发现，该事件发生原因主要在于常州市城市规划考虑不足，未对污染地区加以重视；学校选址考虑不周，未就学校新址进行全面考察。事件发生后，家长诉求明确、合理，学校未做出积极应对，导致近500名学生身体健康受污染影响。该事件暴露了学校在选址过程中、当地政府在城市规划过程中以及对突发事件处理过程中的诸多问题。

其次，该事件直接影响青少年群体身体健康。该事件引发近500名在校生出现身体健康问题，涉及人数众多，影响广泛。青少年是祖国的未来，是弱势群体，在当今社会每个家庭都极其关注孩子的身心健康问题，而环境污染引发的健康问题是人为的、可避免的，发现后即应及时治理，近500名学生同时引发类似病症足以证明污染事件的存在和影响。加之青少年相较于成年人抵抗力较差，污染物对其影响较大，对身体的损害可能更强。

最后，该事件虽事发突然，但持续时间较长，环境问题影响较为深远。事件起因于学校搬迁新址3个月后，有学生身体出现不适，家长认为可能与学校所迁新址毗邻化工厂旧址有关。从学生家长发现问题到学校停课，经过了一个多月的时间，也就是学生在污染环境下学习长达近5个月。此外，从事件始发到引起多方重视更是经历了近半年的时间。化学物品对身体的伤害一直受到人们的广泛关注，一是化学物品对身体的伤害是严重的、不易消除的；二是化学物品对身体的伤害很可能是长久的。该事件中，学校周边环境污染对学生身体伤害发现及时，家长们高度重视，学校虽反应不够及时但也做出停课决策，加之随后的寒假假期以及各政府部门的积极响应，最终未造成严重后果。

12.4 学校安全事件

12.4.1 学校安全事件界定

校园安全事件涉及千家万户，是每个师生、家长和社会各阶层、群体密切关注的话题，与每个家庭都息息相关。从广义上来定义校园安全事件，即学生在校期间，由某种偶然突发因素导致的人为伤害事件。在界定校园安全事件时需注意以下几点：

首先，校园安全事件强调学生为事件主体。校园安全事件的受害主体为学生，即学生主动或被动参与事件造成伤害。若学校教职工在上班路上或在校期间发生安全事故未涉及任何学生身心健康，应属于工伤事故，若施害人目标为教职工，但有学生因此受到伤害，也应归为校园安全事件。

其次，校园安全事件是在校期间发生的。对于在校期间的界定，不仅包括学生本人在校园内的期间，还应包括学生应该在校园内的期间以及学生不应在校园内，但确实在校园内的期间。如学生上课、课间时段，学生上学、放学路上，学生补课期间以及学生自愿留校期间等。

再次，校园安全事件是由偶然突发因素导致的，强调校园安全事件的偶发性和突发性。如上学途中溺水，遭遇交通事故、抢劫，在校期间发生殴打事件、欺凌事件、自杀事件等。

最后，校园安全事件主要指人为伤害事件。校园安全事件一般为人为故意导致，通常校园责任人因疏忽大意过失或失职负有间接责任。自然灾害、不可抗力等非人为因素导致在校学生受伤不属于校园安全事件。

12.4.2 学校安全事件梳理

2021 年 3 月 26 日公安部新闻发言人在发布会上表示，2020 年，全国公安机关深入开展“护校安园”专项行动，实现了涉校刑事案件连续 8 年下降，校园安全形势持续向好的局面。即便如此，面对新环境、新形势、新思想，校园安全仍是我们需要重点关注的问题。近些年，校园安全主要体现于以下几个方面：溺水、交通事故、斗殴、校园伤害、中毒、踩踏事故、自杀、自然灾害、网络诈骗等。某老师通过梳理所任职学院学生校园安全情况反映，该学院仅 2021 年秋季第一学期，发生案件 21 起，大多为经济受损，涉及金额 4 万余元。除此之外，中小学（幼儿园）校园安全情况更值得我们关注，近年来中小学校园安全事故仍时有发生，社会影响不言而喻。仅 2021 年全国发生多起中小学校园安全事故，涉及踩踏事故、网络安全、交通安全、消防安全、食品安全、人身安全、宿舍安全、校园恶性伤害事件等。以下以广西某幼儿园恶性伤人事件为例进行详细剖析。

1. 案例简介

2021 年，一成年男子进入广西某幼儿园疯狂砍杀，致多名师生受伤。附近群众和警务人员及时阻止了砍杀事件进一步恶化，媒体跟踪报道使得此事件受到相关部门、广大群众的关注，随后，全国各地幼儿园进行安全教育和背景式防暴安全演习。

2. 案例启示

案件事情经过并不复杂，之所以引起广泛关注，主要在于该类案件性质极端恶劣，通过深入剖析，该类事件存在以下共同点：

第一，该类型事件袭击者多为男性。在当今社会，生存压力、生活压力较大，各类矛盾较多，经济的迅速发展和贫富差距的拉大导致矛盾易激化，矛盾激化后人们往往需要找到一个发泄口或进行报复，以期受到多方的关注和支持，究其本质是在向外界发出求救信号，但采取的方式超出了法律允许和常人理解的范畴。之所以袭击者多为男性，可能因为男性和女性的矛盾处理方式存在差异，男性会选择较激烈的手段向外发泄，如暴力行为，会对他人造成伤害；女性相对温和，通常选择内部消化，如购物、倾诉等，很少会选择以伤害孩子尤其是毫不相关的孩子的方式发泄不满。

第二，受害方多为中小学及幼儿园学生。有专家指出，如果一个人对社会心怀不满，他往往会选择具有以下两个特征的地方作为袭击目标：其一，必须好下手；其二，实施作案后社会影响大。由此看，学校满足了这两个条件，而且从近几年校园暴恐事件发生情况来看，发生于幼儿园和小学的暴恐事件较多，也印证了此观点。除此之外，从学校规模来看，一般幼儿园规模较小，尤其是民办幼儿园，其相关配置可能存在不完善的地方。根据破窗理论，校园防卫不到位或存在漏洞，自然会纵容犯罪分子对该地方实施犯罪。在广西某幼儿园暴恐事件中，某幼儿园属于民办幼儿园，幼儿园的护栏是铁焊的栏杆，有2米多高，平时上课时间幼儿园大门会被锁起来，但是幼儿园门口没有固定的门卫，由值班老师负责大门的开合。事件发生后，幼儿园老师冲出幼儿园寻求周边路人帮助才得以控制嫌疑人，防止了更多师生的伤亡，可见防卫措施并不到位。大多幼儿园，尤其是县以下级别民办幼儿园，基本没有安保设施，即使有保安人员，保安人员素质也令人担忧。

第三，事件一旦发生伤亡惨重。幼儿园中多为弱势群体，幼儿园教师多为女性，在没有安保人员的情况下，抗击和防护能力有限，可能自我防护都存在问题。事件发生时孩子多表现为四处逃窜、大哭、呆滞，很可能不再听老师组织，场面会陷入混乱，导致事件处理难度加大。有专家表示，当人遇到危急情况时，无逃跑和反抗能力，表现出原地呆滞状态也是自我防护的一种正常反应，更何况幼儿园中儿童在七岁以下，若没有进行过安全教育很难做出正确的自我保护决定，即使进行过安全教育，在遇到突发事件时，孩子因受到惊吓无法做出反应也是正常现象。因此幼儿园一旦发生暴恐事件，伤亡惨重，会引起社会关注。

3. 防范措施

虽然暴恐事件具有突发性、难以预测等特点，但对该类事件的防治也并非无计可施。我国公安、教育部门反复强调校园安全问题，并出台一系列管理要求，可见对校园安全的重视。往往在事件发生后一段时间是事件敏感期，各校园会严加防范，各部门会严加监管，随着事件的淡化，监管和防范措施也会变得松弛，但校园安全的防范不在于一时而是持久的。从上文案例中不难归纳出，我们要从以下几方面进行幼儿园暴恐事件的防范：

首先，校园应按要求进行防卫建设。校园应通过自查完善防卫建设，如校园围墙、护栏是否结实，是否符合高度要求；校园门卫、值班人员是否符合数量、素质要求，是否管理规范；校园安全防护设施装备是否齐全并能有效起到防护作用；教学过程中校园是否按要求进行封闭式管理等。虽然现在绝大多数校园安装有监控系统，但在使用过程中，监控系统主要用于事后调查取证，缺乏事前预警、事中及时处理的功能。屡发的暴恐事件对防护提出了更高要求，在技术飞速发展的今天，我们可以考虑将多种先进技术应用于安全防护中，比如人脸识别应用于陌生人入校预警，区块链、物联网等技术应用于一键报警定位等。从经费方面考虑，规模较小的公办幼儿园和民办幼儿园可能很难担负得起，国家及地方财政应给予一定的资助。

其次，校园应按要求配备防护人员。在硬件防护措施完备的情况下，校园应配备从身体素质到设备使用技能均符合安保人员要求的防护人员来护卫校园安全，相关部门也可通过招标或集中培训等方式做好安保队伍建设，提高安保人员素质。

再次，校园应进行常态化安全教育。在日常教育、教学过程中，我们总把安全教育挂在嘴边，在教育过程中，大多采用口头教导、图书、视频、演绎等方式进行。当实际遇到突发事件时，很难在第一时间做出正确反应，而是出于本能，很可能使自己处于危险之中。鉴于此，对于孩子的安全教育应进行情景式教育，也就是将孩子们置身于暴恐演习之中，但在进行情景式教育过程中，应做好前期安全思想的输入以及后期心理的疏导。在广西幼儿园暴恐事件发生后，全国各地幼儿园先后进行了情景式暴恐演习。有幼儿园在幼儿园孩子未知的情况下进行前期演习，未能达到情景式安全教育的目的，反而使幼儿反应强烈，将演习信以为真，造成了孩子对上幼儿园的反感情绪。该事件发生后，其他幼儿园采用提前教育、提前告知的方式进行演习，让孩子对幼儿园的反感情绪有所减缓，但也削弱了情景式安全教育的效果。由此可见，常态化情景式安全教育是很有必要的，教育工作者和家庭应通力合作，共同进行孩子安全教育，开展心理建设及疏导的相关工作。

最后，相关部门应进行常态化安全监管。对校园安全方面的监管应是常态化的，而不是事件发生后的一时严查，对此，教育相关部门应就校园安全设施、安保人员、安全制度建设、安全教育等方面实施定期普查和阶段性抽查，确保校园在安全方面时刻保持警惕。除此之外，公安部门应确保校园周边安全，加强巡逻和安保，对所负责辖区患有精神疾病人员进行定期筛查。消防部门应配合各中小学、幼儿园制定消防应急预案，定期和不定期地检查校园消防安全设施，并对校园师生及管理人员进行消防知识宣传教育。社会各界应协同作战，为孩子打造一个安全、稳定的生活学习环境。

12.5 结束语

本章梳理了我国突发社会安全事件的类型及分类标准，在此基础上梳理了相关案例并对典型案例进行深入剖析，通过案例剖析探究案例发生的直接原因和诱发因素，以期对该类事件的发生进行有效防治，对海南省自由贸易港建设过程中可能存在的社会安全事件进行预测、预警和防治，从而为海南自由贸易港成为国际旅游岛、国际消费中心、宜居地打造良好的社会环境。

通过梳理各类社会安全事件，发现国内经常发生的社会安全事件有重大刑事案件、重特大火灾事件、规模较大的群体性事件、学校安全事件以及其他社会影响严重的突发性社会安全事件。其中重大刑事案件、重特大火灾事件、学校安全事件会对广大群众的生命财产、心理健康造成重大伤害。各类事件的性质、诱发原因、伤害程度、影响范围、防治措施等虽不尽相同，但综合来看所有社会安全事件的参与主体都是广大人民群众，所有社会安全事件的发生都有一定的人为因素，因此在其防治中我们应更关注事件发生前的预防、事件发生中的预警和处理，以及事发后的反思。这有助于我们防止类似事件的再次发生。

首先，当前社会是一个科技发展迅速、经济发展不平衡的社会，也是一个心理脆弱且矛盾频出且易激化，生活压力较大的社会。党的十九大指出，当前社会的主要矛盾在于人民日益增长的美好生活需求与不平衡不充分的发展之间的矛盾。简单来说是人民的需求得不到满足，从深层次来看，是人民心理预期与现实的差异带来的矛盾。该矛盾的产生在一定程度上影响着人们的生活，矛盾的积累激发了各类社会安全事件。

其次，各类社会安全事件的频发也暴露出各级行政机关、社会组织及广大社会群众对社会安全事件的一贯认知规律，即事件发生前总以为该类事件离我们甚是遥远，事件发生中感叹惋惜，事件发生后反思、痛定思痛加强防治、提高警觉，一段时间后选择淡忘又迎来了一个新的事件开端。由此可见，在大多数社会安全事件中，广大人民群众是社会安全事件的参与主体和防治主体。一系列的社会安全事件防治手段要依法、依规、科学、常态化进行，除相关部门为之付出努力外，作为身处社会环境下的每一个个体，安全是我们赖以生存的前提，我们也应时刻警惕、关注，对社会安全防护做出贡献。

最后，在各类社会安全事件的防治过程中，相关部门应发挥其主导作用，排查各类事件的诱发原因，做好防治措施宣传工作，贯彻“统一领导、综合协调、分类管理、分级负责”的原则，将社会安全隐患扼杀在萌芽中。公安、消防、教育等部门是社会安全事件防治的主力军。提高广大群众的文化素质、文明素养，增强广大群众安全意识，提升广大群众（尤其是学生）的抗压能力，缩小贫富差距，从根本上防止社会安全事件再次发生。

第三部分

海南实践

2018年4月13日，习近平总书记在庆祝海南建省办经济特区30周年大会上发表重要讲话，郑重宣布“支持海南逐步探索、稳步推进中国特色自由贸易港建设，分步骤、分阶段建立自由贸易港政策和制度体系”。三十而立的海南面临着发展新阶段：全岛建设自由贸易试验区，逐步探索、稳步推进中国特色自由贸易港建设，全面深化改革开放。作为习近平总书记亲自谋划、亲自部署、亲自推动的国家战略，海南迎来了历史上最大的发展机遇和挑战，但是海南存在着起步晚、经济基础相对薄弱、营商环境亟待优化、人才引进难、人民幸福指数不高等问题，这些都可能成为今后制约海南发展的瓶颈，成为危机引发的原因。本部分首先介绍了海南的发展、特点，梳理了近五年四类传统公共危机发生的情况，总结经验吸取教训，然后分析海南自贸港建设中潜在的矛盾和发展中可能存在的困境（矛盾得不到及时解决往往就可能成为危机的起爆点），最后提出可能的应对策略。

13 海南省简介

海南省地处我国最南端，北与广东省以琼州海峡为界线，西临北部湾与越南相对，东濒南海与台湾相隔，东南和南边则在南海中与菲律宾、文莱、印度尼西亚和马来西亚为邻。在世界航海地图中，海南与新加坡处于南海的北端和南端，南海则是全世界物流最为繁忙的海上航线之一，是东南亚、东亚国家的经济生命线，同时也是印度洋与太平洋之间的海上通道，这样的位置无疑为海南的全球贸易格局的发展提供了地理优势。

海南省的行政版图包括了西沙群岛、中沙群岛和南沙群岛的岛礁及相应海域，其成为全国面积最大的省，但是其陆地面积总共3.54万平方千米，又是全国陆地面积最小的省。海南省岛屿与轮廓形似椭圆形的雪梨，四周低平，中间高耸，以五指山、鹦哥岭为核心隆起，向周围逐渐下降，山脉的高度多在500~800米，山地、丘陵、台地、平原、海域构成了环形状地貌，梯级结构明显。目前海南省包括4个地级市（分别是海口市、三亚市、三沙市、儋州市）15个省直辖县行政单位，含5个县级市（文昌市、琼海市、万宁市、东方市、五指山市）、4个县（屯昌县、澄迈县、临高县、定安县）、6个自治县（白沙黎族自治县、琼中黎族苗族自治县、乐东黎族自治县、陵水黎族自治县、保亭黎族苗族自治县、昌江黎族自治县）。

13.1 海南省发展过程

1949年海南成立特别行政区，1950年5月海南岛解放，成立海南军政委员会，1955年改称广东海南行政公署，1984年海南行政区人民政府宣告成立，1988年海南省设立同时决定建立经济特区，2018年4月13日党中央决定支持海南全岛建设自由贸易试验区，掀开了海南发展的新篇章。2020年6月1日，国务院正式发布《海南自由贸易港建设总体方案》，总体方案中体现了自由贸易港的核心制度——贸易自由、投资自由、跨境资金流动自由、运输往来自由、人员进出自由和数据安全有序流动，同时多所学校来琼投资教育。海南的改革力度跟之前相比是前所未有的，从长远来看，海南未来可能会成为下一个世界性的港口城市。2021 年 6 月 12 日《中华人民共和国海南自由贸易港法》正式公布实施，此后相应的配套法规不断出台，海南已进入高速发展时期。

海南快速发展的同时，我们也应看到海南底子薄、经济发展落后的局面。根据 2018 年的数据统计，海南省的土地面积是新加坡的 49 倍（新加坡仅有 724 平方千米），但是地区产值、人均生产总值、进出口总额仅为新加坡的 1/4.9、1/8 和 1/63，不得不惊叹新加坡经济贸易发展之快、我们与其差距之大。新加坡自贸港的建设发展之路为海南省发展提供了借鉴和引导。

13.2 海南省人口情况分析

截至 2020 年年末海南省常住人口达到 1 012 万。近 20 年海南省人口一直处于增长态势。2021 年 5 月 13 日，海南省新闻发布会通报了全省 10 年人口的变化情况，10 年来海南省常住人口增加了 144 万人，增长率 16.26%，比 5.38%的全国人口增长率高 10.88%，特别是自由贸易港政策发布以来，人口聚集效应明显。如图 13-1 所示。

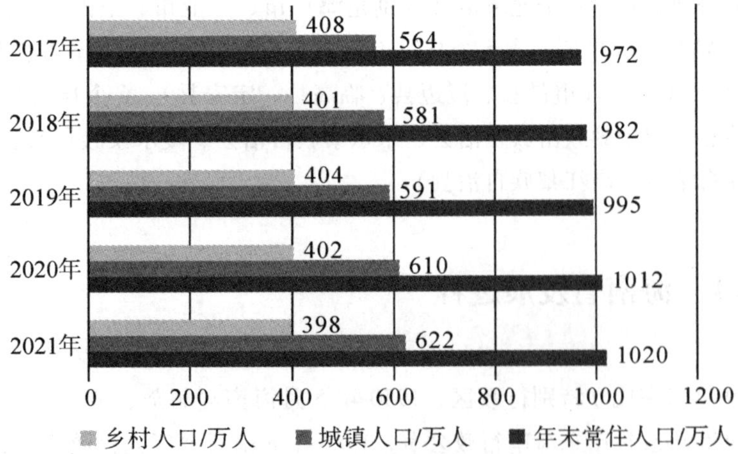

图 13-1 海南省近五年城镇人口与乡村人口数量

数据来源：《国家统计年鉴（2017—2021 年）》。

但同时也可以看到，户籍人口与常住人口占比近五年一直稳定在94%左右，如表13-1所示，这可能是不少常住人口来琼后受严格政策限制无法落户，如一些退休人员或外来务工人员不具备落户条件。但是近几年无论是常住人口还是户籍人口都呈逐年递增的态势，除了自然出生率增长外也说明海南省的人才引进政策在一定程度上起到了刺激作用。

表13-1　2005—2020年海南省常住人口与户籍人口

时间	2005	2010	2015	2016	2017	2018	2019	2020
年末常住人口	828.00	868.55	945.49	957.48	971.50	982.48	995.27	1 012.34
年末户籍人口	819.03	896.09	907.67	902.18	910.41	925.10	937.03	953.26
年末户籍人口/年末常住人口	0.989 167	1.031 708	0.96	0.942 244	0.937 118	0.941 597	0.941 483	0.941 64

数据来源：《海南省统计年鉴（2021年）》。

据有关统计数据，自2018年习近平总书记“4·13”重要讲话以来，截至2020年11月20日，海南省共引进人才逾20.1万人，同口径相比增长662%。从人口迁移流动情况看，人口流动活跃，普查结果显示“居住地”和“户籍所在地”不一致现象非常普遍，人口向城市、中心城镇、经济相对发达地区集聚，特别是海口市（海南省省会）和三亚市（海南省重要旅游城市）成为吸引人才的重地。

从受教育情况来看，近10年海南省教育水平逐步提高，全面普及了9年义务教育，人口受教育水平明显提高，与2010年第六次全国人口普查相比，15岁及以上人口的平均受教育年限由9.2年提高至10.1年，比全国平均水平高0.2%；同时全省文盲率（全省人口中15岁以上文盲人口所占比例）由4.07%降为3.25%，减少0.82个百分点。这说明海南省人口素质稳健提高，也彰显了建立自贸区、自贸港后人们对教育的重视程度与日俱增。

从年龄结构来看，二胎、三胎政策在海南省得到充分落实，全省0~14岁人口比2010年增长29.83万人，上升0.19%；同时65岁以上人口比例也随着我国老龄化社会的到来而提高，已达到10.43%，但比全国低3.07%，全省人口老龄化进程慢于全国，同时城镇化水平逐步提高。

此外，人口负担系数（人口负担系数也称抚养系数、抚养比），是指人口总体中非劳动年龄人口数与劳动年龄人口数之比，国际上通用的计算公式为：（14岁以下人口数+65岁及以上人口数）/（15~64岁人口数）×100%。具体如图13-2所示。

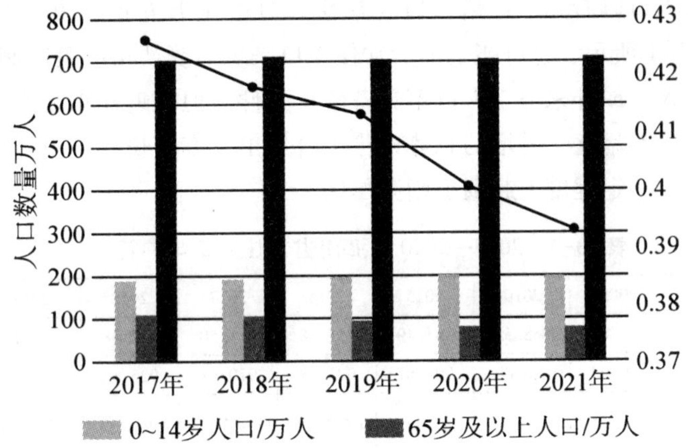

图 13-2　海南省城镇人口情况

数据来源:《海南省统计年鉴（2021 年）》。

2017—2021 年海南省年末常住人口统计人口负担系数呈逐年下降的趋势，2021 年明显低于全国的 46.4%，说明海南省“人口机会窗口期”优势比较明显。海南省劳动力人口供给充足，年龄结构比较年轻，如果充分就业会创造出较多的社会财富，同时老龄化高峰尚未到来，社会保障支出负担较轻，有利于当地经济增长。

13.3　海南省经济发展情况

海南省由于开发时间比较晚，受地理位置、资源的制约，经济发展的原动力较弱，在地区生产总值上海南处于全国落后水平。公开数据显示，2021 年第一季度海南省地区生产总值在 31 个省份中排名 28 位，人均 GDP 也排名靠后。海南经济发展缓慢主要是长期发展不规律造成的，表现为产业结构单一，以农业为主，第三产业处于发展阶段，工业虽有发展，但是作为旅游城市，“绿水青山就是金山银山”是城市发展的基本理念，因此缺乏技术水平较高、具有一定规模的制造型企业。同时我们也关注到，2021 年上半年全国 GDP 增速排名中海南增速高达 17.5%，仅次于湖北省，排名第二；从 2020 年、2021 年（上半年）的平均增速排名来看，海南省位居第一位，增速达到 7%。后疫情时期海南经济恢复较快，主要受益于自贸港建设的加快推进，政策效应显著。

随着自贸港建设加快推进，大宗商品交易、离岸贸易和离岛免税购物等业务持续保持高速增长态势，促进全省批发零售业快速增长。2021 年上半年，全省批发零售业实现增加值 369. 32 亿元，同比增长 55. 4%，两年平均增长 21. 4%，比一季度提高 4. 5 个百分点，对经济增长的贡献率为 31. 1%，拉动地区生产总值增长 5. 4 个百分点。

根据海南省统计局公布的《2022 年统计年鉴》，海南省近五年（2017—2021 年）地区生产总值依次为 4 497. 54 百万元、4 910. 69 百万元、5 330. 84 百万元、5 566. 24 百万元，6 475. 20 百万元，呈现稳定增长态势，其中第三产业占比都在 70%以上，特别是 2020 年、2021 年趋势更加明显，如图 13-3 所示，这要得益于旅游业的发展和离岛免税政策、离岸贸易政策力度的加大。海南经济正沿着自贸港的快车道稳步向前。

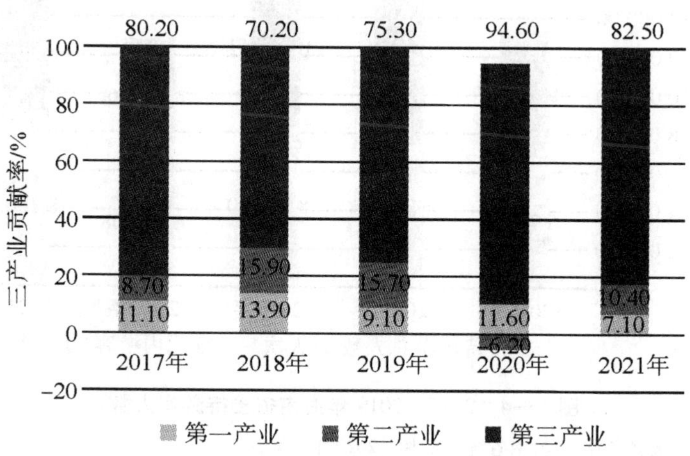

图 13-3　2017—2021 年海南省一、二、三产业的产值

数据来源：《海南省统计年鉴（2021 年）》。

13. 4　海南省旅游资源优势

海南省地处热带边缘，属于热带季风气候，全年平均气温 22~27℃，常年处于夏季无冬状态，有“天然大温室”的美誉。正是这样的气候特点，海南是我国南繁育种理想基地，也成为“候鸟”人群的理想过冬之地。海南省雨量充沛，年降水量在 1 000~2 600 毫米之间，每年 7—10 月是多雨季节，也是台风灾害多发季。海南的温度和湿度造就了丰富的植物资源，森林整体覆盖率达到 61%，为全国最高。环海域 4 000 多种植物资源中有 2 500 多种有药用价值，2 000 多种乔灌木有 800 多种有较高的经济价值，五指山、尖峰岭、霸王岭等多处分布着热带雨林，负氧离子更是高达 5 万个/米^3，是心肺病患者的理想居住地。除了天然的地理环境优势外，海南还有得天独厚的海洋矿产资源、旅游资源。海南省凭借丰富的旅游资源和气候条件，2017—2019 年接待游客屡创新高，如图 13-4 所示。旅游业也相应成为海南省的支柱产业。但是受新型冠状病毒感染的影响，2020 年旅游业受到重创。随着疫情的稳定，2021 年旅游业开发复苏。

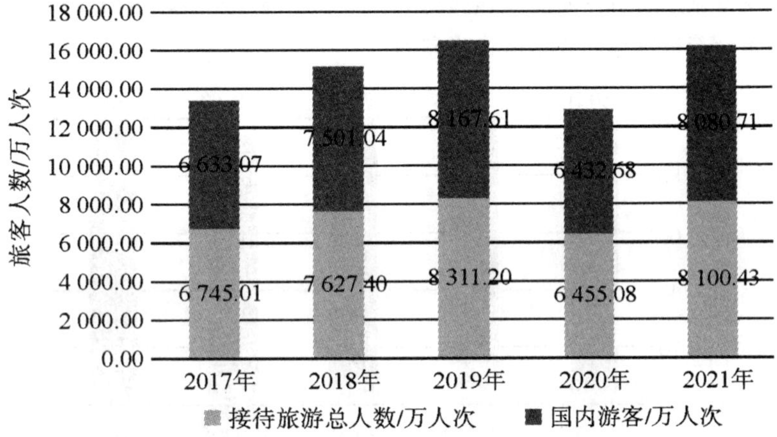

图 13-4　2015—2019 年海南省接待游客人数

数据来源：《海南省统计年鉴（2022 年）》。

2020 年年初疫情暴发，海南省旅游收入发生反转，下降了 17.48%，其中国内旅游收入下降 12.76%，如图 13-5 所示，主要是在疫情背景下限制人口流动导致，也可以看出海南省的旅游收入主要来源于国内。据统计，2018 年国内过夜游客在海南人均每天花费只有 880 元，入境游客只有 250 美元，因此，探索旅游增值服务、弘扬民族特色文化和旅游文化、留住旅客、刺激需求应作为旅游业新的经济增长点。

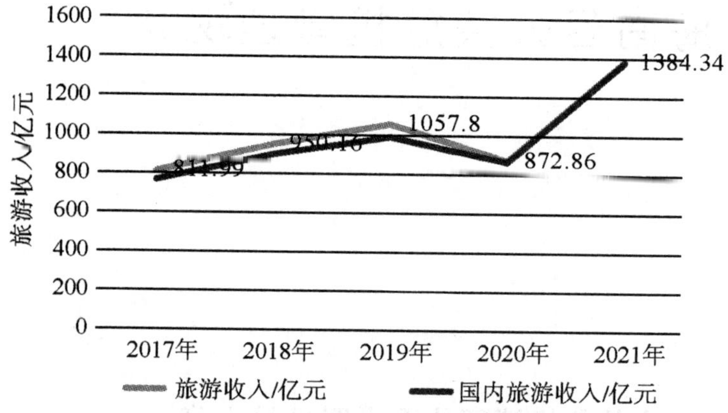

图 13-5　2016—2020 年海南省旅游收入

数据来源：《海南省统计年鉴（2022 年）》。

14 海南省公共危机管理现状

14.1 公共危机管理体系设置日趋完善

2006 年 5 月 15 日海南省人民政府 201 号文《海南省人民政府关于修改〈海南省人民政府突发公共事件总体应急预案〉的决定》（以下简称《决定》）。《决定》规定，在省政府办公厅内设海南省应急管理办公室，加挂海南省专项应急指挥联动中心的牌子，增加办公厅应急管理的职能，并明确了拟定应急方案、督促并监督下级部门、政府制定相应预案、汇总突发公共危机，监督、协调突发公共危机事件预防、应急准备、应急处置、恢复与重建等职能。同时《决定》明确了省公安厅、省国土环境资源厅、海南海事局、省交通厅、省卫生厅、省信息管理局、省安全生产监督管理局等相关部门应履行的职责和管理范围。

2018 年 9 月，经党中央、国务院批准，中共中央办公厅、国务院办公厅印发了《海南省机构改革方案》，对海南省机构改革做出了全面部署。根据改革方案，海南省应急管理厅成立，承担省安全生产监督管理局的安全生产、省政府办公厅的应急管理、省公安厅的消防管理、省民政的救灾、省国土资源厅的地质灾害防治、省林业厅的森林防火、省水务厅的防汛防风防旱、省海洋与渔业厅的海洋预报减灾等职责，整合了防汛防风防旱、减灾、抗震救灾、森林防火等指挥部的职责。应急管理厅的成立把分散的应急救援资源和力量整合在一起，有利于构建统一领导、权责一致、权威高效的应急体系，全面提升应急救援的整体性、协调性和专业性，推进了海南省应急治理体系和治理能力的现代化。海南省应急管理机构由省自然资源和规划厅、省水务厅、省林业局、省应急管理厅组成，其中前三个部门负责与其职能相关的应急管理工作，省应急管理厅是综合协调治理部门，其下设置 15 个处室，另外还包括直属处级事业机构三个——省应急物资储备中心、省防灾减灾避灾宣传中心、省灾害监测预警中心。省应急物资储备中心承担省级应急物资储备仓库建设日常管理，协调捐赠募集工作等；省防灾减灾避灾宣传中心负责相关知识的考核管理和宣传普及；省灾害监测预警中心承担预警信息发布、信息分析工作，提供救援信息技术支持。此外在19个县市设有地方应急管理局，负责执行上级文件，处理本地区应急管理工作，协调各部门防治并开展对外交流。

由图14-1可见，目前海南省应急管理机构设置在工作范围上，做到了各种类型的事故灾难、自然灾害应急管理全覆盖；在部门分工上，从制度层面明确了各部门负责的事故类型，让专业的人员做专业的事，尤其是对职责重叠处做出规定划分，避免了扯皮推诿、相互“踢皮球”现象的发生；在工作内容上，对事前、事中、事后都有具体翔实的规定，包括在事前编制预案、制定应对措施、预测监督、风险评估、隐患排查、统筹建设应急救援队伍等应急管理力量、事中各部门协调开展应急活动，组织动员应急队伍，一方面进行应急救援，一方面及时发布信息，在事后对事故灾害进行调查研究、责任追究、督促整改、信息统计分析报告等，使整个应急管理流程有条不紊地进行。至此，海南省已建立起以省应急管理厅牵头抓总，省自然资源和规划厅、省水务厅、省林业局协作配合，职责明确的4个厅级单位，以及19个市县全方位全覆盖的应急管理体系。

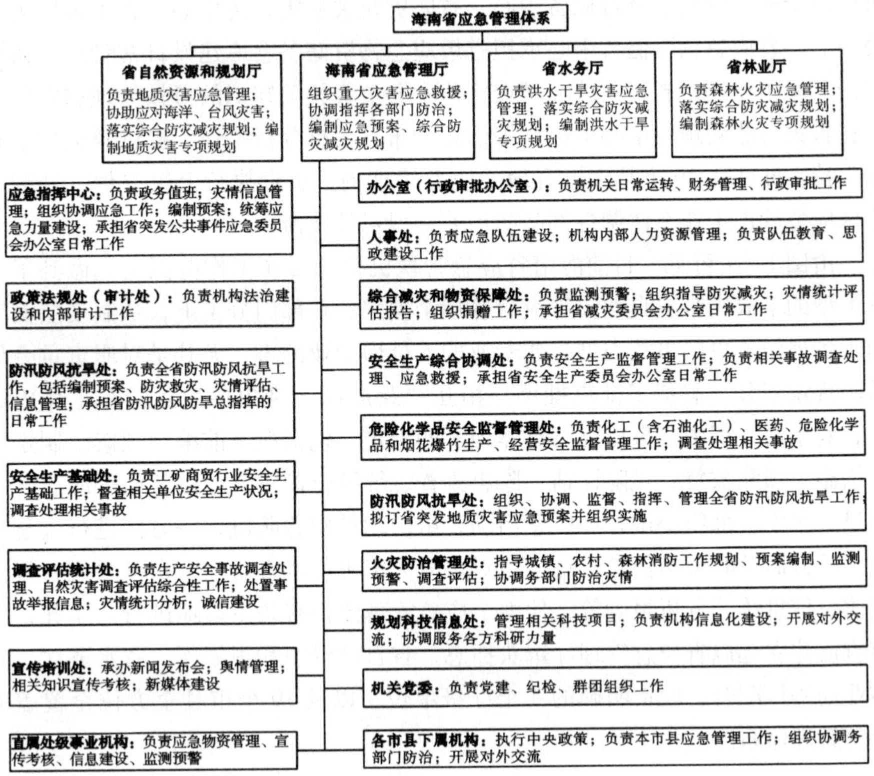

图 14-1　海南省应急管理体系

14.2　经费预算呈逐年递增的趋势

一般公共预算当年拨款是本级政府凭借国家政治权力，以社会管理者身份征收的以税收为主体的财政收入，主要用于保障和改善民生，维持国家行政职能正常运转，保障国家安全。自海南省应急管理厅成立以来，用于应急管理建设的财政拨款不断增加，应急管理的经济保障不断夯实。特别是 2022 年，比上年预算数增加 3 785.31 万元，主要增加了自然灾害综合风险普查项目、海南省灾害监测预警中心智能信息化项目、海南省应急管理综合防控系统（一期）建设项目等经费，充分说明政府等相关部门在自贸港建设中对各类公共危机预防的重视。海南省 2019—2022 年度本级预算（决算）趋势如图 14-2 所示。

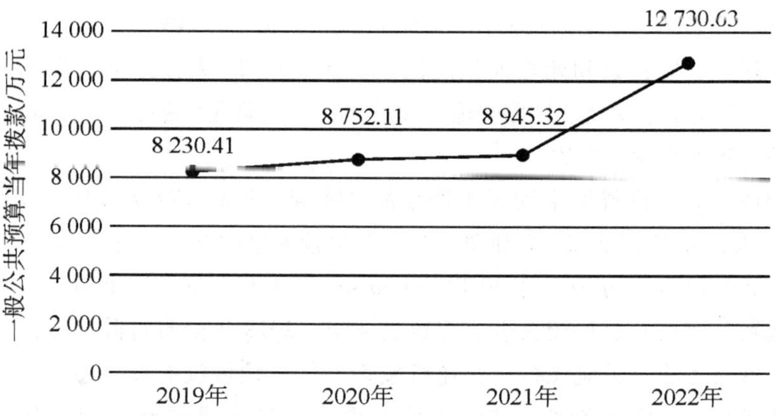

图 14-2　2019—2022 年度本级预算（决算）趋势

注：2019 年、2020 年决算数据已公布，为了数据更准确采用了决算数据，数据来源于海南省应急厅。

应急管理体系和经费预算管理两方面都体现了海南省应急管理事业的地位不断提升，其重要性愈发得到重视，其发展状态日益向好。从整体上讲，近年来海南省应急管理力量建设，实现了横向上不同类型机关之间通力合作，纵向上地方各级单位上闻下达，本级各单位之间各司其职，应急管理事业稳步发展。

14.3　海南省传统公共危机事件梳理

海南省和全国大多数地区一样面临着传统四类公共危机事件：自然灾害、事故灾难、公共卫生事件、社会安全事件。本部分梳理了海南省 2017—2021 年发生危机事件及损失情况，并有针对性地展开重点分析，一方面总结过去，另一方面探讨不足和值得注意的问题，完善公共危机治理体系。

14.3.1　海南省事故灾难危机事件

海南省应急管理厅及各市县应急管理局 2017 年至 2021 年的统计数据显示，海南省安全生产事故整体趋于平稳下降，其中部分事故如表 14-1 所示。

2017 年，海南省发生安全生产事故 362 起，死亡 250 人。发生较大事故 13 起，死亡 44 人，没有发生重大以上事故。主要体现为“四个下降、五个没有”：一是各类事故起数、受伤人数“双下降”。各类事故起数同比减少 354

起，下降 12.7%；受伤人数同比减少 293 人，下降 10.44%。二是生产经营性事故下降。事故起数和死亡人数同比减少 65 起、26 人，分别下降 11.6%和 10.8%。三是水上交通、铁路交通、民航飞行、危险化学品、烟花爆竹 5 个行业领域全年没有发生事故。

2018 年，海南省发生安全生产事故 244 起、死亡 177 人，同比减少 118 起、73 人，分别下降 32.6%和 29.2%；发生较大事故 9 起、死亡 28 人，同比减少 4 起、16 人，分别下降 30.8%和 36.4%；未发生重大以上事故，实现了事故起数、死亡人数和较大事故起数三下降。2018 年全省危险化学品、烟花爆竹、铁路运输、民航飞行、农业机械 5 个行业领域没有发生事故；道路运输、建筑施工、海洋渔业、非煤矿山 4 个行业领域事故起数同比分别下降 35.3%、23.5%、50%和 50%。

2021 年海南省共发生安全生产事故 232 起，死亡人数 223 人，同比分别上升 45.9%、36%，较大事故 2 起，死亡人数 6 人，同比分别下降 75%、75%。全年安全生产事故中，交通运输和仓储业发生事故 112 起，占 48.28%，同比上升 27.3%，死亡人数共计 112 人。绝大部分事故来自道路运输业，共 109 起，全年发生 2 起较大道路运输事故，同比上升 33.3%，导致 6 人死亡。此外，农林牧渔业发生事故 9 起，采矿业发生事故 4 起，商贸制造业发生事故 20 起，建筑业发生事故 66 起。2021 全年煤矿采矿、石油天然气、化工、烟花爆竹、铁路运输业、航空运输业未发生安全事故。

表 14-1　2017—2021 年海南省部分事故灾难统计

时间	概况	伤亡人数
2017/1/12	接连两起较大道路交通事故，共导致 6 人死亡，4 人受伤	10
2017/7/10	海口市货车与摩托车相撞，1 人死亡，3 人受伤	4
2017/7/22	三亚市海棠区建筑施工坍塌事故，2 人死亡，1 人受伤	3
2017/8/11	昌江县棋子湾两车相撞，3 人死亡，8 人受伤	11
2017/8/17	三亚市崖州区货车刹车问题，4 人跳车，1 人死亡，3 人受伤	4
2017/9/24	屯昌县境内国道两车正面相撞，7 人死亡，4 人受伤	11
2017/10/3	儋州市追尾导致小轿车翻车下沟，4 人死亡	4
2017/11/6	环岛高速万宁段追尾事故，3 人死亡，1 人受伤	4
2017/11/27	西线高速公路追尾事故，3 人死亡	3

表14-1(续)

时间	概况	伤亡人数
2018/1/26	定安县翰中线两车对向碰撞，2 人死亡，4 人受伤	6
2018/2/1	五指山市番阳镇摩托车与货车相撞，3 人死亡	3
2018/2/3	文昌市文城镇餐厅自制烤炉爆炸，2 人死亡	2
2018/3/23	三亚市吉阳区一起建筑施工坍塌事故，1 人死亡	1
2018/3/26	琼中县吊罗山乡排洪沟工程施工坍塌事故，1 人死亡	1
2018/4/17	海口市一批发市场室外配套工程项目工地坍塌事故，1 人死亡	1
2018/4/26	文昌某公司污水毒气中毒死亡事故，2 人死亡	2
2018/5/5	保亭县一起私人挖水井过程中的坍塌事故，3 人死亡	3
2018/5/17	五指山市小区起重机折断倒塌，4 人死亡	4
2018/5/18	东方市一辆中型仓栅式货车侧翻，3 人死亡	3
2018/6/29	环岛高速临高路段 8 辆车接连碰撞，3 人死亡，6 人受伤	9
2018/5/17	五指山市小区塔吊倒塌事故，4 人死亡	4
2018/9/4	工人切割防盗窗作业不慎从高处坠落，1 人死亡	1
2018/11/27	起重伤害事故，1 人死亡，2 人受伤	3
2019/1/10	昌江一名员工检查故障时滑倒，撞铁轨身亡	1
2019/1/12	五指山市山海高速工地塌方事故，1 人死亡	1
2019/3/11	东线高速公路拆除高立柱广告牌时发生倒塌，14 人受伤	14
2019/7/21	后安镇私人建房发生高处坠亡事故，1 人死亡	1
2019/7/28	万宁市管道施工坍塌事故，土石掩埋致 1 人死亡	1
2020/6/20	商务酒店内工人从事电工作业时触电死亡，1 人死亡	1
2020/7/15	医院工地发生高处坠落事件，1 人死亡	1
2020/8/13	工人进行接电作业时发生触电事故，1 人死亡	1
2020/9/16	工人安装广告招牌时发生触电事故，1 人死亡	1
2020/9/24	海口污泥处理实验项目发生闪爆事故，3 人死亡，1 人受伤	4
2020/12/4	工地土方塌陷事故，1 人死亡	1

表14-1(续)

时间	概况	伤亡人数
2021/2/15	保亭县一冲锋舟超载沉没，5 人溺亡	5
2021/4/8	办公楼楼梯间施工发生高处坠亡事故，1 人死亡，2 人受伤	3
2021/4/12	谷物出仓操作不当导致谷料塌陷致人窒息事故，1 人死亡	1
2021/5/14	工人搬运木板材料时踩空坠落，1 人死亡	1
2021/5/18	工人安装空调时从高处坠落，1 人死亡	1
2021/7/3	酒吧吊顶维修触电事故，1 人死亡	1
2021/7/14	琼海市发生一起光缆施工高处坠亡事故，1 人死亡	1
2021/7/27	陵水县围墙倒塌事故，2 人死亡	2
2021/7/28	琼海市公司员工触电死亡事故，1 人死亡	1
2021/8/4	陵水县一起高处作业坠亡事件，1 人死亡	1
2021/9/4	琼海市工地生活区高处作业坠亡，1 人死亡	1
2021/9/9	地下车库配电房发生一起工人触电事故，1 人死亡	1
2021/9/25	一起起重伤害事故，1 人死亡，1 人受伤	2

资料来源：海南省应急管理厅、海口市应急管理局、万宁市应急管理局、陵水县应急管理局。

从表 14-1 可知，海南省 2017—2021 年安全生产事故次数在总体平稳中略有下滑，2021 年全省发生较大生产安全事故起数和死亡人数，同比分别下降 33.3%和 25.9%，创下了海南省近 20 年来的最低值，但形势依然不容乐观，海南省安全生产事故呈现出以下两个特点：

第一，道路交通领域事故常年高发，约占当年事故合计的半数。2017 年，海南省道路交通事故占各类事故总量的 66.1%，死亡人数占各类事故死亡总人数的 87.3%。13 起较大事故中有 12 起是道路交通事故，占 92.3%。2021 年道路交通事故占事故总量的 46.98%，同年发生两起较大安全生产事故，均为道路交通领域安全事故。分析其原因，主要有：一是各市县行业主管部门监管责任未落实到位，安全生产大检查工作开展不深入不细致，道路交通专项整治措施不严，日常交通安全宣传教育力度不够、覆盖面不广、没有真正深入人心。二是部分企业主体责任不落实。受到营运资格的限制，很多货运车辆挂靠有营运资格的运输公司，挂靠单位疏于对挂靠车辆进行安全管理，导致挂靠车辆无视安全法律法规，盲目追求经济效益，违规对车辆进行改装，并严重超载货物。三是个别驾驶人员不严格遵守道路交通安全法，超载行驶、疲劳驾驶、超速行驶。四是电动车使用人群较广，驾驶人员安全意识淡薄，因超载行驶、逆向行驶与货运车辆碰撞造成人员死亡和重伤的事故时有发生。

第二，建筑施工领域安全生产形势严峻。建筑施工领域安全生产事故发生率仅次于道路交通安全领域，且有上升趋势。多地发生坍塌、爆炸、中毒事件，调查结果反映出工程项目器械存在安全隐患，一线工人缺乏安全意识甚至没有执业资格，安全监管人员疏于管理，机构对员工缺乏安全教育培训等问题。分析其原因，主要有：一是各市县行业主管部门开展安全生产大检查工作不细不实，对建设各方检查发现的问题，虽然下发整改通知，但是督促整改不及时，没有形成闭环管理；二是部分建设单位的业主责任落实不到位，将建设项目委托给监理单位后，对项目的安全管理不闻不问，甚至法定责任也履行不到位，安全投入严重不足；三是个别监理单位未认真履行安全监理职责，对施工单位的违法违纪行为和施工现场的事故隐患监督检查及跟踪整改的力度不够，致使问题和隐患未能被及时消除；四是从业人员整体素质不高，对建筑施工中严格执行规章制度的重要性认识不足，缺乏自我保护能力，安全意识淡薄，违章作业现象普遍。

总的来说，全省应急管理工作“稳”的基础持续巩固，“好”的成效不断呈现，“进”的势头更加强劲，有利于为建设海南自由贸易港提供强有力的安全保障。

1. 屯昌县“9·24”较大道路交通事故

屯昌县“9·24”较大道路交通事故于2017年9月24日11时发生在屯昌县境内224国道110千米加400米下坡向左急弯路段。一辆中型自卸货车（装载36.1吨石粉）与一辆大型客车相撞，导致4人当场死亡，3人抢救无效死亡，4人受伤。

事故的直接原因是中型自卸货车制动不合格、严重超载，在长距离下坡且急弯路段处操作不当，制动力不足造成车辆失控后，偏左占道，与对向正常行驶的大型客车相撞。撞击时客车乘客大部分未系安全带，造成严重伤亡。

事故的间接原因有以下五个方面：①中型自卸货车实际所有人对车辆日常管理不善，致使未能及时发现车辆制动装置存在安全隐患，并违规私自改装车辆，加大装载量，致使驾驶人驾驶货车违法严重超载运输货物。②货物装卸业务承包人无视车辆核定载质量，违法向货车超量配载石粉。③汽运公司安全管理松懈，GPS监控平台虽有该车发生事故前超速行驶的记录，但没有及时预警提醒。④琼中、屯昌县交通运输、公路管理、公安交警部门对辖区货运场站、需求货物的生产企业源头检查监管不到位。在交通运输部、公安部联合开展的公路治超执法专项整治行动中工作不到位。⑤事故发生路段的交通标志标线不完善。《中华人民共和国道路交通安全法》规定，机动车通过急弯路、下陡坡时，最高车速不得超过 30 千米/小时，但该路段没有设置此禁令标志，且急弯路的中央施划单虚线。

屯昌县“9·24”较大道路交通事故是近五年海南省发生的人员伤亡最严重的一起交通事故，有主观方面的因素也有客观原因，总结经验教训，安全出行，打造交通便利、安全通行的自由贸易港是当前的主要任务，基于此应从以下三方面着手改进：

（1）企业方面。

深入调查涉事企业，加强企业安全意识和法制意识，不定期对企业设备资产安全隐患进行抽查，加强安全隐患排查力度。重点关注大型货运车辆、大型客车及外省车等，严格禁止有隐患的车辆执行任务。督促企业安全监管和教育部门尽职尽责，杜绝消极对待、被动应付、阳奉阴违、弄虚作假的现象。

（2）政府方面。

建立健全相关法律法规，一方面从严打击道路交通违法违规行为，提高执法人员专业性以及不同部门联合执法能力，在重要关口进行定期或不定期检查；另一方面制定行业统一标准，明确安全红线，警醒设施使用者，为执法确定判断依据。

针对货运车辆，开展非法改装问题专项整治。从各市县政府及其相关部门到各片区不定期开展货车非法改装问题专项检查，对非法改装货车的企业开展摸底调查，坚决依法严厉打击非法改装、拼装车辆的违法犯罪行为。

全面加大货车超限超载的整治力度。严厉打击货车超限超载违法犯罪行为，全面排查货物装载源头，落实货物装载源头主体责任，实施巡查派驻制度、责任倒查制度，切实加强货物装载源头监管。强化路面联合执法，完善站场建设和道路监控网络，要加快推进治理超限超载信用体系建设。路面巡查发现，或发生超限超载货车交通事故的，一律严格开展超限超载倒查及责任追究。

加强道路安全隐患整治，提高安全行车条件。一是交通运输、公路管理部门对该事故路段要尽快完善交通安全警示标志、标线和安全防护设施，进一步勘测、研究提出急弯路段的改造方案。二是交通运输、公路管理、公安交警等部门要建立道路安全隐患排查治理的长效机制，加强事故多发路段的整治，不断改善道路行车条件。

（3）增强公民安全意识教育。

许多交通事故是公众危险意识不足，存在侥幸心理所致。在舆情引导下加强公民安全教育的同时，对违法违规行人、车辆加大惩处力度，特别是针对海南地区特点，更应增强对电动车、摩托车驾驶人的思想教育和惩戒力度。

2. 保亭县“2·15”沉船事故

保亭县“2·15”沉船事故发生在2021年2月15日10时50分，地点为保亭县毛拉洞水库毛感乡库区。事故船只驾驶员未经批示擅自使用公务船只，该船只行驶至离岸边40米处减速时，船上乘员突然朝船头倾倒，船只失去平衡导致船头进水，并向右前方倾翻沉入水中，18人全部落水，其中5人溺亡，13人生还。梳理事故发生的原因主要有以下两点：

（1）事故直接原因。

船只驾驶员（同时为具体管理使用人）没有经过冲锋舟驾驶的专业培训，未从事公务活动，私自使用公务冲锋舟搭载家人、亲戚到水库游玩，驾驶冲锋舟时违规超载（核载12人、实载18人），导致沉船造成5人溺亡。

（2）事故间接原因。

船上人员安全意识淡薄，没有穿戴救生衣，携带救生圈；人员落水时没有自救的救生设施；毛感乡党委政府对两艘冲锋舟和油料疏于管理，无任何管理、监督制度，默许驾驶员可以不通过任何审批手续拿到油料和所需工具，放任其使用冲锋舟。

针对该项安全事故我们可以从以下四个方面加以改进和督查：

（1）有安全隐患的船只设备应加强管理。

明确管理使用单位的职责，建立并严格落实定点存放、专人保管、专账登记、专物专用等管理和监督制度；做好日常管理、驾驶人员培训、应急演练等工作；强化船只设备的维护保养，配备相应的救生设施，确保安全使用。

（2）强化隐患排查工作。

政府和企事业单位要进一步强化隐患排查治理工作，将水库隐患排查治理纳入重大风险管控范围，加强水库安全基础设施建设，着力解决大坝安全设施维护隐患、防汛物资缺失、应急通信保障等问题，提高风险管控能力。

（3）健全突发事件信息报告工作机制。

完善值班安排，尤其是节假日等高风险时段，加强对值班工作的领导，进一步明确突发事件信息报告责任主体，强化突发事件信息报告部门联动，严格遵循突发事件信息报告时限要求，提高第一时间获取突发事件信息的能力。

（4）健全河湖安全管理责任机制。

明确河湖区安全监管责任归属，形成制度化巡护、监督管理机制，理清监管和执法机制，杜绝扯皮推诿、多头执法。

3. 海南省突发事故灾难事件应对策略

根据统计，近几年海南省没有发生特大和重大安全生产事故，但是较大事故时有发生，主要为交通运输事故和部分小型企业的安全生产事故。针对此类事故的发生特点和事故成因，为了有效降低事故频率、减少不利影响，应从以下三个方面加强治理：

（1）思想上，从政府部门到社会公众，都要树立安全生产、文明出行的意识，树立正确的世界观、人生观、价值观，自觉遵守交通规则，不酒后驾驶，驾驶时不接打手机，不逆向行驶，不拿生命当赌注，不存在侥幸心理。高度重视安全生产，加大舆论宣传力度。定期开展安全教育周，对工人进行日常安全教育培训和应急事故处理培训，在工人上岗前进行上岗培训，告知相关风险及应对措施；对企业项目主要负责人和安全生产管理人员进行安全教育培训。政府相关部门定期或不定期抽查各企业安全生产落实情况，排查安全隐患并督促应对措施推进落实。

（2）完善相关规章制度。建立健全现有交通法规，针对近五年频发、高发事故对现有法律法规查漏补缺，重点关注并完善事故高发车型行驶的具体规定，尽快解决工程用车行驶许可、检修标准、非法改装、老化认定等细节问题，完善驾驶员资格、车辆上路资格认定规范。加大各项违法违规处罚力度，做到有法可依、违法必究。同时海南全省高速公路不收费，没有关卡的特点，成了部分人群走捷径、找刺激的手段，但是随着自贸港建设，人流量、车流量增加在一定程度上成为道路交通安全的隐患，相关部门应尽快出台相关规章制度予以约束。另外，针对事故高发路段，合理筹划行进路线及配套道路标识，在路况复杂、事故高发路段设置警示，根据需求设置限速限重标识等，降低事故发生风险。

（3）严格执法。实施定期日常巡查和不定期突击抽查相结合的检查方式，在重大关口和事故高发路段建立专项道路整治队伍，设置检查岗，重点检查驾驶人员驾驶资格以及是否接受过专业培训、安全教育、有无上岗资格，检查车辆状态性能是否符合上路条件。加大违法违规打击力度，做到有法必依、执法必严、违法必究。

14. 3. 2 海南省突发社会安全事件

为了解海南省突发社会安全事件发生情况，本书对 2017—2021 年海南省各市县发生的致人伤亡的社会安全事件进行了梳理，部分事件如表 14-2 所示。

表 14-2　2017—2021 年海南省社会安全事件统计

事件类型	时间	概况	伤亡人数
重大刑事案件	2019/11/19	定安县城定城镇沿江二路街头发生一起恶性刑事案件，一名男子双腿被砍断	1 伤
	2021/7/6	昌江黎族自治县石碌镇水头村发生一起重大刑事案件，致 1 人死亡	1 死
	2021/7/30	琼海市嘉积镇爱海中路（粤丰茶楼旁）桧子公道店后门处发生一起伤人事件，致 1 人死亡	1 死
	2022/1/10	海口某酒吧内发生一起重大刑事案件，致 1 死 1 伤	1 死 1 伤
重特大火灾事件		截至 2021 年年底，海南省连续 16 年未发生重大以上火灾事故	
群体性事件	2017/1/1	万宁市三更罗镇发生一起因垃圾焚烧环保发电厂选址问题引发的群体性事件，致 14 人受伤	14 伤
	2018/2	罕见大雾天气致累计近 10 万车辆、70 万旅客滞留海口，排队长达 20 公里	无人伤亡
校园安全事件	2019/6/8	澄迈县某中学校园暴力，多人殴打 1 名女生	1 伤
	2020/1/3	澄迈县某中学发生持刀伤人事件，致 1 人死亡	1 死
	2020/9/29	三亚某学院宿舍楼着火，系用电不当	无人伤亡
	2021/1/7	海南某学院校道上发生一起交通事故，一名 2 岁女童被一辆汽车撞倒，抢救无效身亡	1 死
	2021/9/10	临高县和舍镇一处水渠发生一起溺水事件，致 1 死	1 死
	2021/9/12	万宁市 6 名学生下水游泳，其中 2 名学生溺水	2 死

资料来源：海南省应急管理厅、搜狐网、新浪网、网易新闻等。

海南省 2017—2021 年社会安全事故多发于刑事案件和校园安全事件，重特大火灾事件及群体性事件较少发生。海南省公安厅召开的全省公安刑侦工作会议指出，2021 年全省刑侦工作取得了较好实效，全省刑事案件立案连续 6 年同比下降，为 11 年来最低。全省发生命案为建省以来发案新低，实现 2021 年年初既定的刑事案件立案下降、破案上升、命案下降 10%和命案积案库存下降5%，以及“漏网之鱼”境内逃犯到案率100%的工作目标，全年未发生影响稳定的重特大案事件，全省社会治安形势持续向好。校园安全事件中溺水是导致伤亡的主要原因。

究其根本，引发社会安全事件的主要原因是安全教育意识有待加强、法律法规宣传力度不够和管理不善。从教育层面来看，提高全民教育水平，加强素质教育和品德教育，有助于提升社会文明水平，增强居民身体素质。结合海南省水资源丰富这一自然条件，游泳课程应被纳入小学教学中并成为学生的必备技能。从宣传角度来看，应加大法律、法规的宣传力度，向居民传播用法律手段解决问题的思想。从管理层面来看，不论是家庭、学校还是各企业单位、各职能部门都应加强对人员、设备、职责区域的管控。

1. 事件发生的原因

事故发生时间为2018年2月19—26日，地点为海口市秀英港、新海港和南港三个港口周边多个路段。受十年未遇的罕见大雾天气影响，琼州海峡反复停航，致十万余车辆滞留海口。虽无人员伤亡，但累计近10万车辆、70余万人滞留海南6天引发了社会各界的广泛关注。

此次事件由天气因素直接引发，加之技术、运力、客流、交通四大因素的综合作用，形成了如此大规模滞留。

事件直接原因主要是十年未遇罕见大雾天气。海南省气象部门表示，海南冬季是大雾高发季节，琼州海峡每年12月至3月雾较多，且多为平流雾。这种雾一般来去突然，生成和消散都较迅速，因此容易反复出现。海事部门根据天气预报和能见度发布停复航通知。

事件间接原因主要包括：①技术因素。从2018年2月18日开始，受十年未遇的罕见大雾天气影响，琼州海峡出现反复停航。轮船导航系统只是辅助手段，进出港时依然要借助目视，以避免碰撞事故的发生。②运力因素。撞船事故致运力下降。恢复通航后，负责运输车辆的客滚船有50多艘，如果正常通航，每天能运送2万辆车出岛，但是22日凌晨在广东湛江徐闻县海安新港航道发生一起两船相撞事故导致运力一度出现下降，直到24日上午才恢复正常。③客流因素。自2015年以来，无论是旅客还是车辆运输，海南每年都以15%以上的增幅增长，春节假期更是繁忙无比。交通部门根据2018年春节前进岛车流增量测算，此次滞留事件中海南需要出岛的车辆有近10万辆。④交通因素。目前，过琼州海峡只有两种方式，如果不坐飞机，就只有海运一条道。

正是以上五大因素叠加才导致了返程车辆大量滞留在海口，车辆滞留时间持续一周。车辆滞留引发了一些问题。尽管海南省相关部门发动大量志愿者帮助疏导交通，为游客提供服务，但部分旅客还是因为长时间滞留心情烦躁，一度鸣笛泄愤。另外，大量人员滞留也产生了大量的垃圾，给环境带来一些污染。

2. 针对该事件采取的措施

针对此次车辆滞留事件，海南省委省政府、各职能部门、各社会团体和志愿者们采取了一系列应对措施。

海口市政府方面，面对滞港车辆，海口市政府反应比较及时。三天内，出动了 11 000 多名警力来维持秩序，出动了 3 350 名环卫工人清扫港口周边的道路，还组织了数百名志愿者昼夜为滞留旅客服务，提供餐食和饮水，同时建设了大量流动厕所、卫生站等。一系列举措解决了滞留人员基本的生活问题，缓解了滞留人员的焦躁、不满情绪。

各职能部门的分工上，海口市迅速成立港区现场指挥部，指挥部由省海峡办、市交通港航局、市委宣传部、市交警支队等 13 家单位组成。各港区均由海口市领导担任指挥长，交通局负责人作为总联络人。海口市与广东省海峡办在极短时间内开启了联合办公，共同协调两省船运企业。海南省交通厅、卫计委、旅发委、商务厅、民政厅、司法厅等省直部门及驻琼单位、驻琼部队主动驰援，有求必应。尤其是省公安厅部署高速沿线万宁、陵水、琼海、文昌、澄迈、定安等市县公安局，在当地高速入口等处发布错峰出港提示，帮助疏导车流。旅客主要出发地三亚市多措并举，利用媒体、网络、户外屏、12301 旅游服务热线等线上线下发布渠道，发布温馨提示，有效缓解了海口的交通压力。

媒体宣传方面，在海南省、海口市宣传部门的统筹协调下，中央驻海南媒体和省市媒体积极参与，每小时更新播报通航信息和交通信息；报纸、广播、电视与新媒体联动，同步发声，实现了内宣外宣同频共振，不断弘扬社会正能量，为“抗雾保运”提供了良好的舆论氛围。此次事件中，中央、省、市新闻媒体更新信息推送和播报信息共计 4.3 万余篇（条）次。

从海口市民参与程度上看，海口市民自发参与服务疏导工作。这次事件一共出动了 5.8 万余人次志愿者和工作人员，共分发矿泉水 7.6 万箱，方便面、饼干 9.1 万箱，快餐、热粥 11 万份，面包、糕点 1.5 万个等。

3. 针对滞留事件的反思

此次游客滞留事件有以下三点值得我们反思：

（1）旅游模式单一。

我国不管哪个景点，扎堆式的旅游现象都屡见不鲜，明知道人多，却也无处可去，因为去到哪里都一样人多。这就需要我们对现有的旅游资源进行深入挖掘，改变游客接待模式，从单一化旅游向多样化旅游转变。比如在海南旅游的途中，可以融入教学课程、文化演示等互动环节；媒体也可以通过各种线上线下渠道让大家了解海南不仅有海滩，还有湿地、环岛列车、东南亚建筑等。

（2）旅游资源与游客人数不对称。

据统计，节日期间，我国游客出行量是景点最高接待量的3倍左右，经常出现景点限行限票等情况。这一方面说明我国人民生活水平不断提高，另一方面也暴露出我国旅游资源紧缺的短板。各地政府应该大力发展本土旅游资源。旅游资源作为第三产业，相对于第一、二产业，有明显的环保优势。

（3）节日放假安排过于集中。

春节、“五一”、国庆等假期通常会出现游客人数剧增的情况，这和我们的放假安排有直接关系。上班族只有利用这些不多的长假，才能规划较长的旅游行程。全国人大代表曾建议，将春节假期延长至15天，恢复“五一”黄金周。且不论上述方案是否可行，但是我国目前假期安排是否合理，是否符合人民目前的生活状态，是值得思考的问题。

4. 针对滞留事件的对策

滞留事件属于海南省旅游业的“黑天鹅”事件，除了客观原因外，我们还要从内因出发寻找此类事件的应对办法。

首先应提升各级政府部门的能力，特别是市县级基层行政单位的管理能力，转变落后的行政理念，助力海南成为国际旅游岛。

其次，从公共交通运输看，可扩大道路面积或增加道路数量，扩大机场面积增加航线，加发高铁班次，完善公共交通，以更好地适应海南未来的发展。

最后，考虑到海南岛的承载力，有必要制定入岛限制方案，加强出入岛信息化建设，控制和监测入岛流量，建立相应的入岛人员管理制度。特别是在重要节假日，更需要加强人员流量监测，当客流量达到某个上限后便不再允许游客进入。需要注意的是，这样做的基础是宣传要及时到位，做好信息发布，最大限度上获得群众的支持与理解。

5. 海南省社会安全事件应对策略

社会安全事件涵盖多个种类，在事件影响范围、伤亡程度、财产损失等多个方面都存在差异。根据不同的社会环境和风险特质研究公共安全，选择性地应用消除风险源、干预风险兑现、规避不可抗力等风险管理战略，从而避免危机或最小化人财物损害，是危机根治的本质。

党的十九大报告再次强调“坚持总体国家安全观”，并专门指出，“统筹发展和安全”“以人民安全为宗旨，以政治安全为根本，统筹外部安全和内部安全、国土安全和国民安全、传统安全和非传统安全、自身安全和共同安全，完善国家安全制度体系，加强国家安全能力建设，坚决维护国家主权、安全、发展利益”等重大原则，是从根本上系统性地创新了社会公共安全风险的根治之道。

综上所述，客观上，单纯的风险管理技术很难有效防控社会公共安全。因此，需要全面剖析社会公共安全的三重属性，并基于这三重属性提出全方位的治理策略，即基于风险属性的防治策略，基于公共属性的善治策略，基于社会属性的根治策略。与此同时，还需强化安全管理、落实责任管理、优化战略管理，从而有效回应全球公共安全的风险格局，实现社会公共安全的有效治理和社会的长治久安。

14.3.3 海南省突发公共卫生事件

突发公共卫生事件是指已经发生或者可能发生的、对公众健康造成或者可能造成重大损失的传染病疫情和不明原因的群体性疫病，包括重大食物中毒和职业中毒，以及其他危害公共健康的突发公共事件。近几年以新型冠状病毒感染为代表的传染性疾病是突发公共卫生事件的重要组成部分，图 14-3 汇总了 2017—2021 年海南省法定报告传染病疫情情况。

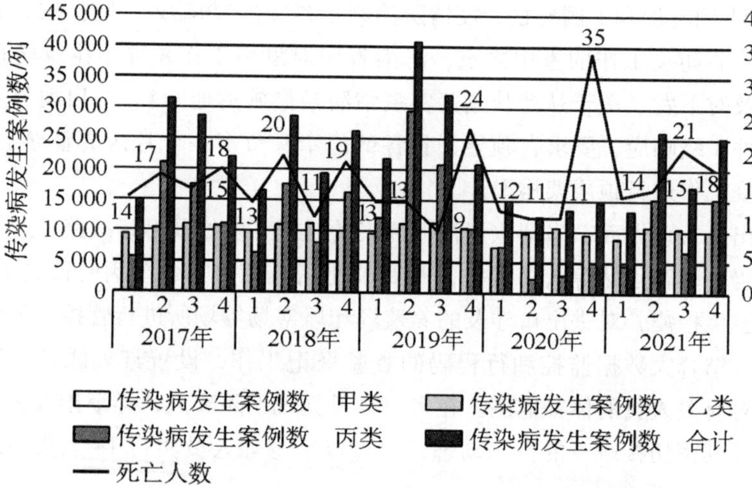

图 14-3 2017—2021 年海南省传染病疫情统计

数据来源：海南省卫生健康委员会官网。

2017—2021 年海南省仍面临着严峻的传染病疫情形势，以肝炎、肺结核、梅毒为代表的乙类传染病和以流行性感冒、手足口疾病、流行性腮腺炎为典型的丙类传染病在海南省持续存在。就纵向来看，在乙类传染病规模基本保持稳定的情况下，2019 年年中丙类传染病增幅迎来异常波动，总传染病发病数在当期出现集中暴发，而后渐缓。2020 年第四季度，死亡人数达到顶峰。这五年中，相比一、三、四季度，同期第二季度传染病感染情况最为严重，显著时可以达第一季度的两倍以上，这与海南省春季气温变动的实际情况相吻合。我们选取新冠病毒感染为传染病案例，探究海南省在公共卫生治理领域的所作所为，挖掘其可取与不足之处，为海南省公共卫生治理提出针对性建议与创新性对策。

1. 海南省新型冠状病毒感染疫情过程梳理

2020 年 1 月底，武汉市暴发新型冠状病毒感染疫情，自此揭开了抗击疫情的序幕。新春佳节，频繁的人口流动与广泛的人口聚集激化了潜在传播风险，突然间公共卫生事件态势危急，无疑是对全社会应急反应能力的全方位考验。基于对海南省疫情发展的大数据监控和时间线梳理，可以将海南省抗疫过程划分为暴发期、稳定期、复发期这三个阶段。

（1）第一阶段：暴发期。

2020 年 1 月 29 日，海南省出现第一例疑似病例。1 月 31 日，省新闻办就海南省疫情联防联控工作召开首场新闻发布会。会议透露，仅在两天内，海南省已累计 51 例确诊和 1 例死亡，疫情防治刻不容缓，“防输入、防扩散、防输出”成为全省防疫工作的重中之重。海南省应对疫情工作领导小组及防控工作指挥部及时下发《关于从严从紧落实疫情防控措施的通知》，并启动突发公共卫生事件 I 级响应，要求省领导、省各部门牵头负责一个片区的督导工作，对全省防疫工作进行顶层架构设计。

在进出岛管理方面，当即取消往返武汉的航班、航线及客运线路，严格把控机场、码头、客运站等入岛关口，开展湖北籍入琼旅客、车辆的移送工作。强化口岸卫生检疫，对进出口涉及的养殖场和屠宰场等场所进行管控，关闭活禽类市场。结合大数据监控和行程码的查验登记工作，设置红外线自动测温仪，加强对有关人员的体征监测。在多市县设立观察隔离点，详细排查武汉旅居史人员及其密切接触者的行踪动态，并对以上返琼人员实行 14 天集中医学观察。

在医疗救援方面，海南省卫生健康委员会与广东省湛江市卫健局迅速开展联防联控工作，通过互派专家开展跨省会诊，组成海南省新冠肺炎医疗救治专家组，就无症状感染者、轻症、重症患者开展分类研究和精准救治；设立以省人民医院和三亚中心医院为代表的定点收治医院；以海南省人民医院为代表的三甲医院依托其新一代医院信息系统 HIS，在就诊报告方面，借由实时数据自动生成电子病历和登记表，无须进行纸质书写和取送结果；在诊疗信息方面，根据发热门诊就诊患者特点，设计出相应症状体征、流行病学史、采样送检及治疗等选项，提高患者的就医效率；同时海南省开通 12345 专业服务热线和疫情心理援助服务热线，旨在为群众答疑解惑并遏制不良社会情绪的蔓延。

在舆论宣传方面，海南省坚持开展“稳民心、暖人心、增信心”等多举措宣传活动。线下，在社区、公众场合围绕疫情科普、自我防护、共克时艰等主题制作横幅标语、专栏公告，以期提高居民自觉防疫、指导公众防疫、稳定群众心态，形成群防群控的目的。线上，通过构建智能监控平台，促进疫情数据实时化、防治信息动态化、成效结果可视化，为社会全员构筑全面、真实、及时的信息网络。同时，为配合电信部门积极传播防疫正能量的行动，主流媒体以凝聚抗疫合力、提升防疫信心为宗旨，加强对疫情相关公益广告的推送和对防疫先进事迹的宣传。

进入 2 月中旬，随着春节的结束和疫情事态持续走低，海南省根据《关于做好企业复工复产疫情防控工作的通知》，有计划地实行复工告知承诺备案，同时督促企业做好复工场所的治管控工作，加强对密闭环境的通风和消毒，要求返工人员佩戴口罩、勤洗手，并每日自测体温。推出“复工复产综合保险”，补贴因新冠疫情造成的额外隔离费用，保险保费由省级财政、参保企业共同分担，鼓励有效复工复产。

截至 2020 年 3 月 13 日，海南全省 2.5 万余家餐饮经营主体复工复产；全省共有工业企业 404 家，累计复工 392 家，复工率达到 97%。3 月 24 日，海南省实现所有确诊病例全部出院，达成全面清零的目标。两个月的抗疫历程，向社会公众传达了海南省应急防控的高度敏感度和治理可行性，有效遏制了疫情扩散蔓延态势。

（2）第二阶段：稳定期。

海南岛地处中国最南端，以其地理位置的优越性为疫情防控提供天然屏障。加之其作为不与内地接壤的岛屿，客观上造就了入琼出琼的方式单一、岛内公共交通发展滞后的现状，有效限制了病毒传播的途径。上述优势赋予海南省快速进入稳定期的得天独厚条件，海南省各机关部门守牢防疫阵地，思想上不松懈，行为上不失职，从企业协同、主导产业、疫苗接种等方面制定稳定期战略。

稳定期的海南省企业全面贯彻疫情防控准则，筑牢疫情防控的安全线。以海南省农垦投资控股为例，该集团围绕集团党委和指挥部部署和要求开展督查，推动各项防控工作落实到位；以指挥部下设的综合协调组、信息物资保障组、党群宣传组、督查组四个工作组为依托，在统筹规划、物资调度、舆论引导、监督考核四个维度明确职责分工；该集团紧抓疫情防控常态化，充实健康管理内涵，每日开展楼层消杀、垃圾清运等后勤保障活动，针对全体员工和外来人员实施大数据监控与健康码并行，发放实名制出入卡，确保不缺一项、不漏一人，安排核酸检测场所，有序开展疫苗接种，从企业主体的角度，自下而上巩固公共卫生治理效果。

优化主导产业发展模式、探索后疫情时代经济转型机制，不仅是海南省疫情稳定期的发展目标，更是疫情常态化年代的未雨绸缪之策。2020 年海南省接待国内过夜游客人数将比预期减少 32.77%，比上年同期减少 21.38%。面对公共卫生危机的宏观冲击，海南省对其核心产业——旅游业的重塑成为不可回避的难题。首先，在 2021 年年初，为增强旅游业的危机识别意识和风险把控能力，海南省旅游和文化广电体育厅发布《关于进一步做好全省旅文系统新型冠状病毒感染疫情防控工作的通知》，建立以全产业联动为核心的应对公共卫生危机的协同机制，打造兼具防控和服务双重功能的新型旅游体系，完善应急救援机制。就疫情防控加强公共服务设施的迭代更新，对旅游业的防疫硬需进行财政补贴和减税免税；加强游客信息采集及健康核验，认真履行限时限流、分批开放景区的管理要求，减少游客聚集。削减出入境团队游及“机票+酒店”业务规模，暂停接待中、高风险地区的游客，依托省内小循环拓宽省内旅游市场。其次，创新旅游业发展路径，提高应对突发危机的韧劲和潜力。畅通客户沟通渠道，以满足多元化需求为导向，通过定制个性化旅游计划提升旅客体验感和获得感。针对乡镇建设和乡村旅游项目，立足于拓展旅游产业链和提高服务质量的基本目标，推进对临近景区构建“抱团式”协同开发，打造红色旅游、生态旅游、康养休闲游、科普研学游等多元化服务格局，打造全面高层次的旅游消费中心。截至 2020 年 12 月，省接待国内过夜游客人数已恢复至同期正常水平，海南省一系列创新路径使得疫情防控背景下的下文旅产业成功“破冰”。

增强新冠病毒免疫效果，落实疫苗接种责任也是稳定期的重要举措。2021 年 1 月 9 日，国务院联防联控机制发布会上，详细介绍了疫苗接种有关情况，海口市同步开展免费接种新冠疫苗预约，但接种对象偏向于重点人群——因公因私紧急出国工作及学习人员。3 月 23 日，海南省召开新冠疫情防控工作新闻发布会，宣布海南省将全面推进 18 岁以上人群疫苗接种，包括没有接种禁忌证的 60 岁以上老人，并明确要求重点场所的工作人员持证上岗。在获国家有关部门批准后，逐步将适龄范围扩大至3岁以上。至2021年3月22日，全省已累计接种疫苗202万剂次，已有50.6万人完成了两剂次的全程接种。10月9日，海口市开展加强免疫接种工作，个人可以自助查询到由海南省大数据管理局协同省卫健委提供的电子接种凭证。重点人群加强免疫累计接种304万剂，基本实现适龄人群“应接尽接”目标，多项疫苗接种指标走在全国前列。

2020年在海南自由贸易港大讲堂开讲时，复旦大学附属华山医院感染科主任张文宏教授肯定了海南疫情防控成效。2020年3月25日至2021年8月4日，在近1年半的时间里，海南省未报告1例阳性患者，夯实了疫情防控阶段性成果。

（3）第三阶段：复发期。

时间来到2022年8月1日，正值暑期旅游旺季的海南省三亚市出现聚集性新型冠状病毒感染疫情，被称为海南“0801”疫情，这是国内首次检测出奥密克戎变异株BA. 5.1.3。经专家综合分析，此轮疫情由崖州中心渔港输入，已逐步外溢至重庆、广东、贵州、湖南等省份，成为海南省疫情反复的开端。短短两周内海南省累计报告阳性感染者8 883例，其中确诊病例4 390例，无症状感染者4 493例，全省疫情仍处于胶着对垒的关键时期。海南省被迫切断离岛通道，造成近20万旅客滞留，按下旅游业的暂停键。与前期武汉市、上海市疫情不同的是，虽然感染人数短期内迅速增加，但社会面发现病例比例持续下降，且轻症和无症状感染者居多。受益于管控到位及各省驰援，8月22日海南省疫情出现明显拐点，全省治愈出院人数和解除隔离人数都大幅增加。其中，陵水、临高已实现社会面清零；海口新增病例均为闭环管理的重点人员；琼海、定安、昌江、五指山市均已连续多日零新增；三沙、屯昌、琼中、保亭、白沙等6个市县继续保持无疫情状态。全省主要传播链基本阻断，防控态势总体可控、稳中向好。值得一提的是，面对本轮疫情中的突发事件，海南省舆情管理以审慎的态度和理性的声音传达出共克时艰的斗志。在舆情处置方面，海南省掌握舆论引导主动权，创新建立舆情监测、转办、处置、督办、反馈机制，形成重点舆情处置工作闭环；在安抚市民情绪方面，“雷公马”系列IP承载着海岛人传统生活习性和自贸港的现代感，成为凝聚民心的文化图腾和流行符号；在媒体融合方面，全媒体矩阵共编发各类新闻报道1万余篇，“海南疫情防控”微信公众号达成五天破百万的成就，还上线了《等待那一天》等抗疫歌曲MV。

随着感染者人数的持续增加和疫情波及范围的进一步扩大，多地相继调整疫情防控策略。2022年12月7日，根据国务院联防联控协调机制的要求，不按行政区域开展核酸检测，不再查验健康码及开展落地检，全国疫情防控迎来历史性变革。海南省疫情防控工作指挥部严格落实中央“二十条”、“乙类乙管”，同时在保持核酸采样点合理布局的基础上开展便民检测，满足“愿检尽检”的需求，有效缓解医疗资源挤兑。2022 年 12 月 30 日，经研判，海南省各市县疫情呈现进展不一的态势：三亚市、海口市调查感染率均超 50%，已度过感染高峰期；保亭、儋州等 5 个市县感染率接近 50%；其余 12 市县仍处于快速“爬坡期”，城市疫情回落伴随着农村疫情的高峰。海南省平稳有序的防控措施，一定程度上起到了“缓疫”“压峰”“错峰”的作用。

2. 海南省应对新型冠状病毒感染疫情的优势和经验

（1）组织敏捷度高。

海南省疫情防控成果卓有成效，离不开其诸多可圈可点的政策实施。新型冠状病毒感染疫情暴发初期，其传播速度之快、暴发规模之大、威胁性之强，已经超越了普通公共卫生事件的范畴。在这次危机治理大考中，海南省在以下几点表现出超常的敏捷性：

第一，风险预估。在疫情尚不明朗之前，海南省政府在严格落实中央有关指示的同时，提高风险敏锐度和识别能力，自主预判潜在危机。在海南出现第一例疑似病例前 5 天，启动突发公共卫生事件Ⅱ级响应，随即转为Ⅰ级响应，并召开多场新闻发布会，公示疫情现状及防控进展情况，其响应敏捷度可见一斑。

第二，组织架构。为应对来势凶猛的新型冠状病毒感染疫情，海南省快速成立疫情防控部，联合省应急管理厅、卫生健康委员会成立综合指挥部和领导小组。同时明确主体责任，宏观上为下属层级部署应急预案，微观上赋予各治理主体一定的裁量权；线下成立督导小组，开通线上问责渠道，责成各级组织履职，以最优效果为目的不断优化合作路径。

第三，医疗行动。在 2022 年 4 月的疫情反弹期，高度重视无症状感染者潜藏着诱发危机的不确定性风险，按照确诊病例进行管控：在定点医院集中隔离满 14 天和集中隔离酒店分别继续观察 14 天，三次阴性方可解除管控，凡出现临床表现，实施转移治疗；严重地区封校、封社区，行动迅速；开展核酸检测工作，实现 8 小时内完成采样，24 小时内完成检测。高效率的行动能力背后正是危机敏感度的驱动。至 4 月 10 日公布第六轮核酸检测结果，新增轻型确诊病例 2 例，为封控区筛查人员，病情增速得到有效控制。

（2）创新抗疫形式，贴近民心走群众路线。

为鼓励民众接种新冠疫苗，海南省多市县开展打疫苗送礼品活动，从年轻人偏爱有加的商超、火锅店、美发店的优惠券，到中老年人的“流量密码”——鸡蛋，从“简单粗暴”的现金补贴，到本省特产文昌鸡。礼品形式丰富多样，吸引全年龄段人员参与，有效提高海南省的疫苗普及率。此外，还采取满足居民线上自主选购需求的购物平台、无接触的外卖配送、随时出动的核酸采样车、为抗疫工作者景区免票、为企业免税降费、以短视频、公众号、结合网络热词制作宣传标语等一系列举动告诉人们，防疫抗疫不是高深莫测，也不是冲锋陷阵，而是能以大众喜闻乐见的形式融入生活的行动，是严防治理同人情关怀相适配的举措，切实提振了市民的抗疫热情。

（3）整合有效信息，构建资源网络。

海南省通过构建全流程综合云平台，在传播路径分析、疫情检测、智能决策、信息共享、线上医疗等方面实现智能化管控。在传播路径分析上，海南省运用网络系统，根据人脸识别、信息填报、位置共享对病例跟踪数据、追溯源头；在疫情检测方面，AI 测温仪通过热成像测温，配合人脸检测和异常报警的职能终端，由各节点服务器汇总至总服务器，广泛在学校等室内场所运用；在智能决策方面，由节点服务器实时将数据汇总至辖区，多级联动部署，把握整体趋势和细节变化；在信息共享方面，海南省着力推进提高信息的公开性、透明度、及时性、准确性，推出“海南省疫情大数据管理局”线上网页，各级政府、卫健委疾控中心也设置防控服务专栏和分布实时统计专栏；在线上医疗方面，借助海南生态软件园和海南搜狗智慧互联网医院的技术支持，上线“海南省互联网医院新冠肺炎诊疗服务平台”，开展 7×24 小时自助问诊系统。

3. 海南省应对新型冠状病毒感染疫情的不足

（1）应急协调机制亟待完善。

从应急医用物资生产上看，依赖岛外生产，直接产能低下；一些小型生产企业面临原料供给匮乏、运输周转困难问题，严重影响了生产效率。尽管在消杀用品方面有充足的供应，但在口罩、防护服等防疫用具上，海南省内源供给短缺。疫情暴发初期，一方面，湖北作为疫情重灾区，是物资驰援的重心，批量生产和投入市场存在时间差，全国供应形势紧张，资源调度困难；另一方面，口罩的时效性使得储备预算难以开展，加之运输不便，采购力不从心。

从后备研发力量方面看，海南省公关卫生研究投入薄弱。查阅资料显示，四川省累计为科研攻关投入近 5 000 万，研究领域覆盖临床救治技术、药物疫苗研发、流行病学研究等方面；广东省科技厅印发了科技惠企行动措施，不少于 5 亿元的科研资金定向解决“大专项+任务清单”，发挥高层次人才引领作用，表彰疫情防控中做出巨大贡献的科研人员；甘肃省集中 300 多名专家、投入1 000万元启动中西医结合防治德尔德变异株病毒感染，成效显著……2020年全国科技经费投入统计公报显示，全国共有 8 个省的研究与试验发展（R&D）经费投入超过千亿元。与其他省份的攻关卫生研究投入状况相比，海南省居于倒数第三位。因此，海南省缺乏科研攻关作为动能补给。

（2）医疗资源匮乏。

我国统计年鉴数据显示，2020 年全国平均每千人口卫生技术人员达到 7.57 名，平均每千人口执业医师可达 2.90 人，而海南分别为 7.38 名和 2.69 名，城乡差异较大，缺乏名医，医疗卫生人力资源短缺严重。2020 年的数据显示，除香港、澳门和台湾地区以外，全国卫生机构总数为 1 022 922 所，平均每省约为 32 997 所，全国平均每千人口医疗卫生机构床位为 6.46 张；海南省卫生机构仅有 6 127 所，每千人口床位数仅达 5.80 张，远低于全国平均水平，基础设施资源情况亟待完善。

（3）核酸检测流程有待优化。

如前文所述，海南省积极推进核酸检测排查工作，速度之快、效率之高无可非议，但仍然存在一些问题。因医护资源有限，对管控区、封控区开展全员核酸提出了更高的要求，即集中时间、定点开展、效率优先、群众配合。在实际检测中，往往会出现以下问题：

一是群众积极性回落。

根据疫情防控要求，民众在等待采样时应与他人保持 1 米间距，不聚集、不扎堆、不交谈。然而频繁的检测让不少民众心态疲软、放松要求。居民排队时站位随意，没有按照规定保持一米以上距离，或者不佩戴口罩，加大了疫情传播感染的潜在风险，这与开展检测阻断传染的初心背道而驰。

二是特殊群体特殊需要。

尽管每日定时定点检测最大限度地提高了阳性病例筛查的效率，但一些特殊群体，如腿脚不便的老年人或残疾人，由于不便于下楼或需要步行较远距离去检测点，延缓了全社区的检测进度。因此，对特殊群体的个性化照顾和服务是值得思索的问题。

4. 海南省应对公共卫生危机的路径

（1）整合国际资源，把握合作机遇。

发挥中国作为负责任大国的作用，依托海南的承办优势，充分利用好博鳌亚洲论坛、中国国际消费品博览会提供的沟通机制，就公共卫生安全问题，同与会国家和地区的首脑、媒体、专家、企业展开对话，探讨应对人类命运共同体的公共卫生威胁因素；开展国际联合行动，在制度监督、法律架构、医疗救助、经济往来等方面协同解决突发性公共危机；瞄准海上丝绸之路和《区域全面经济伙伴关系协定》窗口期抢先发力，加强建设多边合作体系，打破意识形态壁垒，从物资储备、技术援助、资金供给、医疗贡献、经验吸取五个维度实现互联互通、互帮互助，加快构建全球化防疫体系。

（2）弥补医疗短板，提升公共卫生服务能级。

深化公共医疗卫生体制改革，牢固树立应急意识，深入贯彻“平战结合”战略，以常态化视角看待疫情，制定并排练应急预案，提升突发性事件的防范意识和免疫能力；减少对中央财政补贴的依赖程度，加大公共卫生领域的经费投入，提高医疗技术水平注重城乡资源均衡问题，优化医疗资源配置，建立医疗领域人才库，整合省内医疗人员及公共卫生领域的专家、科研人员，完善省内联防联控机制，提升全省公共服务一体化能力；加强省外联动，定向构建长期合作机制，开展跨省交流学习活动，如由海南省组织选派医师前往外省顶尖医疗机构培训，由外省外派专家支援帮扶海南，组织全国性技能研修班，优化医疗力量，为海南省医疗卫生事业注入新动能。

（3）兼收并蓄，因势利导，以我为主，为我所用。

疫情前期的未知性难免使得应对措施无迹可寻，但后疫情时代，当务之急是吸取各省、各国防疫经验。一方面，以整合风险管理框架为指导，强化政府职能；模仿新加坡通过立法和专责组织在政策和实践两个角度提高保障水平的做法，坚持立改废弃并举原则，对蓄意违反防疫政策或滋生恐慌的行为进行严厉惩处，强化执法效力；强调包括风险预警、防御、反馈、评估在内的风险管理手段，学习新加坡构建平战结合的分诊机构，常设传染病防治机构以备战时需求。另一方面，吸取改良西方国家的经验教训，海南省应牢固树立底线意识，用“以人为本”的思维权衡西方的非理性自由与人权问题，始终坚持制度领导同人文关怀相结合，加强疫情防控不松懈。

（4）利用自贸港优势化解应急矛盾。

海南省作为对外开放排头兵，应不遗余力地把握海南自由贸易港的带动作用。在国内，依托洋浦港的航线中心优势，深入西南腹地，开拓物资储备市场；设计建设跨海桥隧，提升跨海运力和效力；统筹雷州半岛同琼州海峡的物流协同、基础设施配套、管理互通等建设，发挥粤港澳大湾区的一体化辐射作用。对于东盟经济圈，发挥北部湾的物流枢纽区位优势，以连通性摆脱孤岛制约，丰富应急资源流入渠道。

14. 3. 4　海南省突发自然灾害事件

1. 海南自然灾害特点

海南地处热带北缘，属热带季风气候，气候灾害呈现种类多且频繁的特点。受东北和西南季风影响，常风较大，热带风暴和台风频繁。海南省自然灾害包括热带气旋、暴雨、干旱、寒露风、清明风、低温阴雨、冰雹、龙卷风等。2017—2021 年，海南省因自然灾害造成的受灾人次、死亡人数、农作物受灾情况、房屋受灾情况、直接经济损失如表 14-3 所示。

表 14-3　2017—2021 年海南省自然灾害损失情况

时间	事件	受灾人次/万人	死亡人数/人	农作物受灾情况/公顷		房屋受灾情况/间	直接经济损失/万元
				受灾面积	其中：绝收	倒塌	
2017/3/31	万宁市龙滚镇田头村委会出现EF0级龙卷	—	—	—	—	—	250~300
2017/7/16	受台风“塔拉斯”影响，海南东北部和南部出现大风暴雨	13. 58	—	8 900	—	—	2 774
2017/9/13—2017/9/15	受台风“杜苏芮”影响，海南省出现一次强风雨过程	18. 286	—	68 310	—	—	10 273
2017/10/16	第20号台风“卡努”（强台风级）	36. 137	—	—	—	10	702
2017/11/6—2017/11/7	万宁、琼海、琼中和陵水 4 个市县出现暴雨天气	13. 115	—	—	—	—	17 611
2017/11/19—2017/11/20	万宁、陵水、琼中、保亭和琼海 5 个市县再次出现强降雨过程	—	—	—	—	—	11 520
2018/3/3	海口石山镇到龙泉镇一带，澄迈大丰镇和老城镇一带出现冰雹、大风和强降水等强对流天气过程	—	—	12 326	—	—	6 000
2018/4/19	万宁市部分地区出现强降雨，局部特大暴雨	—	—	—	—	—	1

表14-3(续)

时间	事件	受灾人次/万人	死亡人数/人	农作物受灾情况/公顷		房屋受灾情况/间	直接经济损失/万元
				受灾面积	其中：绝收	倒塌	
2018/5/2	东方市新龙镇出现雷击事故，造成1人死亡；9日，澄迈县金江镇发生雷击事故，造成1人死亡	—	2	—	—	—	—
2018/6/6	第4号台风“艾云尼”在海口市的长流镇再次登陆	4.741	—	—	—	5	6 845
2018/8/9—2018/8/13	受台风“贝碧嘉”影响，海南出现一次特重度区域性暴雨	17.203	—	—	—	60	37 571
2019/4/19	定安县定城地区出现冰雹，富文镇出现EF1级龙卷	0.025 0	—	3	0.66	—	32
2019/4/21	14时35分儋州市那大镇部分城区出现冰雹，15时20分临高县和舍镇头干村出现雷雨大风天气	—	—	70	—	—	70
2019/4/27	受南支槽过境影响，临高县东英镇一村民遭雷击死亡	—	1	—	—	—	—
2019/5/7	琼海市博鳌镇古调村一村民遭雷击身亡	—	1	—	—	—	—
2019/5/18	海口市云龙镇一名工人施工时遭雷击身亡	—	1	—	—	—	—
2019/8/1	第7号台风“韦帕”在文昌市翁田镇沿海登陆	7.9	—	1 832.62	314.22	—	5 142.6
2019/8/29	第12号台风“杨柳”从海南岛南部沿海掠过	2.38	—	16.73	—	1	470.2

表14-3(续)

时间	事件	受灾人次/万人	死亡人数/人	农作物受灾情况/公顷		房屋受灾情况/间	直接经济损失/万元
				受灾面积	其中：绝收	倒塌	
2019/8/29	儋州那大镇工地工人宿舍（板房工棚）发生倒塌	—	8	—	—	—	—
2019/9/2	台风“剑鱼”在万宁市万城镇沿海登陆	2.015 2	—	1 695.87	—	9	2 162.28
2020/3/26	海口市东山镇出现雷雨大风及冰雹天气	—	—	67	—	—	558.8
2020/5—2020/7/28	海南省气温显著偏高，气象干旱较为严重	—	—	38 000	—	—	—
2020/7/19	澄迈出现雷暴过程，造成海南富山油气化工有限公司的消防监控柜主板、监控电脑主机、监控头等多种设备损坏	—	—	—	—	—	6
2020/7/25	澄迈永发警示教育基地遭遇雷击，造成交换机、控制器、接收卡等设备损坏	—	—	—	—	—	1.6
2020/10/13	第16号台风“浪卡”在琼海市博鳌镇沿海登陆	2.93	—	956.88	134.30	—	3 171.98
2020/10/15—2020/10/19	海南省全省出现特重度区域性暴雨	2.77	—	6 700	150	61	11 200
2021/5/24	东方市遭遇强雷雨，家畜受灾伤亡重	—	1	—	—	—	65
2021/9/10	“康森”外围龙卷风袭击万宁和乐镇	—	—	1.5	—	—	4.8
2021/10	2021年10月海南省全省特大暴雨	—	—	—	—	—	67 200

表14-3（续）

时间	事件	受灾人次/万人	死亡人数/人	农作物受灾情况/公顷		房屋受灾情况/间	直接经济损失/万元
				受灾面积	其中：绝收	倒塌	
2021/10/8	“狮子山”降雨超强，经济损失近2亿	15.47	1	11 620	—	124	19 500
2021/10/13	“圆规”登“鳌”风力大，损失占比一大半	18.31	2	17 590	—	248	42 700
2021/12/17—2021/12/19	受台风“雷伊”（超强台风级）和冷空气共同影响	7.0	—	—	—	—	650.13

数据来源：中华人民共和国民政部（mca. gov. cn），中国经济网，海南省气象局。

2017—2021年海南省应急管理厅及各市县应急管理局的统计数据显示，海南省自然灾害整体趋于平稳增长态势。近年来，随着海南省经济社会快速发展，人口密度增加，城市不断扩大，防灾、减灾、救灾工作面临更加复杂的形势和严峻的挑战。总体来讲，海南自然灾害的特点表现为以下几方面：

（1）多热带气旋，台风频繁。

热带气旋是影响海南岛的主要自然灾害，一年四季均可能发生，主要集中在5—11月份（占影响总数的98%），最盛期为8—9月，平均1.7~1.8个，其次是7月、10月，平均1.1个，集中度最高的是7—10月，占全年总数的78%，是全国受台风“来访”最多的省。从图14-4海南历年台风登陆数据可以看出：1949年以来，年登陆数个超过4个的有5年，年登陆个数达4个的有7年（含2021年）。2021年较往年偏多，与2009年和2018年持平。

（2）季节性、区域性暴雨突发严重。

暴雨在一年四季任何天气系统控制下都可能出现，可分为台风类和非台风类。海南省暴雨日总量一般占当地年雨量的20%。一年中暴雨日数一般在10~19天，年暴雨量1 055~2 124毫米，占年雨量的40%~64%，10月暴雨日总雨量占月降雨量的48%~68%，为各月最多。暴雨范围以局部暴雨为主，占比84%。大范围暴雨基本上是台风暴雨，占比85%；全岛性暴雨均为台风暴雨。海南省一年中干燥季时间长达5~6个月（一般从上年的11月至当年4月），而期间的降水量仅占年降水量的11%~27%。综上可见，全年降雨分布严重不均，给农业生产带来较大影响。图14-5为海南省历年10月降水量情况统计。

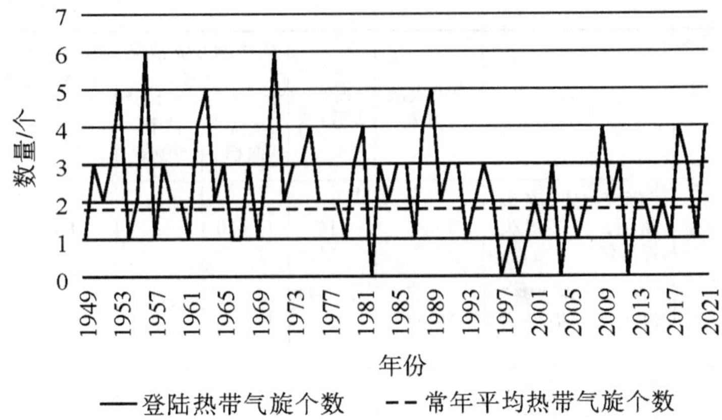

图 14-4　海南省历年登陆热带气旋个数统计

数据及图片来源：海南省气象局。

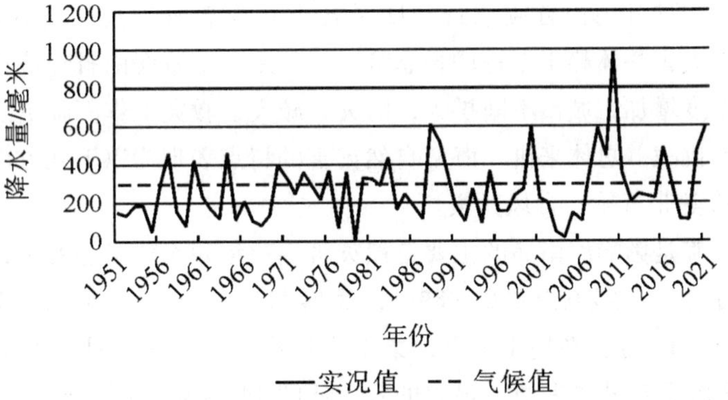

图 14-5　海南省历年 10 月降水量情况统计

数据及图片来源：海南省气象局。

（3）气象干旱发展强。

2019—2021 年，海南省连续三年出现不同程度的气象干旱天气。2019 年受高温少雨天气影响，全年各季均出现不同程度的干旱；其中 2—4 月、10—12 月超过 10 个市县出现气象干旱；汛期为 5—9 月，虽然随着降雨增多气象干旱总体得到明显缓解，但部分市县仍出现阶段性气象干旱。2020 年 5—7 月海南省平均降水量为历史同期最少，气温显著偏高，气象干旱较为严重，至 7 月 28 日，全省有 10 个市县达重旱或特旱，多地山塘水库干涸，部分群众饮水困难。江河来水量较常年同期偏少 30%，水库蓄水量仅占正常库容的 33. 4%。农作物受灾总面积 3. 8 万公顷，成灾面积 0. 25 万公顷。

2021年5月海南省平均降水量仅为67.8毫米，较常年同期偏少132.8毫米（66.2%），创历史同期新低。受降水异常偏少影响，气象干旱持续发展，至5月31日海南岛18个市县均处于不同程度气象干旱状态，其中，文昌、琼海达重度气象干旱，海口、定安、澄迈、屯昌、万宁、东方、乐东和三亚为中度气象干旱，其余8个市县处于轻度气象干旱状态。气象干旱对海南居民生活用水和农业灌区用水造成一定影响。图14-6为海南省历年5月降水量统计。

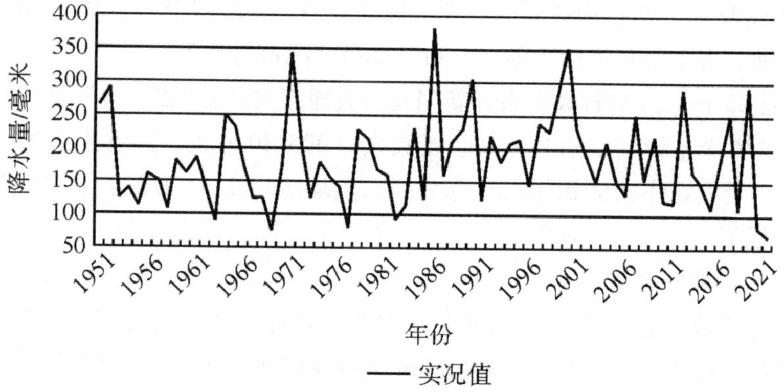

图14-6　海南省历年5月降水量统计

数据及图片来源：海南省气象局。

此外，偶有突发龙卷风、雷击、冰雹、低温阴雨等气候，造成不同程度的人员伤亡及直接经济损失。

2.“威马逊”超强台风事件

2014年第9号超强台风“威马逊”于7月12日在美国关岛以西大约210公里的西北太平洋洋面上生成，15日下午加强为强台风，横扫菲律宾后于16日上午8点进入南海东部海面，18日15时30分在海南省文昌市翁田镇沿海登陆，登陆时中心附近最大风力17级（60米/秒）。18日8时至20时，海口、文昌两市普遍出现14到16级的大风，海南岛西南部和中部地区普遍出现7到9级大风，其余地区风力达9到11级，是海南省41年来最强的台风。

受“威马逊”影响，海南岛北部、中部和东部地区普降大到暴雨，局地出现大暴雨；西部和南部的局部地区也出现暴雨。据统计，18日8时至19时30分，18个市县（三沙市除外）中有6个市县平均降雨量超过100毫米，其中海口平均降雨量最大，为149.5毫米；其次为文昌，为135.1毫米。8时至19时，全省有21个监测点降雨量在150毫米以上，其中文昌竹包监测点降雨量最大，达到467.5毫米。19日凌晨“威马逊”进入北部湾北部海面，下午

"威马逊"对琼岛影响逐渐减弱。

超强台风"威马逊"重创海南，造成严重损失。电网方面，220 千伏线路跳闸 9 条，110 千伏线路跳闸 22 条，35 千伏线路跳闸 29 条，10 座 110 千伏变电站、30 座 35 千伏变电站失压，113 万用户受影响，其中海口、文昌、定安电网受损尤为严重。供水方面，海口主城区 3 个自来水厂停产，市区大面积停水。交通方面，出岛交通全部中断，省内客运班线、东环高铁全线停运，省养公路阻断 93 条，海榆中线暂时中断。通信方面，省内多个通信基站无法运转、光缆中断，多个市县通信中断，海口、文昌情况最为严重。

7 月 23 日，海南省政府召开新闻发布会通报灾情，"威马逊"造成全省 18 个市县 216 个乡镇（街道）受灾，受灾人口 325.80 万人，因灾死亡 25 人，失踪 6 人，受灾农作物面积 16.30 万公顷，倒塌房屋 2.32 万间，直接经济损失 119.50 亿元。

（1）事件原因。

海南"威马逊"超强台风事件的发生，既有客观原因也有主观原因。客观原因主要有两方面：其一，高海温催生台风快速发展，"威马逊"在登陆菲律宾岛屿之前最大强度是 15 级，穿越菲律宾后有所减弱。进入南海后，中北部海面温度高达 30℃（有利于台风发展的海温条件是 26.5℃以上）为台风加强奠定了基础。同时，由于高温海域为低大气层提供较多水分，从而为台风提供了更多的暖湿空气和不稳定能量，导致"威马逊"加速发展，在海南登陆时，其近中心的最大风速达到超强台风的级别（60 米/秒）。而登陆后地形摩擦造成的能量损耗较小，大气环境变化不大，因此强度并无明显减弱。其二，西南季风加速螺旋力度。"威马逊"发展的大气环境非常好，其处于西南季风区，加之海温较高，并且环境风切变较小，源源不断地为其提供了充足的水汽和能量。受这两个条件的影响，"威马逊"中心气压不断降低到罕见的 910 百帕，螺旋云系越来越强盛。

主观方面的原因主要归结于三方面，政府有关部门由于缺乏应对经验，在防范过程中存在着台风信息发布传播不及时、覆盖面不足等问题；部分群众缺乏应急和避险意识；个别市县防范措施不到位、缺少统一指挥调度。

（2）应急处置过程。

第一，启动国家救灾应急响应。

2014 年 7 月 15 日 17 时，海南省气象台发布台风四级预警。2014 年 7 月 16 日 7 时 30 分，海南省气象部门启动部分单位热带气旋四级应急响应，并在一天时间里将应急响应级别连升三次，于 7 月 17 日 15 时提升为全省气象部门热带气旋一级应急响应。7月17日上午，“威马逊”向海南文昌挺近。中午，时任省长蒋定之签发了台风Ⅰ级预警。12时20分，海南省突发事件预警信息发布中心以海南省政府名义通过电视、网络、报刊、广播、大屏幕、短信、电台等媒体多次向全省各市县发送台风Ⅰ级预警信息，提醒公众加强对超强台风的防范。18日凌晨，621万名手机用户收到台风Ⅰ级预警短信。自7月16日起，根据海南省气象部门发布的台风预警，省三防办、海洋渔业厅、交通厅、教育厅、旅游委、海事局、减灾委、民政厅、公安厅、农业厅、省军区、电网公司、机场等各部门分别启动防台风应急预案，提升应急响应级别，各市县领导及时召开防风工作会议，启动应急预案，提前部署防御台风各项工作。

第二，在政府部门的主导下，紧急部署救灾行动，各部门上下联动合力救援。

16日，国家防汛抗旱总指挥部、水利部珠江水利委员会派来防台风工作组，赶赴防台风重点地区文昌市指导防风工作，深入码头、水库、山洪灾害易发地区、低洼淹没区检查防风工作落实情况。台风进入南海之后，省委省政府就防风工作做了重要批示，要求省“三防”总指挥部要加强预报预警，采取措施提前做好防风的各项准备工作。

省委办公厅、省政府办公厅积极组织、协调、指挥相关部门，对防风工作起到了很好的作用；气象、水文、海洋预报部门及时启动预警响应，强化对“威马逊”的预测预报；海洋与渔业部门采取强有力措施抓好渔船进港避风工作，同时强化港内渔船的安全管理，防止渔船渔民顶风出海；民政部门启动救灾预警响应，发出紧急通知部署，及时安全转移受威胁的群众；工信部门加紧抢修通信设备、线路，及时恢复通信；国有资产监督管理部门会发出通知，强调要加强值班，对可能存在的安全隐患进行排查；电力部门全力抢修中断的供电线路；水务部门集全厅之力做好省“三防”总指挥部指挥、值班的后勤保障工作，并抽调水利专家组成防风工作组加强对水库的检查、排查和工作指导；相关职能部门也各尽其责，各司其职，切实做好防御“威马逊”工作；驻军、武警、消防、边防等部队积极协助转移群众并做好抢险救灾工作；各新闻媒体行动迅速，跟踪报道，滚动播出台风防御知识和领导指示批示精神，做到及时、准确、真实地向社会发布，取得了良好的效果。

第三，积极开展灾后重建工作。

此次台风危害面广，导致灾后重建工作较为困难。2014年7月19日，时任省委书记罗保铭深入受灾严重的海口地区了解灾情，指导灾后重建工作。海南省成立由市县政府领导挂帅，相关职能部门参与的灾后重建工作领导小组，统一组织、管理、协调和指导重建工作。

2014 年 7 月 19 日，在通信抢修方面，全省累计出动抢修人员 4 096 人次、抢修车辆 1 642 台次。中断的海南电信干线光缆全部修复，792 个海南移动基站恢复运转，海南联通多个基站和光缆修复；全省骨干网络运行正常，海口市和文昌市区的通信基本畅通。在电力方面，海口地区 75%的电力设施设备恢复正常，220 千伏、110 千伏供电线路全部恢复，主城区部分地区恢复供电。在供水方面，海口市供水能力恢复至 37 万吨/日。在供油（气）方面，全省 70%的加油（气）站恢复营业。

7 月 20 日，海口主干道恢复通行，城区供电能力恢复，水厂制水能力恢复，商家陆续恢复正常营业。7 月 21 日，东环高铁恢复营运。7 月 22 日，南方电网从广东、广西、云南、贵州电网公司和广州、深圳供电局等单位抽调 6 600多人，紧急奔赴海南抢修复电。全省电网负荷恢复到灾前的 76.4%，其中海口地区接近 60%，文昌地区接近 50%。中石化 241 座加油站恢复营业，中石油恢复营业 74 座。通信基本恢复。供水方面，海口除 248 个小区外，其余恢复供水；文昌除锦山、翁田、东郊 3 个农村水厂因缺电无法正常供水外，城市主城区和其余农村地区正常供水。省养公路已抢通 89 条。7 月 23 日，海南省召开灾后重建和恢复生产动员电视电话会议，进一步动员全省上下迅速行动起来，坚定信心，拼搏奋战，抓紧恢复生产，搞好灾后重建。7 月 25 日，海口和文昌的行政村全部恢复供电。

第四，处理好灾后环境的无害化处理，保证人民的基本生活安全。

省农业厅方面，一是抓好病死畜禽无害化处理及动物疫病防控工作，二是抓种植业恢复生产工作，三是抓畜牧业恢复生产工作，四是农机服务队救灾恢复生产，五是加强物资供应，六是督促人保全面开展农业保险各项工作。省食药监局为确保群众饮食用药安全，多措并举，加强灾后食品监管工作，防范因灾病死亡的畜禽、水产品流入市场。省海洋渔业厅灾后对受灾的死鱼进行无害化处理，并派出 6 个救灾服务组，前往受灾市县针对海岸资源、海水、淡水深水网箱、渔船修复等开展救灾技术指导，同时组织良种场迅速恢复生产，为养殖户提供急需的虾、鱼、贝等优质苗种。

第五，迅速下拨灾后救助资金及物资，组织灾后募捐，保障救灾资金及物资。

2014 年 7 月 19 日，时任省长蒋定之迅速下拨首批 1 亿元救灾资金。重灾区文昌市的园林部门加紧对文城镇 12 条街道的园林树木整理枝条，整理树木 7 000多株；市民政部门积极向省民政厅申请并调运大米 32.50 吨、帐篷 275

顶、棉被2 100套、衣服4 000件、水和面包等干粮8 000箱；海口美兰机场协调各大航空公司为滞留旅客提供餐食、饮用水、航班签转等服务，安抚旅客情绪。

7月20日，海南省农信社紧急调拨10亿元专项资金作为救灾贷款，帮助受灾农户开展救灾和恢复生产。7月21日，海南省政府再拨付6亿元救灾资金和救灾物资到重灾区，重点解决受灾群众吃饭、饮水、住宿和水毁工程修复等问题。7月23日，省残联和残疾人基金会捐赠500万元，慰问灾区残疾人；省妇联第5批救灾物资运往灾区。7月24日，民政部首批救灾物资抵琼。省民政厅自7月22日开展赈灾募捐活动以来，社会各界积极响应，积极参与，截至7月28日上午12时，省民政厅已接收社会各界捐款到账金额5 427.09万元。

与此同时，社会各界和广大干部职工群众开展了爱心捐助活动。7月20日，中国红十字会总会紧急调配800万元救灾物资。7月21日，海航集团捐助3 000万元赈灾；海南省属企业和机关捐款5 800万元。7月22日，南海网联合爱心企业、爱心人士发起并募捐到第一批爱心物资分3路送往受灾较重的文昌冯坡镇、昌洒镇、翁田镇。7月23日，阿里巴巴集团定向捐赠1 000万元给海南灾区。7月24日，“我们风雨同行”海南省“7·18”超强台风赈灾义演晚会在海口举行，晚会现场募集善款2.40亿元。

（3）“威马逊”台风事件的反思。

从总体应对情况看，“威马逊”台风预警发出以后，各级政府和各有关部门按照国家气象灾害应急预案的要求，启动各自应对预案，有序开展预警和应对工作。在应对过程中，各方主动加强信息沟通和交流，协同开展人员疏散转移、抢险救灾等工作。预报预警准确及时，防御应对措施得当，将“威马逊”台风带来的损失和灾害降到了较低水平。

但同时“威马逊”台风应对工作也暴露出一些问题和薄弱环节，需要在今后的工作中采取针对性改进措施，提高台风及其他气象灾害监测、预警和应对能力。

①海南省自然灾害预案有待修订。

海南省自然灾害的预案体系中很多预案仍然是2006年的旧版本，更新不及时。特别是在2008年大部制改革后，很多职能部门进行了重组或更名，而预案没有进行相应的更新，在实际灾害应急过程中，可能造成困扰或动员失灵。另外，在海南省各自然灾害应急预案中关于自然灾害的应急动员内容少之又少，没有一项法规制度以及预案具体说明了在自然灾害来临前、处置中以及后期恢复中如何动员政府、企业以及社会公众等。现有的预案缺乏具体情境描述，操作性低。

③增强危机意识与应急动员意识，加强海洋气象监测预报能力建设。

回顾“威马逊”超强台风应急措施，海南民众对于灾害前的预警和预防工作批判的声音较多。对此，网友们提出了十个“为什么”：如此大的台风为什么不提前通知放假？为什么台风来临前不裁剪树枝？为什么水电部门不能提前“备战”？为什么没有事前准备应急通信设备保持信息畅通？为什么台风来临前大型广告牌不及时卸下？为什么不能图示高地泊车位置？为什么加油站事先不做好汽油储备应急工作？为什么官方公布的数据遭遇网友质疑、声讨？为什么没有事前建议购物清单？为什么灾后电力通信水利等恢复这么慢？

倾听这些声音，不难看出在本次事件中政府部门应急措施存在不少问题。如前所述，海南几乎每年有台风登陆，地方政府部门危机意识逐渐淡薄疏忽大意，导致危机后果远远超出可控范围。“威马逊”超强台风来临前，海南省气象部门没有在第一时间准确预测台风级别，多次调整台风预警级别；没有及时以恰当的方式适时告知社会公众及组织，做好台风应急物资储备及防范准备，导致民众响应不足；安全转移措施不力，导致灾害损失严重。

以上充分说明政府部门及社会民众抵抗突发风险的意识须加强和能力还须提高，政府及社会要增强风险意识，防患于未然。应急动员意识的培养是一个缓慢的过程，并且受到多种因素的制约，因此政府部门应加强培训，提升自我的危机防范意识，进而及时地对社会民众开展应急动员；民众也应提升自身应急意识和能力。政府部门可通过加强应急科普教育，把应急知识、方法和手段告诉群众，教会他们如何自救互救，从而使他们能准确理解预警信息，及时按照预警信息要求采取正确的应急响应行动，与政府一同把灾害损失降到最低。

③统筹安排救援组织与受灾群众的衔接，提供必要的救援物资保障。

在这次台风中，不管是政府部门还是社会公众都得到了民间救援组织的帮助，但是在救援过程中民间救援组织缺少统一有序的部署，造成救援服务与受灾群众的实际需求无法有效衔接，浪费了不少人力和物力。此外，由于抗灾应急措施的被动性，部分救援组织没有做好救援物资的筹备，缺乏物质保障，而且存在运力、人力不足等困难，难以发挥更大的作用。

④要补齐排水、供电、建筑物三大城建短板。

“威马逊”超强台风危害极大，造成停水停电及房屋损坏尤为严重。水电及建筑物涉及民生和安全，要引起特别重视。

海口市雨水排水系统缺陷。针对此次超强台风海口市中心城区部分道路存在的积水问题，海口市市政管理局专业人士建议：第一，重新制定海口地区设计暴雨强度公式。目前，海口市新建道路排水系统的设计暴雨重现期为一年一遇即 35.3 毫米/小时的暴雨强度，如能结合经济能力，扩大海口市区的设计暴雨重现期，会更有利于城市排水，同时加快实施 20 条道路积水点近、中、远期改造，进一步改善市中心城区积水现象。第二，加快市区排涝泵站的建设。加快滨江西路片区规划的 4 座排涝泵站建设，即国兴大道排涝泵站、流水坡排涝泵站、山内村排涝泵站、板桥溪排涝泵站，以及加快其他排涝泵站的建设。第三，加快规划道路排水出口和河道水系的建设，进一步完善道路排水系统。每次强降雨都会造成琼山大道、景山学校等路段不同程度积水，上述路段积水均因排水系统不完善造成。第四，市区排水管网改造应和道路改造工程一并建设实施。中心城区排水管道建设时间早、管径小、排水标准低且为合流管沟，随着城市建设的发展，排水管网排水能力不能满足城市发展的需求，如和平南路、东湖路、得胜沙后街等路段，在大雨天均出现不同程度的积水，在今后的城市道路和旧城改造中，排水管网一定要与道路建设同步实施改造。同时对一些新开发的城区，坚持先地下、后地上的建设程序，消除积水隐患。第五，建立等级预警机制，提高机械作业能力，充分重视退水工作。暴雨积水发生后，如何加快退水进程是值得重视和研究的。中心城区道路的积水有相当一部分是落叶、路面垃圾等堵塞进水口造成的。今后，应及时响应，调集人力，按区域、路段尽可能全覆盖地布置放水作业。对地势低洼，先天排水条件差的区域，购买大功率移动排水设备予以应对。

供电系统缺陷。海南省建筑电气专业委员会的相关专家认为，本次灾后末端供电情况调查发现，供电设置受损比较严重的主要有以下两种情况：一是项目所在地的地势较低，市政排水不畅，设置在地下室的变配电设施泡水受损情况较为严重，灾后恢复困难；二是户外箱变、架空线路由于设备老化及室外架设，在强台风中容易因自身及外部因素受损，受损后故障不易排除。

对于以上提出的问题，建筑电气方面的专家认为，应加强城市低洼地带的市政排水设施整体统筹规划及改造，合理组织排水。对于不能改变的区域，在供配电设施建设和改造时注意设置的位置和高度，避免盲目建设造成隐患。对于室外箱型变压器、杆上变压器等变配电设施应逐步废除或进行入室改造，以提高市政供配电设施的抗灾能力。对室外老化程度不同的低压线路逐步进行改造、入地，以提高市政供配电设施的抗灾能力及消除安全隐患。在台风来临前，应对各供配电设施进行巡视，排查安全隐患，清除架空线路通廊内及变配电设施安全范围内的高危障碍物，及时做好预防工作，以减少受损，提高供电的可靠性。

建筑物缺陷。海南省结构工程专业委员会的专家指出，在“威马逊”台风中，海口房屋建筑受损严重。部分屋顶的钢结构广告牌毁坏，部分建筑室外空调机被风吹落。同时，大量建筑物的外围门、窗玻璃出现破裂。敞开式轻钢棚架及大部分小区室外绿化被毁坏较严重。而遭受最大损害的是正在施工的工地工棚、围墙以及施工电梯。对于海口的农村住宅来说，大部分台风经过的农村砖混结构住宅存在损坏，而且主要为小青瓦屋盖住房。

考虑到农村住宅较分散，涉及的面较广，这些建筑基本是20世纪90年代以前的农村住屋，未经过正规设计与施工。结构工程专家建议，应加强对屋顶广告牌及户外广告牌、建筑铝合金门窗的审查工作。同时，建议省住建厅组织人员编写农村住宅建设导则，指导农村住宅的恢复建设。

“威马逊”超强台风过后，海南省在应急管理措施方面有所提升，主要体现在以下几方面：①完善防范灾害预案，提高预警信息发布覆盖面和精确程度。②在自然灾害领域建成风险预警系统、风险监测系统等，逐步全面提升应急预警、风险研判、森林火情监测的处置管理能力。③形成了广播、网站、短信、微信等多渠道、多平台发布体系。④加大力度做好防强台抗大灾抢大险的准备。首先建立了救灾物资储备库。建立海南省及海口、三亚、儋州、万宁、五指山共6个救灾物资储备库，储备防汛物资60余种，初步构建了东西南北中全方位覆盖海南省的救灾物资储备库布局。另外还加强了与军警的沟通和联络，完善军地抢险救灾协同联动机制。⑤组建了海南省应急管理厅，修订并出台了《海南省自然灾害救助应急预案》等文件。

3. 海南省应对自然灾害的路径与策略

“威马逊”超强台风后，海南省在自然灾害的应急方面确实做了不少改进，结合“威马逊”超强台风的应对经验和海南自贸港建设背景，邓芳等专家认为仍存在不足之处，主要表现在以下三方面①：

一是存在认知短板。全省仍有不少领导干部存在“重救灾、轻减灾”“防灾做得好，不如救灾表现好”的思想，灾害风险管理和综合减灾意识不强，“以防为主”还没有落实到日常工作中去，对自然灾害防治的重视程度不够，部分市县在地震救援、森林火灾防治、环境应急等方面投入不足。

二是存在制度短板。现有涉灾法规多按灾种分立，部门色彩较重，相互之间缺乏有效衔接，缺乏防灾减灾救灾领域的综合性立法。应急预案衔接不够，

---

① 邓芳，苏道迁，杨洋. 海南自贸港建设背景下的自然灾害防治对策研究［J］. 中国减灾，2020（14）：34-39.

与实际操作脱节，缺乏实战或演练的检验。应对跨省、跨区域重特大自然灾害的防灾减灾救灾联动协作机制建设需要加强，社会力量参与防灾减灾救灾机制不够完善。

三是存在能力短板。全省消防救援人员占全省总人口比例仅为0.23‰，而在西方发达国家这一数字一般为1‰~1.5‰；且海南省消防救援人员主要分布在城市，70%的乡镇缺少专业应急救援队伍，社会队伍能力参差不齐，应急救援力量亟须加强。各类灾害风险监测网点分布不均，多灾种和灾害链综合监测、风险早期识别和预报预警能力与经济社会发展需求不适应。基层基础能力弱，全社会共同参与防灾减灾的公共安全文化氛围尚未形成。

面对全球气候变化导致自然灾害风险增大的问题，2018年10月10日，习近平总书记主持召开的中央财经委员会第三次会议上重点研究了提高我国自然灾害防治能力建设问题，为加强自然灾害防治带来重大机遇。结合海南自贸港建设促进自然灾害防治产业发展的契机，提升海南自然灾害的防治能力是很有必要的。综合邓芳等①、郭祖莹②、章顺磊③的意见和以上分析，结果总结了以下7个方面的自然灾害防治应对政策：

（1）完善法规预案标准体系。

根据海南省自然灾害防治需要，尽快制定《海南省应急管理条例》《海南省自然灾害风险防控办法》《海南省地质灾害防治条例》《海南省防汛防风抗旱条例》《海南省自然灾害监测预警条例》《海南省自然灾害应急救援条例》《海南省自然灾害灾后恢复重建条例》等法规办法，明确自然灾害防治的核心理念和基本原则，构建自然灾害全过程管理框架，确保防灾减灾救灾职能优化和高度协同，明确自然灾害防治各参与主体的职责、权利和义务，从地方立法上解决自然灾害防治职责不清、职能冲突、工作交叉等问题。

组织修订《海南省突发公共事件总体应急预案》，制修订《海南省防汛防台抗旱应急预案》《海南省破坏性地震应急预案》《海南省突发地质灾害应急预案》《海南省森林火灾应急预案》《海南省气象灾害应急预案》等自然灾害专项应急预案，推动市县、部门、社区和企业建立和完善应对自然灾害的专项应急预案，强化预案演练过程管理。

---

① 邓芳，苏道迁，杨洋. 海南自贸港建设背景下的自然灾害防治对策研究［J］. 中国减灾，2020（19）：34-39.

② 郭祖莹. “威马逊”刮出海口三大城建缺陷［N］. 证券早报，2014-09-22.

③ 章顺磊. 自然灾害应急动员的困境与出路：基于海南省“威马逊”的实例分析［J］. 新东方，2016（2）：57-60.

健全完善覆盖全灾种、全过程的自然灾害防治标准化框架，研究制定自然灾害综合风险评估指标和技术标准、灾后损失评估技术标准，完善自然灾害监测预警、应急物资储备、应急响应、现场救援指挥等工作标准，尽快形成门类齐全、衔接配套、科学合理、协调统一的综合防灾减灾救灾标准体系。

（2）健全完善应急管理工作体制。

落实中央、海南省有关体制改革要求，坚持统一领导、部门协同、分级负责，切实落实责任，有效整合资源和力量，构建统一指挥、专常兼备、反应灵敏、上下联动、平战结合的应急管理体制，提升自然灾害防治组织领导水平。

各级党委政府要加强对自然灾害防治工作的统一领导，努力构建党委领导、政府主导、部门协调、属地管理为主、全社会参与的自然灾害防治工作体系。优化整合海南省突发公共事件应急委员会、减灾委员会、安全生产委员会和防汛防风防旱指挥部、森林防火指挥部、抗震救灾指挥部，组建应急管理委员会，由省政府主要负责人担任主任，作为海南省防灾减灾和应急管理的最高决策议事协调机构，负责自然灾害防治工作的顶层设计、总体布局、统筹协调、整体推进，办公室设在省应急管理厅。

（3）创新自然灾害防治工作机制。

完善部门协调联动机制。各级应急管理部门切实担负统筹自然灾害防治工作的主要责任，指导综合防灾减灾救灾工作，发挥综合协调作用，加强资源统筹和工作协调。各行业主管部门及其派出机构要切实履职尽责，做好其直接管理的行业领域自然灾害防治的监督、指导工作。

完善军民融合、陆海统筹机制。统筹海洋开发和海上维权，陆地和海上救援，推进军地共商、科技共兴、设施共建、后勤共保，打造军民融合创新示范区。以预警信息为先导，构建军地双方紧急情况下应急联动及应急资源协同保障机制。建立省、市（县）两级党委、政府协同军队参与抢险救灾的工作制度，发生巨灾时，充分利用军队在应急救援装备方面的独特优势，提升军地双方协同救援能力。

完善社会力量协同机制。坚持鼓励支持、引导规范、效率优先、自愿自助原则，研究制定和完善社会力量参与自然灾害防治的相关政策法规、行业标准、行为准则，建立社会力量参与救灾行动评估和监管体系，搭建社会组织、志愿者等社会力量参与的协调服务平台和信息导向平台，在税收优惠、人身保险、装备提供、业务培训、政府购买服务等方面提供支持。

完善灾情管理和信息共享机制。构建相关部门之间，政府、军队与社会力量之间的信息共享机制，强化事故、灾害、灾情全过程管理，实现全省各种灾害基础数据、灾害风险隐患、预警、灾情以及救灾工作动态等信息共享。建设覆盖全省、市县、乡镇、村四级的应急广播系统，利用应急广播系统、手机等多种通信媒体手段加大预警信息发布和引导。加强舆情预判，规范灾害现场应急报道、新闻发布、网络及社会舆情应对等工作流程，及时通报灾害情况，确保公众知情权。

完善区域和国际交流机制。对标海南自由贸易试验区和中国特色自由贸易港建设要求，推动落实联合国 2030 年可持续发展议程和《2015—2030 年仙台减轻灾害风险框架》，加强与其他国家在自然灾害防治技术与装备上的交流合作。依托 21 世纪“海上丝绸之路”建设，深化与东盟国家台风、地震、海啸等自然灾害预警信息共享、救援互助合作。依托博鳌亚洲论坛等平台，定期举办国际自然灾害防治论坛和技术装备展览，加强灾害防治经验交流和新技术、新装备推广应用。依托泛珠三角区域合作机制、中南五省地震应急救援联动、琼粤桂三省（区）海上救援和跨海增援联动互救，共建自然灾害防治合作区。

（4）强化应急救援力量。

以综合性消防救援队伍为主体，整合安全生产、抗震救灾等多种应急救援资源，打造海南省应急救援主力军。对应急救援队伍在经费保障、人员待遇、社会地位、职业荣誉、高危补助、技术装备、基础设施等方面给予优先重点保障。强化空中、地下和山岳等专业救援队伍建设。依托通用航空企业，建立综合应急空中保障机制。依托综合性消防救援队伍，组建国家水域救援三亚大队及海口、万宁、东方、三沙省级水域救援队。

以乡镇专职消防队为主，整合乡镇安全监管站所和民兵预备役人员及网格管理人员力量，组建乡镇应急救援队伍。发展壮大农村、社区应急救援志愿者队伍，加强基层应急救援信息员队伍建设。支持建设一批社会救援队伍，鼓励有资质的社会力量参与应急救援服务。

（5）强化科技和人才支撑。

依托高等院校和科研机构，健全产学研用协同创新机制，加强灾害监测预报预警、风险与损失评估、社会影响评估、应急处置与辅助决策分析、应急演练等关键技术和先进装备研发，形成核心技术自主创新能力。应用人工智能、三维实景模拟等信息化技术支撑自然灾害风险辨识、监测预警和应急救援。推进防灾减灾科技成果的集成转化和推广示范，提高防灾减灾科技支撑能力。

建立健全“候鸟型”人才引进和使用机制，面向全球重点引进气象、海洋、地震等高层次人才，建立高水平“候鸟型”自然灾害防治领军人才工作站，出台相应政策允许相关人才按规定在海南兼职兼薪、按劳取酬。将自然灾害防治人才建设纳入“百万人才进海南”行动计划统筹范围，依托省内外自然灾害防治人才资源，组建海南省自然灾害防治专家组，设立专家智库并探索实体化运行机制，建立值班、保障、考评、激励、奖励等制度。

（6）推进灾害防治和应急产业发展。

通过设立公益研发机构、提供科研经费支持、制定产业扶持政策等方式，推动灾害防治和应急产业发展。依托海南自由贸易港建设政策优势，面向全球吸引灾害防治和应急救援相关企业落户海南。鼓励、扶持省内企业联合国内外高校、科研机构建立健全产学研协同创新机制，选取若干灾害防治重点方向成立产业技术创新战略联盟，研究开发用于灾害预防、监测、预警、应急处置与救援的新技术、新装备，形成核心技术自主创新能力，促进科技成果产业化。

利用风险补偿机制，支持重大应急创新产品首次应用。利用市场化手段，引导企业重点发展风险评估、隐患排查、紧急医疗救援、交通救援、应急物流、海洋生态损害应急处置、灾害保险、应急管理市场咨询等自然灾害应急服务产业。

（7）准备应急通信设备，保持信息畅通。

在台风天气下，及时启动应急通信体系，及时、准确、畅通地传递第一手信息，为决策者正确指挥抢险救灾提供依据。部署以应急通信车为主体，与卫星、微波传输相结合，高速率、高带宽、支持高速移动的城市机动应急指挥网络，作为城市应急通信专网的有效补充。

（8）加强应急宣传教育培训。

重点建设面向“一带一路”的国际化综合性消防应急救援实训基地。启动面向社会公众的台风、海啸、洪水、地震、火灾等自然灾害情景体验馆建设，强化 3D 技术、虚拟现实等关键技术应用，提供地震、地质、洪水、台风等突发灾害情景虚拟体验服务。

加强宣传教育内容建设。实施自然灾害防救知识科普工程，编制针对不同社会群体的科普读物和实用手册，充分发挥微信、短视频、App 客户端等新兴和传统媒体宣传作用，将自然灾害防治宣传教育内容转化为人民群众喜闻乐见的影视、动漫、微视频、公益广告等宣传教育产品，切实增强感染力和传播力。

开展多种形式、有特色的宣传教育活动。充分利用“全国防灾减灾日”“国际减灾日”等节点，弘扬防灾减灾文化，面向社会公众广泛开展知识宣讲、技能培训、案例解说等多种形式的宣传教育活动，提升民众防灾减灾意识。

15 实证分析

本书第二部分梳理我国近年来各类突发公共事件发现，我国突发公共危机应对从政府治理向政府主导全民参与转变，居民应对突发公共危机的意识逐渐加强，参与程度逐渐提高。深入了解海南居民对公共危机的主观认识、参与意愿、满意度等，有助于进一步识别海南潜在公共危机，加强海南公共危机防治，对海南自贸港发展有重要意义。因此，本章我们将针对海南突发公共危机治理现状构建调查问卷，通过分析调查数据，识别当前海南公共危机治理可能存在的问题，为后文海南潜在危机应对政策的提出和路径构建奠定研究基础。

15.1 问卷设计与数据收集

在自由贸易港建设背景下，为了解海南省近10年公共危机治理公众参与情况、政府治理能力、居民满意度、潜在公共危机等信息，笔者进行了相关问卷调查。

15.1.1 问卷设计

关于问卷的设计，Churchill提出，当多个变量的测量问项具有一致性时能够很好地增加问卷的信度。因此，本书问卷中大多数变量都设计成多个测量问项，但是问项也不能过多，过多则过于烦琐，会增加分析的复杂性。

关于海南省公众参与公共危机治理的情况，本书从四个角度设计了调查问卷：①对公共危机的感知，包括接收方式、频率、内容、态度；②公众参与危机治理的意愿和方式；③对目前危机治理的建议，包括面临的问题、组织方式、今后潜在暴发点；④个人基本情况。前两个角度从微观方面了解公众对公共危机的认知和潜在参与度，第三角度从宏观方面观察公众最关注的问题和潜在的矛盾，第四角度是个人信息，了解被调查者的背景资料，识别符合本研究的有效问卷。

关于问题的设置，汤志伟等（2020）指出由于我国城镇化进程加快和经济的高速发展，政府决策的不确定因素增加，随时都可能暴发公共危机。政府如何应对公共危机，公众在整个事件中应扮演什么角色是世界各国关注的问题。杨菲菲（2014）指出如何提提升公众参与的满意度，让公众在参与危机治理的过程中感到满意和获得价值是我国各级政府需要解决的问题。周定财（2017）提出在公共危机治理过程中政府各部门与公众脱节，两者之间未进行及时的信息沟通，无法达到多元主体协同联动的效果，不能有效地实现共同治理。韩啸等（2016）通过文献梳理发现大多数学者从理论方面阐述了公众参与危机决策的必要性和可行性，但是不具有普遍适用性。姜庆志等（2012）认为，当公民参与公共危机管理，他们由被动的政策接受者转变为危机的主动承担者，政府与公民等社会力量之间的关系逐渐对等，这一关系激发了公众参与的积极性。因此，在多元主体参与的治理体系下，调动公民参与治理的积极性就要走进民众，了解他们的想法，发挥其主人公精神。

本书问卷的设计参考了突发公共危机研究、城镇治理、风险管理等相关研究成果，通过与受访者面对面交流，考察问卷问题项设计的科学性、合理性及完整性，在广泛发放前向专家学者和部分符合调研条件的海南居民发放预调研问卷进行现场调研，并在问卷题中设置了矛盾选项，测试被调查对象回答问题的态度。在预调研和结果分析的基础上，笔者对预调研问卷进行不断修改完善，使问卷选项全面，表述清晰简练，从而提高调研数据的有效性，最终形成正式调研问卷（问卷见附录）。

15.1.2 样本量的设定与调研数据的收集

在数据分析时，足够的样本数量是确保研究结果准确性的基础，但在统计分析中对样本量大小的界定较为模糊。Boomsma（1982）发现不论模型是否有恰当解，参数估计的精确性是否符合卡方统计量的分布，结果都表明样本容量越大越好，至少大于 100，最好可以大于 200。同样，Mueller（1997）也认为样本量在大于 100，甚至是大于 200 的情况下单纯的 SEM 分析结果会更准确。Kline（1998）研究发现，若样本数低于 100，则在 SEM 分析中参数估计结果是不可靠的。基于以上文献，笔者初步设定本研究样本容量不少于 100。

本阶段的问卷调查分为预调研与正式调研两部分进行。进行预调研的主要目的是检验问卷的信度、效度，通过对初步调研所获得的小样本进行数据分析，根据数据分析结果对预调研问卷进行修改和完善，最终形成正式问卷。预调研问卷共发放 130 份，将问卷收回后整理，剔除填写不完善的及调研对象不符合要求的问卷，最终整理出有效问卷 109 份，有效回收率 83.8%。

为了使本研究达到预期目标，并且考虑到研究对象是海南省公共危机治理现状及公众参与情况，研究范围有其地域特点，研究内容关乎每一个家庭和个人。因此，本书将海南省 20 周岁以上个人作为本次问卷调查的对象，确保研究对象与理论变量的对应性。考虑到实证的代表性及数据的易获得性，主要在海口、三亚地区进行调研，为了保证研究的准确性和问卷回收率，选取海口、三亚、儋州、文昌、临高、陵水等地区作为问卷调研地域范围。

在问卷发放形式上，选取了纸质版、电子版与网络版三种形式发放问卷。笔者借助亲属、老师、朋友或同学的社会关系发动各地区广大居民参与调研，再由朋友、亲属、同学等通过转发等方式扩大调研范围。被调研者从年龄、教育背景到工作等都存在差异，保障了调查范围。其中，纸质版问卷由笔者亲自发放，并在发放问卷之前对被调研者进行调研说明和简单介绍，保证了被调研者填写问卷的质量。此外，对每份问卷在调研前和调研后都进行了编码，在确保机密性的同时也便于实现统计上的准确性。网上调研适用于大规模多地多处采样，全岛范围的调研需要进行网上调研，此外网上调研方便，被调研者可以自行决定调研时间与调研地点，同时网上调研没有来自环境和同僚方面的压力，这些都有利于提高调研质量。笔者在问卷网网站制作网络问卷，并将问卷的网络链接发布在网络和微信上，当被访者在网上填写完问卷并提交时，网络会自动计入问卷数量（自动编码）与答案，其中包括作答者的网络 IP 地址、地理位置等，可以有效监控样本回收数量与来源，并方便导出数据。电子版问卷主要通过邮件的形式（以 word 文档格式的问卷作为附件）发放给周围的亲戚、朋友、同事等，邮件中说明了调研目的与简要内容，告知被调研者在指定时间之前发回填好的问卷。三种形式共发放正式问卷 1 358 份，回收 1 149 份，剔除问卷填写不完整、样本特征不符合要求、ID 号重复等不合格的问卷 107 份，共收回有效问卷 1 042 份，有效回收率 76.73%。其中 94.11%的问卷来自海南省，51.44%的被调研者在海南居住 10 年以上，对海南本地危机治理情况较为了解。

15.2 问卷分析

15.2.1 一致性分析

选取问卷中三个有序定类问题进行分析，计算 1 042 位被调研者对三个问题回答的组内相关系数，得到如表 15-1 所示的结果。

表 15-1 组内相关系数分析

	组内相关性	95%置信区间		使用真值 0 的 F 检验			
		下限	上限	值	df1	df2	P
单个测量 ICC（1，1）	0.97	0.897	0.999	32 928.13	2	3 069	0.000 ***
平均测量 ICC（1，k）	1	1	1	32 928.13	2	3 069	0.000 ***

注：***、**、* 分别代表 1%、5%、10%的显著性水平。

根据经验，ICC 介于 0~1。0 表示不可信，1 表示完全可信。一般认为信度系数低于 0.4 表示信度较差，大于 0.75 表示信度良好。

对照经验数据，从表 15-1 中可以得到如下结论：针对单个测量的组内相关系数结果显示，显著性 P 值为 0.000 ***，水平上呈现显著性，拒绝原假设，说明信度的一致性是可信的。且相关系数为 0.97，说明该数据的信度很强。

由此说明，本次问卷收集的数据是可信的、真实可靠的。

15.2.2 描述性统计分析

正式调研样本基本资料描述性统计分析如表 15-2 所示。其中个人信息包括：性别、年龄、在海南居住时间、工作性质。人口统计变量等特征是为了满足调查样本的多样性，提高调查的覆盖度，进而增加问卷的可信度。一个人的自我认知不仅取决于他目前和可预见的经济来源，还取决于他的职业和社会背景特征，职业领域、性别和在海南居住的时间会影响个人对突发公共危机的看法和参与情况。

表 15-2　被调研对象基本信息描述性统计

项目	组别	样本数	占比/%	总计
性别	男	306	29. 3	1 042
	女	736	70. 6	
年龄	20~30 岁	745	71. 4	1 042
	31~40 岁	149	14. 2	
	41~50 岁	116	11. 1	
	50 岁以上	32	3	
在海南居住时间	2 年以下	288	27. 6	1 042
	2~5 年	182	17. 4	
	6~10 年	36	3. 4	
	10 年以上	536	51. 4	
工作性质	学生	701	67. 2	1 042
	行政事业单位人员	155	14. 8	
	企业工作者	110	10. 5	
	退休人员	7	0. 6	
	自由职业者	69	6. 6	

资料来源：整理问卷所得。

调研结果显示，本次问卷调研覆盖了 20 岁以上的居民，以 20~30 岁为主；从在海南居住时间来看，居住 2 年及以上人群占 72. 4%，被调查者大多属于海南省常住人口；从工作性质来看，问卷调研覆盖范围较广，调查群体比较全面。

对各测量指标的描述性统计结果如表 15-3 所示。

表 15-3 测量指标的描述性统计

问题	选项	样本数	占比/%
Q1 接收危机预警信息途径*	手机短信	898	86. 2
	公众号	608	58. 3
	朋友圈、微博	452	43. 4
	新闻	708	67. 9
	社区公告	293	28. 1
Q2 危机预警信息接受频率	经常	218	20. 9
	偶尔	646	61. 9
	没收到	178	17. 0
Q3 危机预警信息内容涵盖*	主题	798	76. 6
	危机程度	855	82. 1
	建议采取措施	950	91. 2
	发布单位	627	60. 2
Q4 收到危机预警信息应对态度	关注事件发展	695	66. 7
	积极采取措施	322	30. 9
	置之不理	25	2. 4
Q5 参与公共危机处理意愿	有强烈意愿	235	22. 5
	较有意愿	673	64. 5
	无所谓	100	9. 5
	较没意愿	25	2. 3
	完全没意愿	9	0. 8
Q6 参与危机处理组织者倾向	民间组织	41	3. 9
	个人	11	1
	单位、学校、社区	132	12. 6
	政府	837	80. 3
	志愿者团体	21	2

表15-3(续)

问题	选项	样本数	占比/%
Q7 倾向参与服务内容*	救援服务	604	58
	安置受灾群众	302	29
	救灾物资运送	392	37. 6
	募集捐款捐物	421	40. 4
	清理现场	180	17. 3
	伤病员医治	216	20. 7
	心理救助与辅导	225	21. 6
	灾区服务需求调查	130	12. 5
	灾区群众文化生活服务	270	25. 9
	不参与	9	0. 8
Q8 公共危机服务面临主要困难*	政府重视不够	323	31. 0
	人们对参与服务不够了解	790	75. 8
	志愿组织缺乏有效管理	670	64. 3
	资金不足	355	34. 1
	公众权益得不到保障	396	38. 0
	志愿组织太少	390	37. 4
	其他	7	0. 7
Q9 希望政府提供哪些支持*	技能免费培训	532	51. 1
	对志愿者组织进行扶持	172	16. 5
	出台鼓励政策	242	23. 2
	建立激励机制	450	43. 2
	经费纳入政府财政预算	477	45. 8
	投融资体制和税收政策	191	18. 3
	完善志愿者的社会保障制度	254	24. 4
	制定相关法律法规	525	50. 4
	降低志愿者组织注册门槛	283	27. 1

表15-3(续)

问题	选项	样本数	占比/%
Q10 参与志愿者服务存在问题*	都是短期行为	475	45.6
	服务领域单一	384	36.9
	公众被当作廉价劳动力	264	25.3
	公众缺乏培训	277	17
	行政化色彩过浓	329	31.6
	志愿者本身权益得不到保障	224	21.5
	志愿者的激励机制不健全	338	32.4
	重服务轻管理	320	30.7
	专业人才缺乏	326	31.3
	志愿组织成员流失率高	83	8
	其他	2	0.2
Q11 海南省公共危机处理满意度	满意	216	20.7
	基本满意	726	69.6
	不满意	88	8.4
	很不满意	12	1.1
Q12 海南省潜在公共危机*	交通拥堵	463	44.4
	物价水平与收入水平不平衡	820	78.7
	自然环境破坏	212	20.3
	医疗资源不足	542	52
	人力资源的匮乏	654	62.8
	营商环境不便利	430	41.3
	其他	5	0.5

注：* 表示该问题可选择多个选项。

资料来源：整理问卷所得。

针对海南公共危机治理及潜在公共危机情况，调查问卷中各测量指标反映出以下三方面信息：

（1）政府相关部门充分利用信息平台，多渠道发布危机预警信息。90.4%的受访者对海南省公共危机处理效率和态度整体表示满意，83%的受访者均收到过政府相关部门发布的预警信息，且97.6%的受访者会根据预警信息关注危机事件并适时采取应对措施。此调查结果说明，发布危机预警信息具有必要性，且成效很高。

（2）多元主体参与公共危机治理意愿强。81.1%的受访者表示有较强和超强的意愿参与公共危机处理，但80.33%的受访者表示，希望由政府部门、工青妇系统、志愿者协会等组织主导，15.7%的受访者表示愿意以个人志愿服务的形式参与。此调查结果说明，面对公共危机，海南省居民有较强的责任感和参与意愿，但由于缺乏宣传和专业知识培训、保障不足、管理缺失等问题，居民参与危机治理仍主要依托政府组织，但随着社会发展，人们思想逐渐开放，多元主体参与公共危机治理是大势所趋。

（3）海南省公共危机治理的潜在问题表现为物价水平过高与收入水平的不平衡（78.69%），人力资源的匮乏（62.76%），医疗资源不足（52.02%），交通拥堵（44.43%），营商环境不便利（41.27%）。

15.2.3　交叉分析

为进一步分析调查问卷反映的海南公共危机治理现状，笔者对问卷中有关联的题目进行交叉分析。通过对Q5与Q14、Q5与Q15、Q5与Q16、Q9与Q16进行多重响应分析，得出以下三方面结论。具体分析结果分别见表15-4至表15-6，以及图15-1。

表15-4　Q5与Q15列联表

			Q5是否有意愿参与公共危机处理					总计
			完全没意愿	较没意愿	无所谓	较有意愿	有强烈意愿	
Q15居住时间	2年以下	计数	3	8	22	179	76	288
		占Q15的百分比/%	1	2.8	7.6	62.2	26.4	
	2~5年	计数	1	4	13	130	34	182
		占Q15的百分比%	0.5	2.1	7.1	71.4	18.9	
	6~10年	计数	0	1	3	22	10	36
		占Q15的百分比%	0	2.8	8.3	61.1	27.8	
	10年以上	计数	5	12	62	342	115	536
		占Q15的百分比%	0.9	2.2	11.6	64.3	21.0	
总计		计数	9	25	100	673	235	1 042

表 15-5　Q5 与 Q14 列联表

			Q5 是否有意愿参与公共危机处理					总计
			完全没意愿	较没意愿	无所谓	较有意愿	有强烈意愿	
Q14 年龄	20~30	计数	2	18	65	496	164	745
		占 Q14 的百分比/%	0.3	2.4	8.7	66.6	22	
	31~40	计数	3	3	15	93	35	149
		占 Q14 的百分比/%	2	2	10.1	62.4	23.5	
	41~50	计数	3	4	16	68	25	116
		占 Q14 的百分比/%	2.6	3.4	13.8	58.6	21.6	
	50 以上	计数	1	0	4	16	11	32
		占 Q14 的百分比/%	3.1	0	12.5	50	34.4	
总计		计数	9	25	100	673	235	1 042

表 15-6　Q5 与 Q16 多重响应分析结果

			Q5 是否有意愿参与公共危机处理					总计
			完全没意愿	较没意愿	无所谓	较有意愿	有强烈意愿	
Q16 身份	学生	计数	2	16	57	474	152	701
		占 Q16 的百分比/%	0.3	2.3	8.1	67.6	21.7	
	自由职业者	计数	1	1	9	44	14	69
		占 Q16 的百分比/%	1.4	1.4	13	63.8	20.3	
	企业工作者	计数	1	4	13	65	27	110
		占 Q16 的百分比/%	0.9	3.6	11.8	59.1	24.5	
	行政事业单位人员	计数	5	4	21	87	38	155
		占 Q16 的百分比/%	3.2	2.6	13.5	56.1	24.5	
	退休人员	计数	0	0	0	3	4	7
		占 Q16 的百分比/%	0	0	0	42.9	57.1	
总计		计数	9	25	100	673	235	1 042

注：（1）百分比和总计基于响应者。

（2）卡方检验：$\chi^2 = 28.749$，$p = 0.026$。

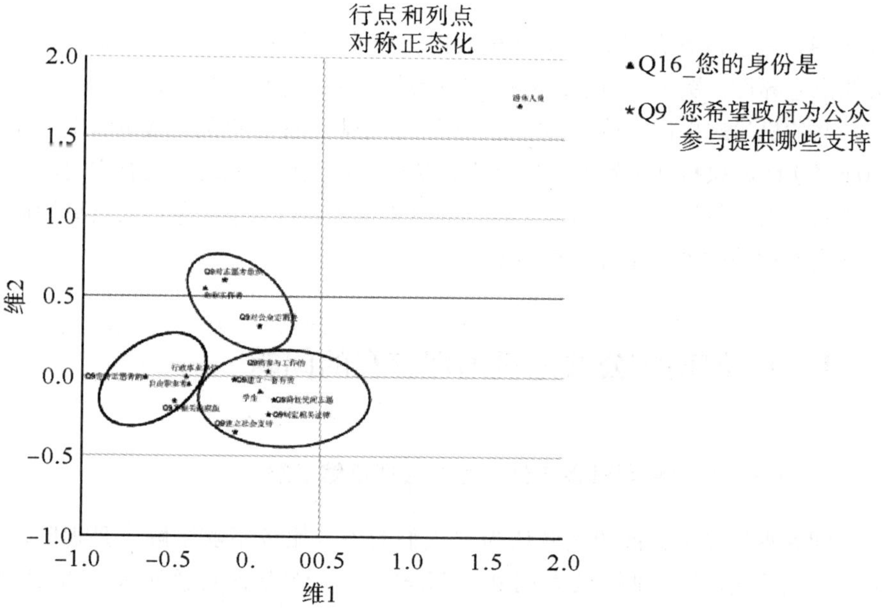

图 15-1　Q9 与 Q16 多重响应分析

（1）从被调查者在海南居住的时间长短分析其参与公共危机治理意愿的差异性。表 15-4 显示，公众参与公共危机治理的意愿与其在海南居住的时间没有明显相关性，并未随着居住时间的增加而呈现有规律变化。具体表现在，各居住时间段的公众意见相对统一，选择“较有意愿”的被调查者占比大致为 60%~70%，其余各选项随居住时间长短变化体现出的差异也较小。

（2）从被调查者的年龄分析其参与公共危机治理意愿的差异性。表 15-5 显示，各年龄段的公众意愿较为接近，选择“较有意愿”的被调查者占比都为 50%~70%，其中，20~30 岁年龄段的调查对象更多选择“较有意愿”；选择“有强烈意愿”的调查对象年龄主要在 50 岁以上，占 50 岁以上群体的 34.4%；从选择“完全没意愿”的调查对象看，随年龄增加，不愿参与公共危机治理的意愿增强；其余选项没有显著差异。

（3）从被调查者职业身份分析参与其公共危机治理意愿的差异性。表 15-6 的多重响应分析结果显示，企业工作者、学生、自由职业者、行政事业单位人员的参与意愿有较大一致性，超过一半的上述四类被调查者表示“较有意愿”，其中，学生对“较有意愿”及以上选项的选择较为集中，而行政事业单位人员较为分散。值得注意的是，所有退休人员都表示有意愿，其中“有强烈意愿”和“较有意愿”差异不大，由于退休人员样本过少该数据可能有偶然性的缺陷。

（4）从被调查者职业身份分析政府为公众参与公共危机治理提供支持的关注点差异性。图 15-1 的多重响应分析结果显示，不同人群对政府为公众参与公共危机治理提供支持的诉求是不同的。企业工作者更关注微观层次，如对志愿者组织的扶持和免费的技能培训；学生关注点比较宽泛，既有宏观层次又有微观层次，总体选择无明显差异；自由职业者和行政事业单位人员更倾向于选择出台相关政策、完善已有制度。

15.3 海南省公共危机治理存在的问题

15.3.1 被调查者对参与公共危机治理不够了解

问卷数据显示，被调查者认为“人们对参与服务不够了解”是现阶段公众参与公共危机治理的最大问题，75.8%的被调查者对该现象产生共识，64.3%的被调查者认为志愿组织缺乏有效管理，从侧面说明，被调查者参与公共危机治理意愿较高但缺乏认识和能力，需进一步培训并有组织进行。

15.3.2 对公共危机治理缺乏长期组织和有效管理

数据显示，认为“志愿组织缺乏有效管理”的被调查者占比仅次于“人们对参与服务不够了解”，为 64.3%。45.6%的被调查者认为参与公共危机治理都是短期行为，且 30.7%的被调查者认为在参与中重服务轻管理。导致短期行为的原因主要有两方面：一是相关服务没有黏性，没能留住参与服务的公众，其根本原因是活动组织策划存在缺陷；二是被调查者对参与公共危机治理热情不高，对此类服务点到即止，没有持续参与的兴趣。调查发现，现阶段公共危机处理活动有效管理缺陷主要体现在以下三方面：一是服务领域单一，二是重服务轻管理，三是行政化色彩过浓。这两个选项在调查数据中均占比 30%以上。

在缺乏有效管理的情况下，缺乏专业的培训导致 30%左右的被调查者认为存在“专业人才缺乏”和“缺乏培训”两类问题。这说明被调查者认为自己没有处理公共危机的专业技能是阻碍他们参与此类服务的重要因素。

15.3.3 海南省存在潜在公共危机

问卷调查反映出被调查者普遍认为，物价水平过高与收入水平的不平衡是当前海南省面临的最大潜在危机，人力资源匮乏与医疗资源不足的潜在危机仅次于物价水平过高。自2018年海南自由贸易港建设以来，“百万人才”引进计划、学校和医疗资源的大量引入都在解决公众所关注的潜在危机问题。在接下来海南建设进程中，仍要重点关注以上几方面的优化措施和相关政策的推行。

16 海南省应对潜在危机对策与路径

根据公共危机产生的机理，有些危机会没有预兆地突然暴发，如泥石流、台风、暴雨等，但是大多数的危机是矛盾所致。当积蓄的矛盾长期得不到解决，由量变达到质变，就会引发公共危机，因此及时发现矛盾、化解矛盾，把危机消灭在萌芽状态是目前海南省自贸港建设中应对公共危机最好的方法。根据前述问卷调查显示，当前矛盾聚焦点较集中在物价过高与收入水平的不匹配、人力资源匮乏、医疗资源不足、交通拥堵、营商环境不便利、自然环境可能遭到破坏，除此之外还有教育公平问题、城市建设问题等。因此，本部分分别从物价水平、人力资源、营商环境、交通拥堵等方面展开分析，提出可能的应对方略。

16.1 物价过高与收入水平不均衡

16.1.1 海南省物价与收入现状

马斯洛需求层次理论认为人类的需求由低到高分别为生理需求、安全需求、社交需求、尊重需求和自我实现需求，人类只有在满足了低层次需求后才会追求高层次的社会化、文明化程度更高的需求，而收入水平、物价高低直接影响低层次的生理需求和安全需求。根据第一财经统计数据，2020 年 40 个重点城市（包括 23 个 GDP 万亿级城市以及其他一、二线城市，省会城市，哈尔滨、长春等个别重点城市数据暂未发布，在此未纳入统计）全体居民人均可支配收入中，上海、北京、深圳名列前三位，海口排倒数第五位；2021 年全体居民人均可支配收入排名中上海、北京、深圳稳居前三，有 10 个城市不足 3. 7 万元，而海口市人均 3. 502 5 万元。如图 16-1 所示，海南省无论是城镇居民还是农村居民人均收入水平虽然逐年递增，但是增速慢于全国平均水平，而且近两年差距越来越明显。

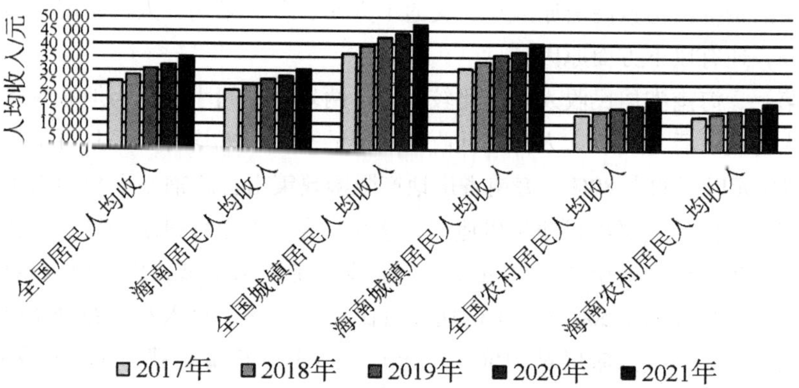

图 16-1　全国人均收入与海南省人均收入对比

数据来源：国家统计局。

与人均收入水平形成鲜明对比的是城市居民消费价格指数。如图 16-2 所示，海南省的居民消费价格指数不仅高于全国平均水平，还高于人均收入排名前三中的北京（仅在 2021 年低于北京 0.1%）、上海。综上分析可见，较低的人均收入水平和较高的物价让岛内居民的幸福指数大打折扣，这是当前自贸港建设中面临的首要矛盾，也是海南省引进人才、留住人才需要突破的瓶颈。

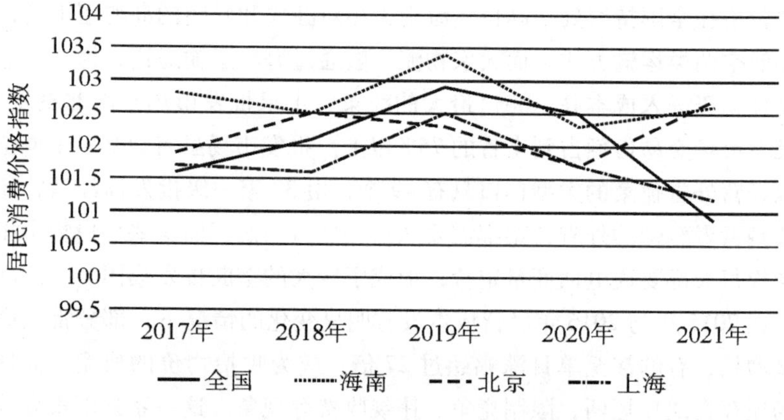

图 16-2　全国、北京、上海与海南省居民消费价格指数对比

数据来源：国家统计局。

16.1.2　海南省物价过高原因分析

在微观方面，海南省物价高主要体现为生鲜商品的价格，以 2020 年年前为例，瘦肉 50 元/斤，排骨 53 元/斤，牛肉 90 元/斤，大白菜 8 元/斤。海南省居民消费价格指数高的原因除了交通不方便、台风影响、人口密度低等客观因素外，还有以下方面原因：

第一，海南省居民收入差距比较大，呈两端大中间小。从当地城乡居民家庭年人均收入看，高收入人群是低收入人群的 9 倍；平均每人每月可支配收入在 4 000 元以下的占 80%。海南省房地产限购政策出台之前不少外地人到海南省投资，投资的主要项目便是房地产，这在一定程度上促进了季度性的物价抬高。海南生产性企业中科技含量高的企业少，工资水平低，中层阶级占比少；每月可供支配收入 2 500 元以下的居民占比高达 60%，收入水平的分布决定了阶层的差异，高收入阶层对物价并不敏感，一个月日常消费 3 000 元或 5 000 元对他们几乎没有影响，他们更关注的是商机和机会；而中等收入人群忙于生计、不敢发声或者声音过于微弱无法引起关注；而处于低入底层的人群缺乏发声的通道和合适的表达方式。2010 年以来，海南省陆续采取了“九项措施不再出台新提价项目”“海南投入 1.3 亿元价调基金稳定物价补贴弱势群体”“关于进一步做好稳定物价工作，保障群众基本生活”“关于进一步稳定民生物价的几点建议”等一系列措施，说明政府等相关部门已经重视并采取了自上而下的引导性的措施对物价加以控制，但是效果一直不理想。

第二，海南虽然是我国的“南菜园”，但是物价部门数据显示，近几年海南蔬菜价格在全国持续处于高位。海南为相对独立和封闭的岛屿型市场，只有海峡和航空两类运输方式，而大宗物流一般通过海峡运输通道，为了打造无疫岛，岛外物资进入成本高。海口最大的蔬菜、水果批发市场是南北批发市场，蔬菜批发市场交易份额占到全省的 75%以上。批发市场虽有 300 多个摊位，但是可以经营外省蔬菜的大型档口只有 49 个，由 33 家一级批发商经营，岛内其他蔬菜经营者经营的外省蔬菜都需要从这些档口采购，而这些档口售卖相同蔬菜的老板每天都要通电话商量定价，形成了庞大的垄断批发集团。工商部门曾统计，在 2015 年与 2016 年经营成本没有明显变化的情况下，部分批发商的利润明显增长，有的甚至单日涨幅超过 27 倍，成为哄抬物价的典型。此外，批发市场还存在缺斤短两、限制竞争、违规收费等现象。这一系列因素导致每个环节都有权力寻租空间。既然存在权力寻租空间，权力寻租的成本，就加到老百姓的身上。政府也多次组织工商、物价、警察等多个部门联合对南北批发市场进行整治，但是往往只起到阶段性的作用，达不到标本兼治的效果。

16.1.3 解决物价过高与收入水平不均衡对策

根据前面所述，海南省物价水平与居民收入不匹配问题已非常明显，收入水平低于全国平均，但是消费价格指数不仅高出全国平均水平，还高于北京、上海一线城市的水平。要解决上述矛盾，我们认为可以从以下几方面着手：

1. 提高教育水平，打破小富即安的传统思想，进而改变收入结构

由于海南省地域、历史和文化的原因，渔民在现代技术水平下仍保持传统生活状态，生活节奏慢，休渔期闲散人员多，对生活要求不高，往往对教育也不够重视。在长期落后思想的熏陶下，他们一方面抱怨生活，另一方面又不愿意增强自身能力。海南作为旅游城市，在自贸港建设进程的推进下，将会迎来竞争的加剧和各类思想的碰撞，作为个人来说，一定要提高认识，增强自身的竞争实力，从政府方面来看，加大教育投入、多渠道引入高水平的师资队伍是提高教育水平、改变居民思想的关键，也是提高居民收入的根本途径；海南作为限制制造业发展的环保城市，提供的低学历要求就业岗位少，难以组织闲散人员规模化、产业化生产，文化水平低、收入不稳定的人群难以开拓创收的途径，进而拉低了全省的平均收入水平，因此趁着自贸港的东风，学习苏杭等先进城市的做法，发展高科技、高附加值产业，为闲散劳动力提供就业岗位，有效激发这部分人的工作积极性，不仅可以提高全省 GDP 水平，带动就业，增加居民收入水平，还有利于社会的稳定和人民幸福指数的提升。

2. 加大调节和打击力度，稳定物价

市场垄断局面一旦形成，市场这只“无形之手”就被强制戴上了“手铐”，失去了自我调控作用。这时，市场的公平就寄希望于政府这只“有形之手”。当垄断已经导致整个行业丧失公平，严重影响老百姓的切身利益时，政府就有必要出手进行调控，利用政府的“有形之手”去解救那只被钳制的市场“无形之手”，打破垄断，创造公平，释放活力，引入竞争。只有打破这种利益格局，才能从根本上保障海南的菜篮子，才能从根本上保障海南蔬菜的流通格局，降低菜价，还利于民、服务于民。

倡导多渠道供应，在有效竞争的基础上稳定物价水平。除了增加平价菜店、菜篮子工程的点位外，鼓励“多多买菜”“美团优选”等平台供给生鲜产品、小区“拼拼乐”等新兴购物方式，但是要做好监管。

3. 加快销售税制度改革进程，做好风险防控机制并关注民生

2020 年 6 月 1 日发布的《海南自由贸易港建设总体方案》明确提出以减税种、降税负为原则，2025 年前依法将增值税、消费税、车辆购置税、城市维护建设税和教育费附加合并为在货物和服务零售环节一次性征收销售税。6 月 10 日《中华人民共和国自由贸易港法》正式发布，明确了自由贸易港简化税制的要求和具体步骤，彰显了我国以自由贸易港为试点深入推动税收制度改

革的决心。

首先，立法先行。相关政府部门要用好自贸港法规制度权和经济特区法规制定权加强顶层设计，并广纳民意，充分接受社会各方面建议，充分发挥社会公众参与立法的积极性，提高立法效率和质量，并在一定范围、一定时期内尝试实施，增强销售税的可操作性。

其次，充分调研，探究销售税可行性，并研讨改革方案。销售税是在零售环节单一征税，一是降低生产成本，在企业利润率不变条件下，可达到降低产品售价的目的；二是在消费环节纳税，由原“四税一费”间接税转变为销售税这一直接税，让消费者明明白白消费、纳税，购物支付对价使商品价格和税负变得更明确；三是减少纳税环节，由原“四税一费”在生产、批发、零售多环节纳税，转变为零售一环节纳税，为商家提供了便利。

再次，技术保障销售税实施。税制改革关系到国家财政收入的稳定，而销售税是在单一消费环节由最终消费者承担，因此明确最终消费者是保证税源的基础。可以尝试采用代收代缴或区块链技术追踪商品和服务的去向的方式，锁定最终消费者，从源头上减少偷、漏税的风险，进而保障稳定的财政收入来源。除此之外我们可以借鉴如新加坡、中国香港等成熟自贸港的先进经验，实行既简单易行、方便征管、保证财政收入，又能减轻民众纳税负担的税收征管政策，同时对基础设施、医疗康养、旅游业等鼓励类领域和项目实施相应的税收优惠。

最后，加强政策宣传，赢得民众的拥护和支持。普通百姓缺乏专业的税收知识，相关部门应让广大群众了解税制改革前后税负变化，使其明晰税制改革前后作为消费者在其中的损益情况，避免由间接税改为直接税后给民众造成税负加重的错觉。相关部门要科普税收知识，提高民众的纳税意识，打好开征销售税的群众基础，同时利用好各类媒体平台，用民众喜闻乐见、通俗易懂的方式使其逐渐接受，税务部门和志愿者可以定期深入社区，举办相应的活动和知识竞赛。

综上，物价过高与收入水平低的矛盾不是一朝一夕可以解决的问题，一方面需要民众改变思想观念，尽快与北上广深一线城市接轨；另一方面，在提高海南省教育水平、广纳教育资源、加大教育投入的同时，提供更多灵活的就业岗位，逐步提高民众的收入水平，让人们有成就感、价值感和获得感；最后加快制度建设等顶层设计，通过多渠道努力提高民众的幸福指数。

16.2 人力资源的匮乏

人才一直是海南发展的短板。长期以来，海南由于经济总量小、产业层次不均、教育环境相对较差等诸多因素局限，在人力资源市场上一直缺乏竞争力，导致海南人才总量不足、高层次人才紧缺、人才创新创造活力不强等问题非常突出。因此，海南省人才资源的供给无法满足人才队伍建设的需求。要肩负建设中国特色自由贸易港的重大使命，海南的人才供需矛盾也许会更加突出。

2018 年，习近平总书记在“4 · 13”重要讲话中强调，海南人才政策的实施需更加积极主动，在人才培养、人才引进、人才发展等方面要有突破性进展，全方位提升人才服务水平。“4 · 13”重要讲话后仅一个月，海南就推出“百万人才进海南”行动计划，谋划到 2025 年实现“百万人才进海南”，基本形成人才集聚新高地。2020 年 6 月 1 日，习近平总书记对海南自由贸易港建设做出重要指示，强调“在海南建设自由贸易港，是党中央着眼于国内国际两个大局、为推动中国特色社会主义创新发展作出的一个重大战略决策”。据此，海南省人才相关政策由国内人才引进向国内外全球人才引进转变。

2021 年 12 月 14 日，在海口召开的海南省委人才工作会议中，时任省委书记沈晓明强调，要扛起“聚四方之才”使命担当，打造既有海南特色又能体现自由贸易港国际竞争比较优势的人才集聚高地。可见，海南未来发展关键在人才。将来，海南省的人才工作重点是进行党政、企业管理、专业技术和高级技能、社会工作和城乡村实用人才等方面的人才队伍建设，并依据海南经济社会发展的实际需要深化和落实人才发展规划。

16.2.1 人才引进与培养现状及成效

人才资源的竞争从某种意义来说是政策和制度的竞争，人才开发政策先行，良好的人才政策可以解决人才的供需矛盾问题，创造良好的政策环境，在人才的培养、引进、激励、保有以及流动等各个环节都发挥着至关重要的作用。早在 2000 年海南省委就明确提出：“海南要造就一支优秀的人才队伍。制定和实施对优秀人才有较强吸引力和凝聚力的政策措施。”2002 年在人才强国战略下海南陆续出台人才政策，为人才队伍建设奠定了基础。2018 年中共中央、国务院印发的《关于支持海南全面深化改革开放的指导意见》指出：“完善人才发展制度，实施人才强国战略，深化人才发展体制机制改革，实行更加积极、更加开放、更加有效的人才政策。”该意见为人才工作提供了指导。同年海南确定建设中国特色自由贸易港，对人才队伍建设提出了更高的要求。

1. 人才引进

人才引进政策方面，31 条措施中 4 条是人才支持措施。在中央支持下，海南在全国率先出台省级层面的国际人才服务管理改革系统文件，聚焦人员进出和就业执业自由化、便利化，在国际人才引进使用、培养、评价、工作居留、激励保障上大胆创新，提出 5 个方面 23 项具体措施，同时实施境外职业资格单向认可。海南开放境外人员职业资格考试 38 项，单向认可境外职业资格 219 项，数量和开放度居于全国前列。

人才引进认定方面，中共海南省委人才工作委员会发布了《海南自由贸易港高层次人才分类标准（2020）》。在该标准中，人才认定分 A、B、C、D、E5 个层次，分别对应大师级人才、杰出人才、领军人才、拔尖人才、其他类高层次人才，根据人才所从事专业、领域、行业产业不同，分 17 类认定标准。特别指出，在海南，只要年度个人所得税达到 3 万元，不限行业、不分国籍，即可被认定为海南自由贸易港高层次人才，这是海南 2020 版高层次人才分类标准中设定的“市场认可标准”。

人才引进成效方面，截至 2020 年年底，海南全省人才总量超过 190 万人，人才资源总量占人口总量比率提升至 19.97%。尽管受疫情影响，海南的人才引进依然交出漂亮的答卷。截至 2021 年 8 月末，海南省引进各类人才 33.2 万多人，同口径增长 866%。相较于人才队伍规模的扩大，更令人欣喜的是人才集聚速度的变化。其中，2020 年 6 月 1 日以来引进各类人才 23.4 万多人，占比高达 70%。

人才引进保障方面，海南对标国际标准，中央给予海南最具吸引力的人才支持政策——高端紧缺人才实施个人所得税 15% 税负优惠政策。截至 2021 年 6 月底，5 000 余名高端紧缺人才实际享受了个人所得税优惠，减免税额 8 亿余元。除此之外，海南对高层次人才推出“天涯英才卡”，让高层次人才切实感受到“一卡在手，在琼无忧”。持有“天涯英才卡”的高层次人才就可享受出入境、落户、子女入学、商事登记等 11 项便捷服务内容在美兰、凤凰、博鳌机场可以免费享受便捷快速通道，出境物品也可享受相应通关便利……三亚、儋州、澄迈、陵水等市县在 11 项服务之外，还向持卡人提供免费景点入园和公交车乘坐服务。此外，海南省为高层次人才组建起一支 495 人的联络员队伍，专门对接高层次人才个性化需求。截至 2020 年年底，海南累计筹集人才房源 2.6 万余套，开通人才就医“绿色通道”的医疗机构 47 家，累计签约引进国内外知名的 31 所高校、51 所中小学落地办学，让各类人才及其子女就近享受高质量、国际化教育。在 8 个市县设置 15 家筑梦驿站，为来琼或省内异地寻求就业的青年人才提供 1 至 3 天不等的免费住宿服务。

2. 人才培养

实施百万人才进海南计划是为了快速缓解人才紧缺，抓本土人才培养更是固本夯基之举。海南省委组织部相关负责人说：“补齐海南自由贸易港建设的人才短板，短期靠引进，长期根本上还要靠培养，必须充分发挥好本地人才在海南自贸港建设中的主体作用，更大力度地培养支持本地人才。”海南发起设立目标规模 10 亿元的省专业人才培养基金，实施“南海系列”育才计划，目前培养对象已逾千人，带动全省全年各类人才培养培训 80 余万人次。

值得一提的是，海南基于其优越的自然环境和人文优势，重点开展乡村人才培养。2021 年 2 月中共中央办公厅、国务院办公厅专门印发《关于加快推进乡村人才振兴的意见》。该文件明确规定了今后乡村人才培养的指导思想、乡村人才的分类及培养方式。乡村本土人才是海南实施乡村振兴战略的主体。海南针对这一战略目标，开展了一系列乡村人才培养项目，部分项目如下：

2010—2019 年，海南省委组织部利用教育部的“一村一名大学生计划”在全国率先启动“全免费、成建制、全覆盖、低成本”的“海南省农村干部大专学历教育项目”。经过十年人才培养，截至 2021 年 5 月，“海南省农村干部大专学历教育项目”分别开设行政管理（村镇管理）、农业经济管理、景区开发与管理（乡村旅游开发与管理方向）、休闲农业 4 个专业，共培养毕业学生 10 174 人，他们遍布海南全省每一个行政村，为海南农村基层党组织建设、新农村建设、脱贫攻坚做出了突出贡献。

自 2016 年 11 月 18 日开办海南省脱贫致富电视夜校以来，海南在全省范围内建立了 2 712 个教学点，覆盖了全省有建档立卡贫困户的所有村庄。截至 2021 年 11 月 20 日，已经安全播出 208 期，节目分为主讲板块、典型案例板块、901017 热线板块、农业信息等几个主要板块，平均每期节目收看人数超过 56 万人次。

2019 年，为全面提升农村人才培养质量，加大人才培养力度，农业农村部开展实施“百万高素质农民学历提升行动计划”。该计划以涉农院校为主体，期望利用 5 年时间培养 100 万名具有较高学历的乡村振兴带头人，并打造 100 所左右乡村振兴人才培养优质学校。海南省农业广播电视学校在此项目中累计培养农村中专生 9 000 余人、大专生 3 000 余人、培训各类“三农”工作人才达 15 万人次。

2020—2028 年海南省委组织部组织实施海南省农村党员干部和农民群众“双学历双轮训”教育工程，目的在于通过全面开展农村党员、农民群众的大、中专学历教育和技能培训，快速提升全省农村基层人员素质和能力。

16. 2. 2　人才引进与培养现存问题解读

厘清海南省当前人才引进与培养现状，深入剖析政策制定和实施过程中存在的问题，有助于推进“百万人才进海南”行动，助力海南自由贸易港建设。

1. 政策宣传及吸引力相对不足

海南省在人才引进政策宣传方面的力度不足，宣传形式也较为单一。相关人才政策仅在海南人才工作网上进行宣传，没有在更多的网站或是在微博、报纸等媒体上进行宣传。另外，海南省物价高、工资低，与其他省份同类人才补贴政策相比，海南省在短期内的人才引进补贴政策没有太大的吸引力。

2. “重外轻内”与“重引进轻培养”

“重外轻内”是指政府在制定人才政策时，没有对符合同等条件的本地人才给予同样的待遇，如落户、人才补贴等多项福利政策极少惠及本地人才，这在一定程度上影响了本地人才的士气。海南省本地人才对本土建设有着浓厚的情怀和极大的热情，他们在各自领域所具备的技能和知识对海南省的发展起着重要的作用。“重引进轻培养”指在引进人才时，大多数事业单位或者企业为了完成人才引进指标、获得效益而片面追求引进人才的数量，却不注重后期对人才的培养。引进人才虽然能在一定程度上缓解了当前人才总量不足的问题，但不利于人才长期发展，不能有效发挥人才的智慧效能。

3. 缺乏人才流动和保障措施

2000—2022 年，海南省的人才政策不断发展，政策内容也越来越全面，基本形成了在保障、激励、引进、流动、培养和评价等各个环节的制度规范。从整体上来看，人才保障类政策不多，重视程度远远不够。完善的人才保障政策是免除人才后顾之忧、留住人才的关键，人才引进工作不仅要重视“引”，还要保证人才能够“留”得下来，否则就会造成人才流失。建设海南自贸港作为一项长远的战略，在引才的同时还要“坚守”住人才。而人才流动政策仅占人才政策的 2. 40%。人才之间的交流是激发人才科研创新潜力的重要因素，在海南人才流动政策中，大部分是组织机构人员的调整和派遣人才去偏远地区扶持工作，缺乏通过搭建平台鼓励人才交流互动的政策。

16.2.3 优化人才引进与培养的对策及建议

建立能有效支持海南自贸港建设的人才政策需要引进和培养包含党政、企业经营管理、专业技术和技能以及城镇和乡村社会公共服务等各领域人才队伍。

1. 多渠道加大政策宣传力度

海南省产业优势不明显，但是文化却是独一无二的，如海南省的南洋文化、长寿文化、红色文化等，这些都有利于海南省打造特有的文化品牌，吸引更多的人才。海南省需要在提升自贸区建设知名度的同时，进一步加强对人才引进政策的宣传。这就需要政府不断优化政策，利用各大媒介进行有效宣传。用人单位还可在全国各地建立人才工作站，定期召开人才招聘会，宣传政策，招揽人才。

2. 构建科学的人才评价体系

人才与普通人相比，是具备更专业的知识和技能，并且能为社会做出贡献、创造价值的高素质人员。人才评价需要改变唯学历、唯职称的狭隘观念，遵循正确的人才观，对不同的人才采取不同的人才评判标准，避免“一刀切”的情况。如对专业技能人才，应侧重对其技能的考核；对基础研究人才，可重点考核其学术水平。同时，人才吸引工作应该坚持德才兼备的择才观，把品德作为人才评价的首要标准，构建科学的人才评价标准体系，精准定位所需人才，这样才能更加有效地开展人才引进工作。

3. 内才与外才平衡，引进与培养并重

海南省对引进人才与本地人才应该一视同仁，大力留住更多愿意投入本省建设的人才。在本地人才的培养方面，海南省可依据不同领域、不同层次建立属于本地人才培养的数据库，因地制宜促进人才的效用发挥。如对于急需人才，海南省可通过聘请专家指导等帮扶方式对本地人才进行培养，对在一定期限内表现优异和做出贡献的本土人才进行奖励，为其提供一定的人才补贴，激发本土人才的积极性；还可通过校企合作，在校内建立培养基地，留住在本地读书的青年人才，以实习等形式培养人才。对于已引进的人才，相关单位也应该注重对其的后期培养，给予其更多关怀，让其在和谐友好的工作环境中获得自尊、自信和荣誉感，从而更好地留住人才。在人才培养方面，政府可将考核优秀的人才选派去外地学习交流，以更好地投身于自贸港的建设。

4. 完善人才保障政策

高质量的公共服务能够为人才提供便捷的生活，解除人才的生活负担。首先应该制定更多操作性强的有关人才落户、签证办理、医疗卫生、购车购房、子女入学的实施细则和管理办法，为人才创造舒适的生活环境。其次，在科研工作中，一是要继续加大科研资金的保障投入，制定更多的高层次人才个人所得税优惠等政策，充分调动人才的研发积极性；二是要出台相关法律法规保障科研工作者的知识产权不受别人侵犯。最后，除了物质上的保障以外，也要加大精神层面的保障，加强对人才的关怀，尤其是对“候鸟型”人才，要进一步地细化服务流程，在重大节日期间，组织开展走访慰问、座谈交流和文体健身等系列活动，让“候鸟型”人才感受到海南省党委政府的关心和温暖，营造善待善用“候鸟型”人才的浓厚氛围。

5. 健全人才流动机制

人才的合理流动和科学配置是人才聚集效应产生和提升的重要前提。一般来说，人才的流动往往与人才的不断学习和知识积累共生。人才流动不仅能够提升人才的专业能力，还可以吸纳新的人才，加快产业发展的步伐。

16.3 海南交通拥堵问题

16.3.1 海南道路交通建设取得的成效

交通是一个城市发展的动脉，城市经济的发展需要良好的交通体系。习近平总书记指出，“交通基础设施建设具有很强的先导作用”“‘要想富，先修路’不过时”，赋予了交通运输发展的“先行官”的历史新定位。“十四五”时期海南将重点围绕“运输来往自由便利”，加快构建现代综合交通运输体系，打造交通强国建设先行区，即到2025年，实现基本建成综合立体交通网络框架，全球主要发达经济体“1日”到达，全国主要城市“4小时”覆盖，全岛“3小时”畅行，“海澄文定”“大三亚”两大经济圈内“1小时”通勤的发展愿景。随着海南自贸港建设的不断深入推进，人们的效率意识持续增强，相应地对交通出行也提出了更高要求。

自海南自贸港建设以来，海南加快构建综合交通运输体系。截至2021年年底，全省公路水路交通基础设施建设累计完成投资920亿元，交通投资创历史新高，为建省以来最高水平。海南省解决交通拥堵方面突出成效主要表现在：优化高速路网规划，全面提升海陆空交通设施，为自贸港建设提供坚实的基础保障；与省公安厅、省气象局等建立联动机制，强化道路交通应急联动处置；与广东省建立两岸联动机制，琼州海峡两边统一发班，优化海上交通组织，提高船舶周转率，提升运输效能，缓解大雾天气旅客滞留问题；完成省级公安交通综合管控体系升级改造工程建设部署并试点应用；完成省级公安交通综合管控系统与1~2个市县级智慧交通综合管控系统业务联动和信息共享，为构建“统一指挥、上下联动、一体运作、精准高效”的道路交通安全防控体系，提升全省道路交通管控和事故预防响应能力做好试点工作。

16.3.2 海南道路交通面临的问题

作为自贸港建设地区，海南省交通基础设施建设取得了明显成效，交通出行状况得到了较大改善。然而，当前海南道路交通供需矛盾仍然比较突出，主要表现为以下三个方面：

1. 交通规划不合理

海南不少城市聚集了大量的城中村、学校、商场，人口密度和建筑密度都非常大。随着居民收入不断提高和生活质量的不断改善，城市化导致职住分离，居民机动车和电动车的保有量不断攀升，导致交通拥堵。如表16-1所示，2021年，海口汽车保有量在同级别（<100万级）城市拥堵排名中排列第一，拥堵指数与2020年相比增长3.68%。如图16-3所示，2021年百城通勤高峰交通拥堵涨幅榜中，三亚排名第二，海口排名第十二。由此可见，汽车保有量的增长加剧了交通拥堵。在海南，人、车、建筑物、交通基础设施四者的协调治理是一个涉及多个部门的系统性工程，需要各部门协调沟通，但是在执行过程中，往往会出现沟通不畅，进而导致交通规划不合理等问题。当前海南交通规划不合理主要体现在以下两方面：

一是由于历史原因，城市交通治理缺乏系统、整体、科学的统一规划及横向协调联动机制，导致道路规划设计、建设、维护和管理之间沟通协调不畅。不仅如此，海南市级层面也缺乏与省级相关部门常态化的纵向交通规划设计与融合对接协调联动机制。

二是停车位规划建设前瞻性不够。由于过去城市规划对车辆的增量预期不足，城市交通核心区和商业繁华区停车场建设速度跟不上汽车数量的增长速度，造成停车位极度紧缺。同时，由于缺乏政策和资金支持，企业参与停车场建设的积极性普遍不高。

表 16-1　汽车保有量<100 万级城市拥堵排名 TOP10

排名	城市	2021 年度通勤高峰拥堵指数	拥堵指数同比 2020 年	2021 年度通勤高峰实际速度（km/h）
1	海口	1. 690	↑3. 68%	26. 92
2	乐山	1. 683	↓1. 56%	26. 48
3	绵阳	1 522	↑1. 77%	30. 54
4	韶关	1. 514	↓1. 03%	30. 61
5	珠海	1. 512	↓11. 28%	36. 87
6	湛江	1. 505	↓3. 29%	31. 14
7	阳泉	1. 472	↑0. 16%	29. 99
8	汕头	1. 464	↓4. 48%	28. 30
9	拉萨	1. 451	↓6. 27%	29. 75
10	柳州	1. 443	↓2. 01%	29. 27

数据来源：《2021 年度中国城市交通报告》。

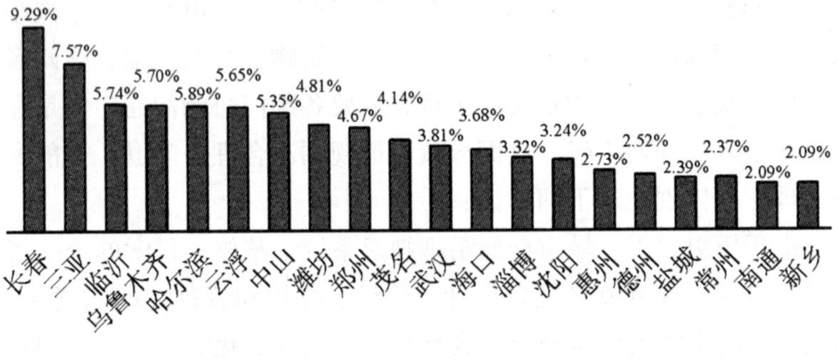

图 16-3　2021 年通勤高峰交通拥堵同比 2020 年涨幅排名前 20 的城市

数据来源：《2021 年度中国城市交通报告》。

2. 旅游消费需求与生态环境治理的失衡

在海南自由贸易港建设的大背景下，海南省凭借得天独厚的旅游资源、离岛免税的免税政策、免费的高速公路和独特的环岛旅游公路，吸引了大批外来游客自驾旅游。

据统计，2021 年，海南省全省接待游客总人数为 8 100. 43 万人次，同比增长 25. 5%，恢复至 2019 年的 97. 5%；实现旅游总收入 1 384. 34 亿元，同比增长 58. 6%；2022 年 1 月 31 日至 2 月 5 日，海南省进岛车辆为 51 874 辆次

（与2021年春节同期相比上升26.9%），出岛车辆为44 684辆次（与2021年春节同期相比上升21.0%）；海南环岛高速东线段车流总量为150万辆次，同比上升72.15%；海南环岛高速西线段车流总量为72万辆次，同比上升26.15%。

强大的市场需求、大力度的免税政策使海南旅游市场负荷过重，频繁且大规模的自驾进出导致旅游消费需求与生态环境治理的失衡。

3. 过海通道单一

海峡是东南沿海进入北部湾的海上要冲，地理位置十分重要。琼州海峡是出入海南岛除飞机外的唯一之路，这一海峡天险也成了阻断两岸交往的天堑。自驾车辆出入都需要乘轮渡，有雾轮渡无法出行，返程车辆容易发生拥堵。

2018年2月，海南出现十年未遇罕见大雾天气，导致琼州海峡反复停航。由于当时正是海南游客返回和春运返工旺季，需出岛的车辆将近10万辆，客流量极大；加上进出海南岛只有飞机和海运两种方式，给海南省旅游和交通等部门带来极大压力。虽然海南方面出动大量志愿者帮助疏导交通，为游客提供服务，但部分旅客还是因为长时间滞留心情烦躁，一度鸣笛泄愤；另外，大量人员滞留也产生了大量垃圾，给环境带来一些压力。

16.3.3 优化海南道路交通对策与路径

为缓解海南道路交通拥堵问题，必须采取有效措施，以便为加快推进自贸港建设提供高效便捷的交通出行服务。结合陈礼等①专家的建议，我们总结出了以下四点对策：

1. 整体规划城市交通

城市规划必须坚持交通先行，而交通规划则要秉持公交先行的理念。一要将交通规划纳入城市发展整体规划，构建科学、系统的交通统一规划体系。对交通道路主干线的“大动脉”、支线“小动脉”与小街小巷的“微循环”进行综合考虑，整合规划。二要将城市交通枢纽建设规划作为交通建设规划的“重中之重”。城市交通枢纽既是不同交通运输方式的交通网络运输线路的交汇点，也是远途运输与市内转换转乘的站点，货物运载量、人员进出量都相当大，在进行交通规划时必须进行科学论证，对位置选定、不同交通工具转换站点设置、线路设置以及停车场、交通公共配套设置等进行统筹，以严谨的态度

---

① 陈礼，张扬．自贸港建设背景下缓解城市交通拥堵问题研究：以海口市为例［J］．新东方，2021（3）：5-9.

进行科学规划设计。三要构建纵向的城市交通统一协调规划体系。如构建省、市、区三级纵横交通规划调研、论证、设计等协调机制，形成各负其责、统筹协调的交通规划行政运行机制。四要构建城市交通横向协调、审核与规划体系，将交通道路规划纳入项目建设整体规划。特别是在旧城改造和新区建设的过程中，一定要确保道路通达，在高峰期要保障公交车辆专用道畅通无阻。同时，做好大型商区、社区等内部交通与城市公共交通的道路循环对接，以便有效缓解人员密集区域出行压力。五要注重研究交通规划的预见性与长远性。海南省各市县应根据未来发展定位和规划，在交通规划中做到高瞻远瞩、整体协同。加快构建城市间交通一体化为目标的规划体系，提高城市间交通运行效率和经济、社会发展效益。要对海南未来人口流量和货物进出量进行科学研究和合理预测，在道路、停车点等方面留有规划建设的余地，为将来规划建设立交桥、空架快速路、地下隧道、地铁等留出足够空间。

2. 利用道路资源，增设路边停车场；利用大数据技术，构建智能停车平台，挖掘潜在资源，建立共享停车资源

首先是开源，就是增加停车泊位。每年随着汽车保有量的增加，汽车泊位越来越紧张。因此，在不影响交通的情况下，城市马路两边开设临时停车泊位，缓解城市停车难的矛盾，也是城市交通规划发展的必然。同时，规划临时泊车位，也提升了居民开车出行临时办事的方便性。海南交通部门可以充分利用海南各城市的道路资源，选择具备条件的支路、背街小巷，设置限时停车泊位，允许居民在不影响道路安全和畅通的情况下，在夜间至清晨规定的时段临时停车。充分利用城市广场、公园绿地、体育场、旅游景区以及交通枢纽、公交场站等公共设施地上、地下空间建设公共停车设施。

其次是节流，就是挖掘潜在资源。盘活共享停车资源，推广停车资源有偿错时共享，鼓励具备安全管理条件的党政机关、企事业单位、居住小区及商业办公建筑的停车设施，在满足自用的情况下对外开放，实行有偿使用、错时共享。建设社区共享停车示范点，设置老旧小区“潮汐车位”，增加非高峰时段（夜间、节假日等）停车位有效供给；推动不同居住区之间、相同居住区内不同权属停车位的广泛共享，提高停车位利用效率。

要想达到这个目的，就需要发挥大数据、物联网和人工智能的强大功能：打造“动静结合、线上汇合、数据融合、使用便捷”的智慧停车平台，收集停车场动、静态停车信息并录入智慧停车平台；建设城市智慧停车综合管理服务平台、移动端 App，实现市区停车管理“一张网、一张图、一个 App”。

3. 道路规划应保持旅游消费与生态环境动态平衡，发展生态旅游，提升游客旅游体验

海南作为一个旅游城市，道路规划设计除了满足岛内居民的出行需求外，还应满足岛外游客的旅游需求，体现旅游城市的特色；同时发展旅游业还需要保护好当地的生态环境。结合以上分析，归纳采用海南旅游发展研究会会长王健生等专家的意见，总结如下：

一是加紧构建海南散客旅游服务体系，借助互联网、大数据分析，科学引导国内外游客安排来琼旅游计划；二是整合三亚、海口、博鳌三大机场的集散能力，整合海航、南航等航空公司运载资源，制定单位时间内的合理接待量；基于大数据分析，提前做出进出岛航班的安排、调配计划；三是支持海口、三亚、琼海以及高铁沿线市县发展租车业，使游客在机场、高铁站、码头可以很方便地租还车辆，减少岛外车辆进入海南。

通过以上方式，制定单位时间内的合理游客接待量；同时，改变传统旅游方式，大力发展生态旅游，开发新的适应旅游低峰期的旅游资源，提升游客旅游体验。

4. 加大力度研发跨海隧道，从国家层面加强海南对外联系

跨海隧道是实施国家战略、建设海南国际旅游岛的重要工程。《国务院关于推进海南国际旅游岛建设发展的若干意见》发布，标志着海南国际旅游岛建设正式上升为国家战略。海南属热带岛屿，旅游资源丰富，经过多年发展，以热带滨海风光为代表的旅游产业已初具规模。党中央、国务院全面落实科学发展观，立足海南省省情，做出了建设海南国际旅游岛的重大决策。将旅游业作为海南的主导产业，实施海南“生态、休闲、养生旅游”的深度开发，形成独特的岛屿旅游经济社会发展形态。旅游产业的发展将带来强大的客源聚集，产生强大的运输需求。建设海南西环铁路、琼州海峡跨海通道是建设海南国际旅游岛的重要工程，它将与在建的海南东环铁路形成环岛快速铁路，并与大陆铁路网相连通，满足岛内及进出岛旅客不同层次的运输需求，对充分发挥旅游资源优势、促进海岛旅游产业的发展具有十分重要的意义。

16.4 营商环境不便利

2022 年 4 月 19 日，海南省第八次党代会系列新闻发布会（第四场）——“优化营商环境和招商引资专场”在海口举行。海南省优化营商环境工作专班

办公室主任谈道，海南省各市县、各部门努力当好企业的“保姆”“红娘”和“店小二”，持续优化服务，提升服务对象满意度。海南省发挥自贸港为核心的辐射作用，着力构建亲清政商关系，成为全国优化营商环境的排头兵。本书围绕海南省着力构建便利化、法制化、国际化的营商环境的总目标，梳理了海南省营商环境建设现状及问题清单，并从放、管、服视角探索其优化的现实路径，对于开创国际化一流营商环境的新局面具有重大的目标价值和现实意义。

16.4.1 营商环境建设现状及成效

在营商环境便利化方面，海南省突出改革创新，通过持续深化改革，形成了以下七个方面的一批亮点或标志性成果：一是全面落实外商投资准入负面清单、跨境服务贸易负面清单、放宽市场准入若干特别措施，最大限度降低市场准入门槛。二是全面推行“一枚印章管审批”改革，在全省 15 个市县实现“一个大厅办事、一个部门审批、一枚印章出件”，审批项目从 70 个精简到 4 个，审批部门由 22 个减少为 5 个，社会投资项目落地所需时间由 429 个工作日缩短至 57 个工作日，审批流程和时限压缩 70%。三是大力实施政务服务“零跑动”改革，海口市龙华区建设“全流程智能化制证中心”，实现“零跑动”率 55.6%。并上线“信易批+信用红黑榜”审批服务。四是深入推进“准入即准营”改革，积极探索承诺即入制、“一业一证”“一企一照”改革，深化“证照分离”改革，实行告知承诺事项数量 111 项，比其他自贸试验区多了 44 项，均可承诺即办，3 小时办结。五是实行极简审批改革，在 14 个重点园区以极简审批模式审批建设项目涉及投资额超 5 700 亿元，平均审批提速 90%以上。六是强化知识产权保护和运用，建设三亚崖州湾科技城知识产权特区，健全知识产权纠纷多元化解决机制，打造知识产权保护高地。三亚知识产权保护中心快速预审外观设计专利申请仅用 2 个工作日即获得授权，授权时间缩减 99%以上。

光明日报刊登的《来自海南自贸港的三个故事》用案例证明自贸港营商环境的改善没有仅停留在政策上，而是真真切切地落到了实处，做到了让投资者放心、安心、满意。海南澳斯卡国际粮油有限公司的《海南自由贸易港建设总体方案》发布后，洋浦引进的首个适用加工增值政策的重点项目的负责人称：“三次更换选址，到最后开工，通过极简审批，只用了两个半月；在加工许可等备案环节，多部门加快前置审批，仅用了 4 个月；从开工到首个车间投产只用了半年，相比公司在另一个省投资的项目，在海南洋浦的项目规模是它的 6 倍，建成投产时间却提前了 21 个月。”在试生产的第三天，洋浦海关受理放行该公司加工增值内销的大豆油500吨，进口货值455万元，免征关税41万元，这是洋浦保税区首批享受加工增值内销免征关税的货物，标志海南自贸港“一线放开、二线管住”先行先试的加工增值内销税收征管政策落地实施。

营商环境法制化方面，海南省围绕《中华人民共和国海南自由贸易港法》《优化营商环境条例》的基本框架，出台了一系列配套法律、法规。《海南自由贸易港外商投资准入特别管理措施（负面清单）（2020年版）》于2021年2月1日起施行，仅保留27条限制措施；前述负面清单2021年版紧随其后，于同年7月颁布，明确列出11个门类70项实施特别管理措施；2022年发布《海南省营商环境问题核查处理办法（试行）》，聚焦营商环境问题处理机制，为市场主体扫清体制性制约及条件限制；2022年4月30日，《海南省政商交往行为指引清单（试行）》出台，旨在常态化开展政企面对面等活动，精准宣传政策，收集企业问题，听取企业意见，共商解决方法。该清单着眼于建立“首席服务专员”的工作机制，为重点企业和重点项目提供精准服务。

《来自海南自贸港的三个故事》中海南汉地集团的一期项目是在洋浦建立流体材料加工厂，生产高端基础油、白油等流体材料。但是自2017年开工后，企业出现6亿元的资金缺口，面临着项目停建、产业链断裂的危机。洋浦工委会得知消息后组织专家评审，分析企业的市场前景后决定全力帮助解决企业项目资金问题，通过园区投股公司增资、向省工信产业基金申请、协调省内银行授信贷款，帮助企业解决了6.03亿元的资金缺口。而汉地集团也不负众望，投产两个月实现6.7万吨的加工量和4.53亿元的营业收入。

营商环境国际化方面，海南省坚持海陆空共建先试先行，破解硬件环境难题。围绕打造国际门户枢纽城市的目标，海口市将加快启动美兰机场三期扩建工程，规划建设第三、第四跑道，用好航权开放政策，全面提升国内国际通达能力。完善海口港规划布局，加快推进秀英港区货运功能转移，把新海港建成琼州海峡客货滚装的门户港，同时规划建设马村港临港物流园区。环岛快速铁路、粤海铁路海南西环线连同环岛高速公路建成通车，公路通车里程达1.7万余公里。瞄准国际化市场要求，打造国际能源、航运、产权、股权等“6+3”类交易场所，使其成为配置全球高端要素资源、加大境内外资本流入、提高金融服务贸易投资自由化便利化水平、强化风险防控的重要抓手。

综上可见，随着自贸港建设的持续推进，政策措施的落地和见效，海南省营商环境不断优化，重大风险得到有效防控，2021年主要经济指标增速走在了全国前列。

16.4.2 当前营商环境面临的问题

1. 政策效能不佳

首先，“极简审批”改革作为优化营商环境不可或缺的创新点和驱动因素，仍处于试点阶段，在海南全境的覆盖程度有待提高。据统计，“一窗办理”覆盖率尚未达到70%，“最多只跑一次”的目标也只实现了30%。其次，“一网通办”任重而道远：一方面，尽管海口市已经建成了全市统一的信息审批系统，但与个别企业自身的信息审批系统兼容性差，信息流通、资源共享的阻力仍然存在；另一方面，县乡镇业务协同性、互联性较差，技术壁垒成为“全市统一”的最大阻碍。最后，“零关税”等自由贸易港税费改革推行不到位，市场主体对营商政策的理解不足，费用开支大、时间成本高等问题未能化解，认识能力与政策初衷之间存在断层，优惠政策实施效果欠佳。

2. 政府服务态度亟待转变

优化营商环境，受益在企业，主体在政府。海南省部分市县政府相关部门存在责任意识欠缺，服务本领不强，“隔靴搔痒”抓不住工作的重点和难点，“避重就轻”回避主要矛盾，“头痛医头，脚痛医脚”缺乏全局意识和统筹观念、“闭门造车”以主观臆断取代客观实事等现象。以上种种问题，归根结底是政府对其服务职能的认识尚不明晰。营商环境的改善需要政府转变职能，由管理型政府转变为服务型政府，切身体察海南省营商环境的痛点和堵点，以提高行政效率和治理能力。海南省全省一体化在线政务服务平台的留言反映，包括专班成员在内，部分政府人员违背服务宗旨的现象时有发生。思想上，一味坚持“等、靠、要”而忽视主动争取，服务中心部分窗口人员态度恶劣、作风不良；行动上，以简政放权为挡箭牌懒政怠政，在医药、医疗、餐饮等行业以罚代管，执法简单粗暴、处罚畸轻畸重，甚至借职位更迭之由新官不理旧事、推诿扯皮。

3. 硬件基础薄弱

从宏观视角来看，国家统计年鉴的数据显示，海南省GDP连续五年全国排名倒数第四，以热带农业和旅游业为主导的产业结构不稳定，且地区间发展不均衡，如海口市江东新区开发起步晚，产业基础薄弱的劣势尽数体现。从微观视阈来看，琼州海峡通行不畅，制约了港珠澳大湾区辐射作用的发挥；洋浦港航线优势利用率低下，西南腹地的开发力度不足；岛内交通形式单一，物流短板进一步提高了采购、生产、销售的成本和难度，成为全产业链的发展瓶颈。海陆空交通状况严重限制了岛内外资金互通、产业互助、资源互享、信息互联，如何摆脱“孤岛效应”是优化营商环境亟待解决的难题。

中小微企业面临进退两难的境地：一方面，中小微企业融资难、融资成本高的问题成为海南省乃至全国无法破解的难题，融资担保、绿色信托等创新模式方兴未艾，金融赋能孱弱；另一方面，“易进难出”的政策导向无形中提高了注销门槛，从登记报批到注销全流程设十余个节点，其注销战线漫长与便民务实之本心有所背离。

4. 人才储备紧缺，限制了营商环境改善的空间

整合人力资源，促进知识产权转化，有利于为海南省营商环境的改善提供智力支持和动力机制。海南因其地理位置的特殊性和经济基础相对薄弱，在教育资源方面无法与其他省份相媲美。从人才数量来说，自《百万人才进海南行动计划》发布以来，虽有包括境外人才在内的20余万知识分子来琼发展，但与百万的总体数量目标仍差之甚远；从人才质量来说，高精尖人才和研究型人才配比不当成为难以僭越的鸿沟；从内源人才来说，海南省的高等教育和职业教育略显滞后，人才培养基地及师资供给不足，人才引力多源于国家政策倾斜，内生性人才市场狭小；从外来人才来说，国内外人才服务窗口建设有待完善，“引进来”和“留得住”存在不匹配的矛盾。在引才战略方面，户口落地、编制管理、任职评级、科研经费、福利补贴等传统红利吸引力微弱，在留才方式方面，家属随迁、住房保障、子女教育等配套服务保障力度不强。这些都成为营商环境改善和发展的制约项。

5. 国际化程度不足

国际化方面，在充分肯定国际投资作为“单一窗口”取得了一定成效外，海南自由贸易港作为海南省营商环境的“高地”，集中体现了海南省普遍存在的营商阻力，而自由贸易港特有的外资障碍也可窥见一般。在规范营商环境的体制机制方面，对标国际高水平营商环境与国内对外开放的先进经验仍有差距，实现打造法治化、国际化、便利化的营商环境的目标任重道远；在评价指标体系方面，由海南省人民政府编制的营商环境指标未与国际通行规则接轨，组织实施存在对接差异；在互通互联方面，与全球标准融合、信息共享、人员交流和执法协同有待加强；在法规规章方面，尚未厘清贸易、投资活动与国际协议的契合程度。

16.4.3 优化营商环境的对策及建议

进一步优化营商环境，少不了“放、管、服”的加减乘除。政府在机构、审批材料、环节、时限、成本上多做“减法”，在监督管理上多做“加法”，

在破除部门壁垒上巧用“除法”，在服务方式、效率、质量上活用“乘法”。

1. 简政放权

让市场这只“看不见的手”发挥决定性作用的前提条件是要善于在政府“看得见的手”基础上加码。简政放权，一要简政，是指政府必须精简机构部门及人员；二要放权，即减少对资源特别是优质资源的占有权、控制权、审批权、决策权和分配权，把权力放还给企业、社会和市场，激发市场活力和创造力。构建亲清新型政商关系要求政府机关转变思想观念，增强主动服务市场主体意识，建立有事必应、无事不扰的经营便利政策。

在准入服务方面，政府及有关部门逐步减少企业资质、配额、数量、许可等管制措施；推进和落实海南自由贸易港外商投资准入负面清单和放宽市场准入特别清单管理制度，全面推行极简审批投资制度，推行市场准入承诺即入制，提升市场主体准入准营便利度；建立健全服务市场主体和投资项目服务推进机制，强化跟踪服务；明晰退出规范，进出双向打造高效明确的体制机制。

在政务服务方面，明确以市场主体办事“零跑动”为目标，推进政务服务事项网上办、掌上办、就近办、全省通办、跨省通办等，跟踪“进一扇门、一个窗口受理、一次性告知、一套审批标准、一张网通办、一枚印章管审批”的落实情况，严格按照行业许可实行告知承诺制，一次性告知申请人所需材料，非关键核心资料且申请人承诺在一定期限内补齐资料的，当场审批核发特种行业许可证，精准掌握简政放权的落实情况，对覆盖率低的地区开展政府问责、定向援助。对于旅游业等特殊行业，将权力下放，停业、开业等可在辖区派出所办理。

在智能化服务方面，一网通办、一键咨询，在服务模式、使用主体、功能模块加强整合和一体化设计，加速个别企业信息系统与省平台对接，扩展统一数字化的应用场景；加快普及“零关税、低税率、简税制”，实现全省政务服务事项线上无差别受理、同标准办理，在保证可授权性和同等法律效力的前提下，推动电子证照、电子证明文件、电子印章的广泛运用，压缩办证、审批时限，方便企业、群众办事创业；建立健全信息双向反馈机制，通过全省一体化在线政务服务平台及其移动客户端、自助终端等渠道及时公开惠企政策，并公布相关负责人及联系方式，加速普惠政策落地实施。

2. 加强监管

建立问题核查处理闭环机制。凝聚专班建设共识，搭建“平台统一受理、专人梳理研判、按责分级核办、限时办结反馈、定期回访复核、办结归档销号”的闭环工作流程；紧盯堵点和痛点，加快完善全省统一的“海南自贸港请您来投诉”等营商环境问题受理平台及市政热线，发挥“指挥棒”和“绣花针”效用，以人民满意作为政策验收标准；尊重历史、实事求是、依法依规解决历史遗留问题，如对规划调整导致土地无法开发、不动产登记等难点问题，研究提出处置意见；注重推进解决同类型问题、共性问题，比如，针对企业“e登记”平台、自贸港人才引进政策实施、法院生效判决执行难、政府投资项目工程款结算难、土地有偿回收等，推动解决一批市场主体反映的堵点问题，保障政策疑难的有效疏导。

加强承诺欠款的负向激励管理。加强兑现政策承诺及欠款偿付的监督管理和绩效审计，严格责任追究等措施，防止和纠正拖欠市场主体账款的行为。对政务履约守诺情况进行考核，建立政务失信责任追究制度，按照规定对政务失信行为予以惩戒。

强化知识密度与服务态度管理。政府及有关部门应当加快人力资源开发，加强职业教育培训和高等学府建设，打造契合市场需求的人才高地和开放包容的人文环境；依托海南自由贸易港人才服务“单一窗口”建立科学合理的人才引进、认定、使用和待遇保障的长效机制，从医疗待遇、签证政策、知识产权、财产安全的角度完善权益保障机制，破除人才留琼的后顾之忧；普及优化营商环境的要求条例、决策精神，以工作流程、技术要求、服务目标为导向，对窗口单位、基层部门、关键岗位、重点人员展开在岗培训，以有求必应、实事求是的态度回应群众请求，形成训练有素、速效风行的服务氛围；转变执法态度，细化量化行政处罚等行政执法自由裁量权标准，统一执法标准和尺度。

加强基础交通建设。对于外源交通，酌情考虑跨海桥隧工程，提升跨海运力和效力，推进琼州海峡港航一体化工作；对于内生体系，优化公共交通路线的同时完善市县交通网，推进新能源巴士的普及；整合雷州半岛、北部湾枢纽、洋浦港的资源，辅以配套基础设施，释放 RCEP 关税红利，降低营商成本。

3. 提升服务效能

在指标考核方面，以程序、时间、次数、成本、质量控制、便利性、信息的透明性、合规性作为基本考核指标，将目前世界营商环境指标体系中尚未考虑的人力资源、建筑施工许可、税收制度、环境评价等因素纳入营商环境的考评范围，不定期开展调研活动，及时进行数据统计与结果反馈。

在顶层设计方面，抓牢宏观战略大旗不动摇，结合海南省的自然资源及地理优势，夯实经济基础，瞄准产业结构、基础设置、税制产权、金融市场及劳动力市场等推行规制改革，扎根经济绩效的土壤并与之互利共生。

在产业服务方面，以旅游业为第一驱动力，高新技术产业同服务业并向发力，建立“政会银企”四方合作机制，调动全要素积极性，提高融资支持，壮大市场主体。

在沟通服务方面，积极建立“政企共建”沟通机制，及时了解企业生产和经营情况，实现一企一档案，全程跟踪服务等措施；设立投诉平台广泛征集诉求，受理市场主体对营商环境问题的投诉、举报，按照统一受理、按责转办、限时办结、跟踪督办的原则为企业服务搭建良好工作平台。

在创新服务模式上，对标国内一流地区，如学习上海市宣传民营企业家素材，以喜闻乐见的方式让企业家精神深耕海南袤土；借鉴佛山市统筹推进疫情防控与靶向解决难题，通过上门开展“暖企”服务为复工复产纾难解困；吸收江西省产业巡回法庭的经验，让司法的触角延伸到产业纠纷领域，回应企业的法律诉求。

参考文献

蔡萌，2021. 打赢优化营商环境这场大会战、歼灭战［J］. 今日海南（8）：4-7.

蔡秀萍，杨晓冬，肖潇，2021. 海南乘风起 人才踏浪来：海南以人才发展引领自贸港建设［J］. 中国人才（10）：54-60.

陈安，刘霞，范晶洁，2013. 公共场所突发事件的应急管理研究［J］. 管理世界（2）：69-77.

陈朝阳，肖雨青，2021. 乡村振兴战略实施中人才战略问题研究［J］. 经济研究导刊（8）：26-28.

陈礼，张扬，2021. 自贸港建设背景下缓解城市交通拥堵问题研究：以海口市为例［J］. 新东方（3）：5-9.

迟福林，2020. 加快建立海南自由贸易港开放型经济新体制［J］. 行政管理改革（8）：4-9.

邓芳，苏道迁，杨洋，2020. 海南自贸港建设背景下的自然灾害防治对策研究［J］. 中国减灾（19）：34-39.

丁和根，2009. 对舆论引导主体引导能力的多维观照［J］. 当代传播（3）：9-12

范家宝，刘俊娜，王晓灵，2022. 上海优化民营企业营商环境研究［J］. 新东方（2）：11-16.

傅人意，2022. 乘势而上迈向高质量发展［N］. 海南日报，04-22（B02）.

郭伟，2009. 汶川特大地震应急管理研究［M］. 成都：四川人民出版社.

韩啸，李洁，龚泽鹏，2016. 现状与趋势：国内外公众参与研究的文献分析［J］. 西南交通大学学报（社会科学版），17（6）：23-34.

何耀明，刘萍，2021. 负面清单视域下海南自贸港营商环境优化路径［J］. 对外经贸实务（9）：25-28.

何耀明，刘萍，何畅达，2021. 海南自贸港创国际一流便利化营商环境的目标价值与障碍分析［J］. 对外经贸实务（12）：20-23.

胡平，2010. 中小学心理危机预警、干预及管理［M］. 北京：清华大学出版社.

胡妍，2021. 佛山：打造一流市场化营商环境［J］. 小康（35）：86-89.

黄磊，陈江，袁雅娜，2022. 海南自贸港研究热点与展望：基于CiteSpace的可视化分析［J］. 南海学刊，8（2）：30-42.

姜庆志，冷向明，2012. 公共危机管理中的公民参与：价值、困境与路径选择［J］. 理论与现代化（1）：42-47.

李华燊，陈蓓蓓，刘军伟，2012. 汶川地震灾后重建评估现状分析［J］. 兰州大学学报（社会科学版）（1）：126-131.

李荣志，蔡建淮，2013. 领导干部突发事件应急意识的现状调查与分析：基于某省的问卷调查［J］. 中国行政管理（1）：76-79.

李世杰，张昌谋，2021. 借鉴新加坡税制经验 构建自贸港销售税制度［J］. 今日海南（12）：38-40.

李伟，2013. 新媒体时代群体性事件舆论引导研究［D］. 北京：中共中央党校.

李学举，2005. 灾害应急管理［M］. 北京：中国社会出版社.

刘建明，2011. 基础舆论学［M］. 北京：中国人民大学出版社.

陆圣杰，2022. 双向并重：海南自贸港建设中的人才引进与人才培养［J］. 中国商论（7）：149-151.

罗丹，2020. 我国自然灾害应急管理存在的问题及对策［J］. 中外企业家（8）：55.

吕秀燕，2022. 多措并举，促人才引进政策落地［J］. 人力资源（2）：50-51.

马冰星，林建成，2012. 试析网络舆论引导主体的培育［J］. 北京交通大学学报（社会科学版）（2）：109-113.

马箫，2021. 重大传染病疫情下公众焦虑的成因及缓解对策研究：基于“非典”疫情与新冠肺炎疫情期间信息传播比较视角［J］. 重庆科技学院学报（社会科学版）（5）：63-67，81.

闪淳昌，2011. 对我国应急管理机制建设的总体思考［J］. 国家行政学院学报（1）：8-15.

省旅游和文化广电体育厅，2021. “量体裁衣”育人才 创新机制破难题：海南创新开展“旺工淡学”旅游业人才培养模式［J］. 今日海南，279（10）：

68–69.

申旭辉，2022. 系统梳理灾害链条提高综合抗灾能力 [J]. 中国应急管理 (2)：8–11.

孙晨光，2018. “候鸟人才” 开发的可行性分析与对策建议：以海南为例 [J]. 行政管理改革 (4)：57–61.

汤志伟，周维，王研，等，2020. 大数据背景下公共危机事件公众参与行为研究：基于新冠肺炎疫情的实证分析 [J]. 图书馆 (8)：33–40.

童星，陶鹏，2013. 论我国应急管理机制的创新：基于源头治理、动态管理、应急处置相结合的理念 [J]. 江海学刊 (2)：111–117.

汪伟全，2013. 论区域应急联动的协同能力 [J]. 探索与争鸣 (5)：50–53.

王宏伟，2015. 公共危机与应急管理原理与案例 [M]. 北京：中国人民大学出版社.

王凯仁，张欣，2020. 重大疫情背景下市场经济体制的挑战以及政府作为的评述：基于新冠疫情与非典疫情的对比分析 [J]. 财政科学 (7)：25–33.

王立峰，韩建力，2018. 构建网络综合治理体系：应对网络舆情治理风险的有效路径 [J]. 理论月刊 (8)：182–188

魏铭一，2020. 疫情中消费者行为和心理特征探析：以非典和新冠肺炎为例 [J]. 广告大观 (理论版) (4)：67–73.

吴晓匀，2021. 海南乡村本土人才培养情况调查报告 [J]. 海南广播电视大学学报，22 (4)：49–55.

徐增阳，周相宇，2021. 基于建设自由贸易港的海南省人才政策文本分析 [J]. 海南大学学报 (人文社会科学版)，39 (6)：95–103.

薛澜，刘冰，2013. “非典” 十年：公共治理体系变革 [N]. 学习时报–06–17 (6).

杨菲菲，2014. 公共危机事件中的公众参与行为研究 [D]. 郑州：郑州大学.

张权，燕继荣，2018. 中国网络舆情治理的系统分析与善治路径 [J]. 中国行政管理 (9)：21–29.

张小明，2016. 公共危机事后恢复重建安的内容与措施研究 [J]. 北京科技大学学报 (社会科学版) (2)：114–120.

张永理，2015. 公共危机管理 [M]. 武汉：武汉大学出版社.

章顺磊，2016. 自然灾害应急动员的困境与出路：基于海南省 “威马逊”

的实例分析［J］. 新东方（2）：57-60.

赵军锋，金太军，2012. 突发事件中公共产品的需求与供给［J］. 中国行政管理（1）：101-105.

赵曙明，魏丹霞，张敏，2021. 海南自由贸易港人力资源开发的现实困境与路径思考［J］. 海南大学学报（人文社会科学版），39（2）：55-62.

赵祥，张海峰，2020. 新冠肺炎疫情的经济影响及其对策分析：基于与2003年非典疫情的比较分析［J］. 广东行政学院学报，32（3）：76-87.

浙江省发展规划研究院课题组，周华富，2020. 从“非典”疫情比较看新冠肺炎疫情对浙江经济影响［J］. 浙江经济（3）：3.

郑远强，郭君，朱丽军，2019. 海南自贸区引才困境及广义人才引进机理研究［J］. 海南大学学报（人文社会科学版），37（6）：46-51.

钟游洲，2017. 海口市应对台风灾害公共危机管理问题和对策研究［D］. 海口：海南大学.

钟瑜，2022. 营商环境　“优”无止境：从行动和落实看海南创一流营商环境的决心和魄力［J］. 今日海南（1）：15-18.

周定财，2017. 基层社会管理创新中的协同治理研究［D］. 苏州：苏州大学.

朱德熠，2021. 新冠肺炎疫情下的行业经济影响分析：基于与“非典”时期的比较［J］. 经济研究导刊（17）：22-24.

BOOMSMA A，1982. Nonconvergence，improper solutions，and starting values in lisrel maximum likelihood estimation［J］. Psychometrica，50（2）：229-242.

DAVID ALXANDER，2002. Principles of emergency planning and management［M］. Terra Publishing.

KLINE R B，1998. Principles and practice of structural equation modeling［M］. New York：Guilford Press.

MUELLER R O，1997. Structural equation modeling：back to basiscs［J］. Structural equation modeling（4）：353-369.

附录

海南省公共危机治理现状调查问卷

亲爱的朋友：

您好！我们是海南师范大学突发公共危机课题研究组。我们已进入了风险社会，2020 年年初暴发的新型冠状病毒，2021 年 7 月郑州洪灾，2022 年 3 月 21 日的东航空难事件……不管我们是否愿意面对，危机就在我们身边，及早发现危机、采取应对措施可以在一定程度上减少人身伤亡和财产损失。为了解我省近 10 年公共危机公众参与情况、政府治理能力等信息，特开展此次调查。本调查不记名、结果不传播，调查过程和结果仅用于课题组进行科学研究。您的参与将为我们的调查研究及相关部门改进工作提供宝贵建议，非常感谢您抽出宝贵时间填写这份问卷！

衷心祝您工作顺利，心想事成！

1. 您以哪种方式收到过政府相关部门发布的危机预警信息（限选三项）【多选题】

□ 手机短信

□ 社区公告

□ 公众号提醒

□ 新闻等公共媒体

□ 朋友圈、微博

□ 其他自媒体

2. 您收到危机信息的频率【单选题】

○ 没收到

○ 偶尔收到

○ 经常收到

3. 您希望危机信息发布中包括哪些内容【多选题】

□ 危机主题

□ 危机的程度

□ 应该采取的措施

□ 发布单位

4. 您对收到危机信息后的态度【单选题】

○ 置之不理

○ 关注事件发展

○ 积极采取措施应对

5. 您是否有意愿参与公共危机处理【单选题】

○ 有强烈意愿

○ 较有意愿

○ 无所谓

○ 较没意愿

○ 完全没意愿

6. 您希望参与公共危机处理的活动由谁来组织【单选题】

○ 政府系统、工青妇系统、志愿者协会等组织

○ 非政府组织（NGO）、非营利组织（NPO）等民间团体组织

○ 自发的志愿者团体组织

○ 所在单位或学校或社区组织

○ 个人进行志愿服务

○ 其他（请注明）

7. 您希望在公共危机中参与哪些服务（限选三项）【多选题】

□ 救援服务

□ 伤病员医治

□ 清理现场

□ 安置受灾群众

□ 救灾物资运送

□ 募集捐款捐物

□ 心理救助与辅导

□ 灾区群众文化生活服务

☐ 灾区服务需求调查

☐ 不参与

8. 您认为目前公众参与公共危机服务面临的主要困难是什么（限选三项）【多选题】

☐ 政府重视程度不够

☐ 人们对参与服务不够了解

☐ 志愿组织缺乏有效管理

☐ 资金不足

☐ 志愿组织太少

☐ 公众权益得不到保障

☐ 对参与服务的人没有表彰机制

☐ 其他

9. 您希望政府为公众参与公共危机处理提供哪些支持（限选三项）【多选题】

☐ 制定相关法律法规

☐对公众定期进行有技能证书的免费培训

☐ 将参与工作的经费纳入政府财政预算，并将指标量化

☐ 建立一套有效的激励机制

☐ 降低民间志愿者组织注册门槛，使其拥有合法化身份，增强归属感

☐ 建立社会支持公众参与服务事业的投融资体制和税收优惠政策

☐ 对志愿者组织扶持多于管理

☐ 各相关政府组织部门出台政策鼓励志愿服务

☐ 完善志愿者的社会保障制度

☐ 其他

10. 您认为当前公众参与公共危机处理活动中存在什么问题（限选三项）【多选题】

☐ 都是短期行为

☐ 服务领域单一

☐ 重服务轻管理

☐ 行政化色彩过浓

☐ 志愿者的激励机制不健全

☐ 公众被当作廉价劳动力

☐ 专业人才缺乏

□ 公众缺乏培训

□ 志愿组织成员流失率高

□ 志愿者本身权益得不到保障

□ 缺乏运作资金

□ 其他

11. 您对海南省公共危机处理效率和态度整体满意度【单选题】

○ 满意

○ 基本满意

○ 不满意

○ 很不满意

12. 您认为未来海南省在哪些方面可能出现危机（限选三项）【多选题】

□ 营商环境不便利

□ 人力资源匮乏

□ 交通拥堵

□ 医疗资源不足

□ 物价水平过高与收入水平的不平衡

□ 自然环境被破坏

□ 其他

13. 您的性别【单选题】

○ 男

○ 女

14. 您的年龄【单选题】

○ 20~30 岁

○ 30~40 岁

○ 40~50 岁

○ 50 岁以上

15. 您在海南居住的时间【单选题】

○ 2 年以下

○ 2~5 年

○ 6~10 年

○ 10 年以上

16. 您的身份是【单选题】

○ 行政事业单位人员

○ 企业工作者
○ 学生
○ 自由职业者
○ 退休人员